国家卫生和计划生育委员会“十三五”规划教材
全国高等医药教材建设研究会“十三五”规划教材
全国高等学校教材

供法医学类专业用

法医毒理学实验指导

主　编　朱少华

副主编　黄飞骏　李　凡　喻林升

编　者（以姓氏笔画为序）

朱少华（苏州大学）
刘　茜（华中科技大学）
闫　杰（中南大学）
李　凡（河南科技大学）
李　桢（昆明医科大学）
张志湘（苏州大学）
岳　霞（南方医科大学）
周　静（内蒙古医科大学）
胡永良（皖南医学院）
贺　盟（复旦大学）
党永辉（西安交通大学）
黄飞骏（四川大学）
喻林升（温州医科大学）

秘　书　张志湘（苏州大学）

人民卫生出版社

图书在版编目(CIP)数据

法医毒理学实验指导 / 朱少华主编. —北京：人民卫生出版社，2016

ISBN 978-7-117-22119-1

Ⅰ. ①法… Ⅱ. ①朱… Ⅲ. ①法医毒理学－实验－医学院校－教材 Ⅳ. ①D919.1-33

中国版本图书馆 CIP 数据核字(2016)第 032011 号

法医毒理学实验指导

主　　编：朱少华
出版发行：人民卫生出版社（中继线 010-59780011）
地　　址：北京市朝阳区潘家园南里 19 号
邮　　编：100021
E - mail：pmph @ pmph.com
购书热线：010-59787592　010-59787584　010-65264830
印　　刷：北京虎彩文化传播有限公司
经　　销：新华书店
开　　本：787 × 1092　1/16　　**印张**：11
字　　数：325 千字
版　　次：2016 年 3 月第 1 版　2026 年 1 月第 1 版第 3 次印刷
标准书号：ISBN 978-7-117-22119-1/R · 22120
定　　价：42.00 元
打击盗版举报电话：010-59787491　E-mail：WQ @ pmph.com
（凡属印装质量问题请与本社市场营销中心联系退换）

全国高等医学院校法医学专业第五轮

规划教材修订说明

20世纪80年代，我国在医学院校中设置了法医学专业，并于1988年首次编写了成套的法医学专业卫生部规划教材，从而有力地推动了法医学教育的发展。2009年五年制法医学专业规划教材第四轮出版发行。为促进本科法医学专业教学，教育部法医学专业教学指导委员会在2014年开始制定审议国家法医学本科专业教育质量标准并拟报教育部审批。根据质量标准要求及法医学相关领域学科进展，2014年经全国高等医药教材建设研究会和全国高等医学院校法医学专业教材编审委员会审议，启动第五轮教材修订工作。

本轮修订仍然坚持“三基”“五性”，并努力使学生通过学习达到培养具有坚实基础理论知识和专业知识、熟悉司法鉴定程序和法医鉴定技能、掌握法学、医学及相关学科知识，具有良好的思维判断能力以及分析问题能力的法医学高级复合型人才的专业培养目标。新教材体现了法医学领域的新进展和我国的新法规、新政策与新要求；考虑了学生的就业，具有较强的实用性，使学生在毕业后的实际工作中能够应用所学知识。本轮教材在编写中强调了可读性、注重了形式的活泼性，并全部配备了网络增值服务。

全套教材16种，其中主教材11种，配套教材5种，于2016年全部出版。所有教材均为国家卫生和计划生育委员会“十三五”规划教材。

第5轮法医学专业教材目录

1. 法医学概论	第5版	**主编**	丁　梅					
2. 法医病理学	第5版	**主编**	丛　斌	**副主编**	官大威	王振原	高彩荣	刘　敏
3. 法医物证学	第4版	**主编**	侯一平	**副主编**	丛　斌	王保捷	郭大玮	
4. 法医毒理学	第5版	**主编**	刘　良	**副主编**	张国华	李利华	贠克明	
5. 法医毒物分析	第5版	**主编**	廖林川	**副主编**	王玉瑾	刘俊亭		
6. 法医临床学	第5版	**主编**	刘技辉	**副主编**	邓振华	邓世雄	陈　腾	沈忆文
7. 法医精神病学	第4版	**主编**	胡泽卿	**副主编**	赵　虎	谢　斌		
8. 法医人类学	第3版	**主编**	张继宗	**副主编**	蔡继峰	赖江华		
9. 刑事科学技术	第4版	**主编**	李生斌	**副主编**	张幼芳	李剑波		
10. 法医法学	第3版	**主编**	常　林	**副主编**	邓　虹	马春玲		
11. 法医现场学		**主编**	万立华	**副主编**	阎春霞	陈新山		
12. 法医病理学实验指导	第2版	**主编**	成建定	**副主编**	周　韧	王慧君	周亦武	莫耀南
13. 法医物证学实验指导	第2版	**主编**	张　林	**副主编**	黄代新	庞　灏	孙宏钰	
14. 法医毒理学实验指导		**主编**	朱少华	**副主编**	黄飞骏	李　凡	喻林升	
15. 法医毒物分析实验指导	第2版	**主编**	沈　敏	**副主编**	金　鸣	周海梅		
16. 法医临床学实验指导	第2版	**主编**	刘兴本	**副主编**	顾珊智	樊爱英		

全国高等学校法医学专业第五轮
规划教材编审委员会

主编简介

朱少华，法医学教授，博士研究生导师，1987年毕业于原同济医科大学医学系并留该校法医学系任教，1997年4月至2001年6月在德国海德堡大学和吕贝克大学学习，获吕贝克大学博士学位后回华中科技大学同济医学院法医学系工作，2014年6月人才引进到苏州大学医学部法医学系工作，近5年主持和参加国家自然科学基金、国家973项目子项目，湖北省科技攻关计划、湖北省自然科学基金、教育部博士点基金等科研项目7项，参与国家级规划教材《临床法医学》第3版，《法医毒理学》第4版，《法医病理学实验指导》及《法医学辞典》等6部教材及教学参考书的编写，在国内外法医学专业期刊发表论文60多篇，其中SCI收录16篇，现任苏州大学司法鉴定中心常务副主任，江苏省司法鉴定协会法医专业委员会委员，苏州市医学会医疗事故鉴定专家库成员。

副主编简介

黄飞骏，法医学教授，博士研究生导师。1988 年毕业于原华西医科大学法医学系并留校工作至今。1998 年 10 月至 2001 年 9 月赴美国圣地亚哥贝汉姆研究所工作学习。2003 年至今担任中华医学会医疗事故鉴定专家库专家。长期从事法医病理学及法医临床学检案、教学、科研工作。承担三项国家自然科学基金、两项 973 项目分课题、一项国家杰出青年基金、两项四川省科技厅科技招标项目等多项课题研究，发表 SCI 收录论文 10 多篇。2005 年“法医物证学教学课程改革”获四川省教学成果一等奖、国家级教学成果二等奖。2013 年“乙型肝炎病毒转录复制调控机制及致病机制研究”获四川省科学技术进步奖二等奖、中华医学科技奖三等奖。参编“十五”规划教材《法医毒理学》，二十一世纪教材《法医学》《法医临床学理论与实践》《法医学辞典》《法医学轻重伤鉴定指南》等。

李凡，法医学教授，硕士研究生导师，日本金泽医科大学客座研究员。河南省高校青年骨干教师，河南省法医病理司法鉴定专家委员会副主任，洛阳市青年科技奖获得者。

从事法医毒理学和法医病理学工作 28 年，参编“十一五”规划教材《法医毒理学》(第 4 版)，主编《法医学心脏检验理论与实践》，任《法医学司法鉴定》和《实用法医学司法鉴定》副主编，编导《法医学心脏检查》电教录像，获河南省电教成果二等奖。获河南省科技进步二等奖 1 项，河南省教育厅科技进步二等奖 3 项，主要研究方向为：酒精中毒和颅脑损伤的分子生物学机制。发表学术论文 60 余篇。

喻林升，教授，博士，硕士研究生导师，从事法医学和病理学教学、科研和检案工作 30 余年。温州医科大学法医学系首届主任，温州医科大学司法鉴定中心副主任，温州医科大学司法鉴定科学技术研究所副所长，浙江省司法鉴定协会法医病理专业委员会副主任委员，全国高等学校法医学专业第五轮规划教材评审委员会委员。参编国家级规划教材《法医毒理学》和《法医学》3 部，参加和主持国家自然科学基金、浙江省自然科学基金、省厅级课题十余项，先后在国家级、省级专业杂志发表论文 50 多篇，其中 SCI 收录 6 篇，CA 收录 5 篇，科研成果获浙江省人民政府科学技术奖二等奖、浙江省高校科研成果奖二等奖等多种奖项。

前 言

1983年山西晋祠会议后，全国六所重点医药院校先后成立法医学系，并将“法医毒理学”列为法医学专业的必修课，《法医毒理学》理论教材于1988年10月出版，20多年来经过广大法医学教学工作者的努力，我国法医毒理学的教学水平及课程建设已有了很大的提高，随着全国各地对法医学人才需求的不断增加，目前从事法医学专业教育的高等院校已增至30所，在法医毒理学实验课教学中，由于各校选用的教学方法和手段不同，教学效果参差不齐，大家一直希望有一部较系统的实验指导教材，2014年8月全国高等院校法医学专业教育指导委员在湖南长沙召开会议，确定编写《法医毒理学实验指导》，经过全体编委的努力，按《法医毒理学》理论教材的内容编排体系，组织编写了这本实验指导。

全书共十六章。在绪论中重点介绍法医毒理学实验教学目的和要求；毒理学动物实验基础知识、实验设计的基本原则、动物模型、一般操作、实验观察及记录；中毒尸体的鉴定要点、检材提取、结果分析和鉴定意见书的编写。第二章到第十一章是根据各类毒物特点设置的具体实验，分为动物实验、中毒案例大体标本及组织病理学观察，加深学生对课堂内容的理解，掌握各类毒物的中毒症状及毒理病理学变化，同时进行实验能力的培养；另外，每章都设有典型中毒的案例分析，使学生对毒物作用的靶器官形态学、病理学改变及死因分析有更好的理解。近十年来，由于法医毒物动力学理论与实践的发展，加之部分高校进行教学改革，设置了大学生创新基金资助项目，为适应当前教学需要，在第十二章设计了综合性、自主设计性实验，主要培养学生对所学知识融会贯通，综合运用所学知识进行自主创新和科学研究的能力。第十三章和第十四章是细胞毒理学和分子毒理学实验，主要介绍了目前毒理学研究中常用的方法和原理，希望对学生未来进一步工作、学习有所帮助。第十五章为法医毒理学论文写作，第十六章为复杂、疑难中毒案例分析，希望可以提高学生的学习兴趣和求知欲望，培养其进行科学思维，总结科研结果，对疑难复杂案例进行分析解决的能力。另外，为了更好地方便学生的学习，文后列出了相关名词的中英文对照索引。

各校在使用该教材时，可依据自身的特点、教学优势，对内容进行取舍，合理安排使用。

由于《法医毒理学实验指导》教材是首次编写，尽管编委们作出了很大努力，但由于经验不足，加之水平和实践有限，书中难免有不妥或错误之处，请使用本书的师生及同行多提意见，以便再版时修改。

本书在编写过程中，得到苏州大学医学部、华中科技大学同济医学院法医系、中国医科大学法医学院、四川大学基础医学与法医学院、河南科技大学法医学院、温州医科大学法医学系、昆明医科大学法医学院的大力支持。苏州大学王芸同学、四川大学卢玫瑰同学在文字校对方面也做了大量工作，在此特表致谢。

朱少华

2016年2月于苏州

目　录

第一章 绪 论

第一节 法医毒理学实验教学的目的和要求

法医毒理学(forensic toxicology)是一门应用毒理学及有关学科的理论和技术，研究与法律有关的自杀、他杀和意外、灾害事故引起中毒的一门法医学专业课程，也是一门实践性很强的学科。法医毒理学作为毒理学的分支学科，与毒理学的发展密不可分。近年来，随着社会的发展和生活条件的改善，人们在生产和日常生活中接触化学物的品种和数量越来越多，不同性质的中毒和中毒死亡事件时有发生，毒物的品种也不断发生变化，对法医毒理学理论和实践的发展都提出了更高的要求。法医毒理学教学的目的除揭露以毒物为暴力手段对人体造成的危害，为涉及毒物的中毒案件提供侦破线索和犯罪证据外，也给临床实践提供诊断和治疗的依据。因此，法医毒理学理论与实践存在着紧密联系。通过本实践课的学习，应着重培养广大学生掌握法医毒理学基本理论及解决实际问题的能力。

一、实验教学的目的

法医毒理学研究的内容主要为常见毒物的性状、中毒原因、毒理作用、中毒量和致死量、中毒血浓度和致死血浓度，器官组织的病理学改变，毒物化验检材的提取、保存与送检，中毒或死亡方式鉴定等，主要涉及的对象是人体。法医毒理学与法医病理学和法医毒物分析存在着必然的联系。法医毒理学实验教学的目的主要是加深和巩固对理论教学内容中相关基础理论和知识的理解，提高学生的动手能力，培养其发现问题和解决问题的能力，综合分析解决中毒案件的实际应用能力。本教材部分内容以实验动物为研究对象，观察毒物中毒症状、尸检所见、组织器官中毒病理变化，希望通过法医毒理学实验课的学习，掌握常见毒物中毒的法医学鉴定要点，通过复杂疑难中毒案例分析，全面提高学生的综合素质和创新思维能力；结合毒理学理论和实验技术的发展，通过综合性自主设计性、细胞毒理学和分子毒理学实验，指导学生掌握现代生物学的理论和技术，培养学生创新能力和从事科学研究的基本能力，为今后发展打下良好的基础。

二、基本要求

在掌握和熟悉法医毒理学理论教材的基础上，通过本教材的学习，使学生达到如下要求：

1. 掌握常见中毒案件的毒物种类、性状和法医毒理学鉴定的基本知识；
2. 掌握常见毒物中毒的中毒量、致死量、中毒血浓度和致死血浓度的关系；
3. 掌握常见毒物中毒的毒理机制、中毒症状、实验室生化检查及毒物分析样本的采取方法等；
4. 掌握常见毒物中毒的尸检要点、组织病理学变化及法医毒理学鉴定方法；
5. 通过典型、复杂、疑难中毒案件的分析，掌握法医毒理学鉴定的基本理论和方法；
6. 通过自主设计实验，培养学生的创新思维和从事科学研究的能力。

结合高等院校实际，要求学生通过本学科的学习并综合应用相关知识，在实验中发现、解决问题并提出新观点和新方法，再通过实践去验证，把法医毒理学实验课作为学生培养创新能力的平台，全面提高学生的综合素质。

三、实验教材及参考书目

本实验教材共16章，实验内容涵盖了演示性实验、验证性实验、综合性实验和自主设计性实验等。本教材与理论教材《法医毒理学》章节安排相一致，各校可依据自身的特点和教学优势对教学内容进行取舍。有兴趣和学有余力的同学如想进一步扩充和更好地掌握本学科内容，建议挑选如下参考书目：

1. 孙敬方. 动物实验方法学. 北京：人民卫生出版社，2001.
2. 袁伯俊，廖明阳，李波. 药物毒理学实验方法与技术. 北京：化学工业出版社，2007.
3. 贠克明. 法医毒物动物学. 北京：人民卫生出版社，2015.
4. 周志俊. 基础毒理学. 上海：复旦大学出版社，2008.
5. 王心如，孙志伟，陈雯. 毒理学基础. 第6版. 北京：人民卫生出版社，2012.

四、课程考查及考核方法

实验课程开始前，学生应该按教学要求做好课前预习准备；实验课程完毕后，学生应整理实验资料，总结实验结果，分析实验观察所见并书写实验报告，认真按实验报告格式填写实验报告，将实验中发现的问题以实验报告的形式真实记录，最后分析实验结果交带教老师批改。法医毒理学实验报告格式及内容如下：

1. 实验名称
2. 实验目的
3. 实验材料
4. 实验步骤
5. 实验观察结果
6. 实验结果分析及讨论
7. 实验结论

五、法医毒理学实验项目设置、内容

法医毒理学实验主要分为两部分。第一部分为动物实验，让学生对理论课的学习有直观的理解，同时培养学生的动手能力；第二部分为形态学观察和案例讨论，通过对大体标本、组织病理学的观察，掌握化学物质作用于机体后不同器官的形态学改变和病理生理机制。

（朱少华）

第二节 法医毒理学实验基本内容和实验方法

法医毒理学实验基本内容主要包括动物实验和中毒案例大体标本观察及组织病理学观察两大部分，前者主要观察在控制条件下（如剂量、时间、染毒途径等）毒物作用的靶器官和靶组织的功能和病理形态学改变，后者主要为实际检案中积累的中毒死亡案例标本。由于实验动物多为哺乳动物，其解剖学、生理学、生物化学与人类有很多相似的一面，因此观察实验动物接触外源性化学物后发生的毒效应，并将结果预测到人，仍具有重要的参考意义，此外利用毒物的毒性及毒理作用机制，观察中毒后实验动物出现的中毒症状和表现，对中毒死亡的尸体进行解剖检查和病理组织检查，结果直观，便于理解，对毒物中毒靶器官、靶组织及毒物在体内的分布、代谢的确定也具有重要价值，但实验前应对动物种属、饲养条件、中毒方式做好选择和准备。

一、动物实验设计的基本原则和要点

（一）实验设计的基本要素

良好的实验设计是保证实验结果与质量的重要前提。在实验设计时，不仅要保证实验的科学性和逻辑性，以使研究结果具有重现性和可靠性，而且还要经得起时间的考验。一般来说，动物实验设计的基本要素有以下几个方面。

1. 实验对象　实验对象往往根据研究目的而定。在法医毒理学实验中根据实验对象的不同主要分为整体动物实验、组织器官实验、细胞实验和分子生物学试验等。总体上要求实验对象对处理因素要敏感，反应要稳定。

2. 处理因素　处理因素是能引起实验对象产生效应的因素。在进行法医毒理学实验时，处理因素可以是单因素，也可以是两个或两个以上的因素。由于多个处理因素对实验对象共同作用时不易判断处理因素的剂量与其作用性质的效应关系，而且往往造成整个实验难以控制，因此一般实验设计时应以单处理因素为主，同时该处理因素也应设立多个处理水平，如对某一毒物进行观察时设计多个剂量组。

3. 实验效应　实验效应指处理因素产生作用后所达到的实验对象的效果和结局，通常以某项或多项实验指标的变化来表示。需要指出的是，这些指标应具有客观性、精确性、特异性和灵敏性。

（二）实验设计的基本原则

实验设计中必须遵守的基本原则有对照（control）、随机化（randomization）和重复（replication）。

1. 对照原则　在确定接受处理因素的实验组（experimental group）时，应同时设置对照组（control group），其目的是在实验中消除各种无关因素对实验结果的影响，它与实验组相比具有同等重要的意义，没有对照组的结果很难使人信服。对照组有可比性，是在同时、同地、同条件下进行的，也必须将实验对象随机分配给对照组和实验组。

在实际操作中，对照组的设置方式有 2 种，即自身对照和组间对照。自身对照是指在同一个体观察实验处理前后某种或几种指标的变化，即把实验处理前的指标和实验处理后的指标，作为处理后同一指标和同几种指标的对照，有时也可以把两种实验处理因素的作用在同一个体上进行一前一后的比较。自身对照的优点是可有效地减少个体差异对实验处理反应的影响。组间对照是指将若干受试对象随机分成若干单行组，随机挑选一组作为对照组而其他组作为实验组，进行的实验比较。此外，有时还应设置空白对照和阳性对照以确保实验的精确性。

（1）空白对照：空白对照组即受试对象不接受任何处理，主要用于评定观察方法的准确度，以观察受试对象是否处于正常状态。例如，在实验中设置空白对照以测本底值。

（2）阳性对照：阳性对照组即对受试对象给予标准的阳性物质处理或经典的治疗（处理）方法作为阳性对照。

2. 随机化的原则　采用随机的方法，使每个受试对象都有同等机会被抽取或分配到不同的实验组和对照组。随机化原则应贯穿于实验设计和实验的全过程中，包括：①抽样的随机：即每个个体都有同等的机会被抽到样本中来，以保证所得样本具有代表性，使实验结论具有普遍意义；②分组的随机：使每个受试对象机会均等，以保证受试对象的各方面状况在对比组间尽可能均衡，以提高组间可比性；③实验顺序的随机：指每个受试对象先后接受实验处理的机会均等，以消除实验顺序的影响。

3. 重复原则　重复原则是指在相同实验条件下进行多次研究和观察的实验原则，以利于提高实验可靠性及科学性，包括：①整个实验的重复，能确保实验的重现性，提高实验的可靠性，不可重复的实验是不可信的，通过重复，可避免机会造成的影响；②用多个受试对象进行重复，能避免把个别情况误认为普遍现象，把偶然性或巧合性当成必然规律，因此每组要有足够的样本量；③同一受试对象的重复观察，实验误差是客观存在的，只有在同一实验条件下对同一观测指标进行多次重复测量，才能计算出误差大小，重复测量的目的是降低实验误差，多次重复测量会减少均数的误差。

重复原则是实验可靠、稳定的前提，如果实验结果不能再现或不稳定，就得不到公认，因此应选用标准化的实验动物，只有这样才能排除遗传上的不均一而引起的个体差异，排除动物自身所携带的微生物、寄生虫和潜在疾病对实验结果的影响，获得可靠的实验结果，便于研究比较和交流。

（三）实验动物涉及的伦理问题

实验动物用于研究、教学和实验。为明确毒物作用靶器官和在体内的代谢过程，动物实验是必不可少的。实验动物对毒理学的发展有巨大的贡献。因此，所有实验操作者要尊重生命，善待实验动物。《实验动物管理条例》规定了对实验动物必须受到爱护，不得戏弄或虐待。对待实验动物应遵守以下原则：给予人道主义的管理和处理；使痛觉和不适感减少到最低；避免不必要的动物实验。操作者应贯彻由英国动物学家 William 和微生物学家 Rex 在《人性动物实验技术原则》中提出的 3R 原则，即替代（replacement）、减少（reduction）和优化（refinement）。替代是指应用低等的动物或材料代替高等的动物的方法；减少是指在能保证获取一定数量与精确度的数据信息的前提下，减少动物的使用数量；优化是指使用动物时，减少动物不必要的痛苦。

二、实验动物模型及一般操作

（一）整体动物实验

正确选择实验动物是科学实验首先要考虑的问题之一，由于实验有不同研究目的和应用不同技术手段，而且不同种类实验动物也有其各自不同的生物学特点和解剖生理特征，因此，随意选择动物用于实验研究，可能会得出不可靠的实验结论。总体上，整体动物实验应遵照以下原则。

1. 相似性原则　利用动物与人体组织结构、系统、生理特性、解剖特性、疾病特点和繁殖方面的相似性选择实验动物，如哺乳类动物在某些功能、代谢、组织结构和疾病特点方面与人类近似，可以将不同实验动物与人类进行比较，选择相似性强的动物。实验动物进化层次越高，其功能、结构越复杂，反应也越接近于人类。因此像猴这样的灵长类动物是最接近人的实验动物，但其数量少，价格昂贵，不易获得。某些动物进化程度并不一定高，但其组织器官的结构与人很相似，价格也便宜，容易获得，因此便于使用。例如：在研究神经系统方面，两栖类动物由于大脑不够发达，不适合用于测试高级神经活动，但是在简单反射中却有良好的效果。在生理方面，人类的血压、体温、呼吸之间是具有相关性的，体温升高会导致呼吸和心率的加快。因此在进行动物实验的时候，也要注意选择选用恒温动物。解剖方面，不同种类的动物之间，各器官的大小、形态、构造等方面都有所不同。如哺乳类动物都有两个心房和两个心室，但是蟾蜍、青蛙等只有两个心房和一个心室。在其他重要脏器中，如肝、肺、脑中都有各自的特异性。其次，在年龄上也要具有相似性，不同种属动物寿命长短不一，但大多动物的寿命比人类的短，选择时应了解相关知识，挑选与人的某年龄段相对应的动物进行实验研究，如：慢性实验或观察动物生长发育应选择幼龄动物，一般实验应选择成年动物；此外在实验动物的遗传背景、营养及环境背景标准化后，在生理和健康状况方面也应具有近似性，微生物控制可将动物分为普通动物、清洁动物、无特定病原体动物和无菌动物，要根据实验研究的不同要求选择适当级别的动物。

2. 差异性原则　各种实验动物在基因型、表型、代谢型、易感性等特点上的差别也是选择时要考虑的重要原则之一，如研究过程中要求以这样的差异为指标或特殊条件时，选用不同实验动物的某些特殊反应，更适合于不同研究目的的要求。

3. 可获得性原则　许多啮齿类动物，繁殖周期短，具有多胎性，饲养容易，遗传和微生物控制等也方便，在毒理学实验中应用广泛，如实验大鼠、小鼠是应用最多、用途最广的实验动物。

4. 经济性原则　是指在不影响实验结果的准确性和精确性的前提下，尽量减少实验成本，包括选用价格便宜的动物或者简化实验方法。

（二）实验动物的选择方法

动物对外界刺激的反应存在着种属差异和个体差异，为了减少误差发生，在动物的选择上应注意年龄、体重、性别、生理状态及健康状况等多种因素。

1. 实验动物物种选择　常见的为啮齿类和非啮齿类，一般认为如果两个物种以大致相同的剂量，在相同的接触方式下均有中毒反应的发生，那么人则有可能以相同的方式发生毒性反应。如果不同物种的毒性反应有很大差别，就必须研究毒物在物种中的代谢动力学及毒物作用机制，然后才能将结果外推给人。

2. 实验动物的选择　对于小鼠和大鼠可以按遗传学控制分为近交系、杂交群和封闭群。近交系指全同胞兄妹或亲人之间连续交配20代以上而培养的纯品动物，如(A)(BALB/c)(C_3H)(DBA)；杂交群是指两个不同的近交之间有目的地进行交配，所产生的第1代动物，如nu、dw、hr等；封闭群也称为远交群，是指一个群在5年以上不从外部引进新血缘，仅由同一品系的动物在固定场所随机交配繁殖的动物群，如KM小鼠、NIH小鼠、Wista大鼠、Sprague Dawley(SD)大鼠等。按实验动物遗传的均一性排序，近交系最高，杂交群次之，封闭群较低。家兔常用的品种包括新西兰白兔、大耳白兔和青紫兰兔。动物的个体差异性对实验有较大的影响，包括性别、年龄、健康状况、营养状况和个体敏感性。例如，通常雌性对药物的敏感性高于雄性，因此在实验随机分组中要注意动物性别分配要平均。年龄不同的小鼠对毒物的吸收、代谢和排泄等都有所不同，因此会对实验结果有一定影响。营养不足会影响动物对毒物作用的反应，因此应给予实验动物充足的营养。个体敏感性差异是指同种动物的不同个体对毒物有不同的反应，可从无反应到出现死亡。个体敏感性差异主要与个体本身对毒物的代谢能力有关。

3. 实验动物微生物控制的选择　按微生物控制可将实验动物分为4级，毒理学应使用Ⅱ级或以上动物，以确保实验结果的可靠性。Ⅰ级为普通动物，实验动物中微生物控制要求最低的动物。Ⅱ级为清洁动物，饲养中要注意空气净化并且全部仪器设备在进入室内均要消毒。Ⅲ级为无特定病原体动物，只能从Ⅱ级以上的动物中获得，要求纯系繁殖，饲养在隔离器内，没有致病病原体。Ⅳ级为无菌动物，在自然界中不存在。因此对实验动物的饲养区每3个月进行一次微生物监测，记录结果同时对不合格指标进行处理。

（三）动物实验的一般操作

动物实验的基本操作包括：对健康动物的识别、动物的抓取及固定、实验动物性别的判断，实验动物的标号、麻醉、染毒方法及样本的采集。

1. 健康动物的识别　实验动物的健康情况与实验的结果有很大关系，不健康的动物对化学物质的耐受性较低，可能造成实验结果的假阳性。要在实验前7～14天开始对实验动物的体型、行为、反应、体重等进行仔细的观察和记录，同时让实验动物适应新环境。

2. 动物的抓取与固定　实验动物包括小鼠、大鼠、家兔、狗、猴等，由于毒理学实验中通常采用小鼠和家兔，因此着重介绍这两种动物的抓取和固定。

(1) 小鼠：用一只手先抓住鼠尾提起，使其向前爬行，另一只手的拇指和食指抓住颈部，身体于掌心处，尾巴由无名指和小指压住，另一只手可以进行后续操作。通常使用大头针或线将小鼠的四肢固定在木板上不让其活动。

(2) 家兔：抓住家兔的后颈部，另一只手托住兔臀部。将四肢固定在实验台的两侧，门牙用线拴在实验台的铁柱上。

3. 性别判定　动物实验中，同种动物的不同性别对化学物质的敏感性不同，因此性别对实验结果也有一定的影响。一般而言，依据动物的肛门和外生殖器的距离进行判别。距离较长的为雄性，短的为雌性。

4. 编号　动物实验中，为了将个体之间区分，需要进行编号。基本要求是清楚和易认。最常采用的是染色法，将试剂在躯体的不同部位处进行涂染，常用的有苦味酸溶液和品红溶液。染色的基本原则是：从左至右，由上到下。左上肢为1号，左腹部为2号，左下肢为3号，头顶为4号，腰背部为5号，尾部为6号，右上肢为7号，右腹部为8号，右下肢为9号，如果多于10只，可用双染料进行标记，一种颜色表示个位，另一种颜色为十位即可。但是颜色法不持久，因此多用于实验周期较短的实验。

5. 麻醉 为了方便实验的进行和减少实验动物的痛苦，麻醉的实施是极为重要的。实验室中常采用静脉注射方法，可以让动物很快进入麻醉状态。小鼠由尾静脉注射，兔子由耳缘静脉注射，注射时要注意麻醉药的量和浓度。过多会导致动物死亡，过少动物会在实验中醒来，导致实验无法顺利进行。

6. 染毒 无论动物实验是急性、慢性或者亚慢性，染毒途径主要是经口、皮肤和呼吸道三种方式。

(1) 经口染毒

1) 喂饲：将化学物质拌入饲料或水中，让动物自己摄入，根据每日摄入量计算化学物质的摄入量。喂饲法的优点是与人类摄入毒物的方式一致，但由于可能产生异味导致实验动物拒食或者化学物质挥发等原因会导致剂量不准确。另外实验动物必须单独饲养。

2) 灌胃：化学物质直接灌入动物胃内剂量准确，但是灌胃染毒工作量较大，且可能会伤及器官导致动物中途突然死亡，最终导致实验结果不准确。

3) 吞咽胶囊：此方法简单易行，大型动物多用此方法。

(2) 经皮肤染毒：脂溶性化学物质通常可以采用经皮肤染毒的途径。但在进行皮肤染毒实验时，应该注意皮肤与化学物质的接触时间、面积、环境的温度、化学物质的挥发性等。通常使用实验动物的背部皮肤。

(3) 经呼吸道染毒

1) 自行呼吸：将实验动物放入含有稳定浓度化学物质的容器中，容器中的氧气、二氧化碳的分压、温度和湿度都应该稳定。但是该方法不能避免皮肤与化学毒物的接触，故而可以只将动物的头部放于容器中。

2) 人工气管注入：该方法在毒理学实验中极少用到。

7. 样本采集 常规毒性实验需要采集动物的血液和其他体液。

(1) 血液的采集方法

1) 小鼠：多从尾静脉采血。先将动物麻醉固定后，将尾巴置于温水中浸泡，用酒精擦拭尾巴，待血管扩张后擦干，剪去尾尖，直接用试管接住，采血完毕后，用棉球压迫止血并用 6% 的火棉胶涂在伤口处，此方法可反复使用。

2) 兔：从耳缘静脉采血。先将动物固定，拔去采血部位的毛后消毒，用手指轻弹，使血管扩张，沿耳缘静脉刺入血管采血。

(2) 体液的采集：尿液、粪便、胆汁和脑脊液的采集根据动物的物种不同采集方法也各不相同。

三、实验动物中毒表现的观察、解剖及组织病理学检查

(一) 动物毒性实验

动物毒性实验的主要目的是通过毒物在实验动物上产生的效应经过合理推断后可以大概推测出在人体上的效应。动物毒性实验主要目的是测定该物质的作用效果或者与其结构类似的物质的毒性效应。动物毒性实验包括：急性致死实验，亚急性、亚慢性和慢性实验。

1. 急性致死实验 对物质进行毒性测定时，首先测定的是其急性毒性。给予单一剂量的物质 14 天内每天对实验动物进行检查，并作相应死亡统计。急性致死实验目的包括：①定量估计半数致死量(LD_{50})；②为其他实验的剂量设计提供参考剂量；③观察动物急性中毒的症状。在急性致死实验中对动物中毒症状、临死前表现和死亡时间的观察都是极为重要的。

2. 亚急性实验 实验动物经过在 14 天内反复多次给药，观察其毒性，确定亚急性实验所需用量。

3. 亚慢性实验 亚慢性实验通常需要持续 90 天。亚慢性实验通常包括高、中、低三种剂量。其中要求高剂量引起的致死率不超过 10%，低剂量不引起显著毒性。必须每天观察实验动物的状况，

如有过早死亡的要进行相应的尸检。在90天实验结束时，应将所有动物处死，并分别对实验动物进行尸检，并对组织器官的大体状况和病理改变进行仔细的观察和记录。在90天实验期间还应该做实验动物的血、尿检测。

4. 慢性实验 慢性实验通常持续6个月～2年的时间，目的为研究物质的累积毒性。在慢性实验中，剂量的选择对实验的结果极其重要。

所有的实验都应该设有实验组和对照组，同时进行，否则会影响对实验结果的判断。

（二）实验动物的处死

在实验结束后，对实验中未死亡的动物进行处死再做相应的检查。处死的原则是速度快，尽量减少实验动物死亡过程中的挣扎和人为损伤。

1. 机械法

(1) 颈椎脱臼法：操作简单，动物承受的痛苦少，容易操作并且不会伤及内脏。通常用于小型动物。

(2) 断头法：用剪刀在实验动物的颈部直接剪断，使动物大出血而死，此方法痛苦时间不长，因而也属于处死的方法之一。

(3) 击打法：此方法简单易行但是可能会造成多器官损伤，通常不采用。

2. 空气栓塞法 适用于大型动物，在静脉内注入一定量的空气，在右心与血液混合成泡沫，进入全身血液循环中，导致栓塞致死。

（三）实验动物的检查

1. 中毒症状观察指标 做动物学实验时，观察给药后实验动物症状的变化对了解毒物特征和作用靶器官非常重要。根据毒物作用不同的靶器官，动物出现的症状各不相同。常用的观察指标包括：中枢神经系统及躯体运动（行为、动作、对刺激的反应、肌力等）；自主神经系统（瞳孔大小、分泌等）；呼吸系统（呼吸的速率和性质）；心率；皮肤和黏膜等。观察的同时要及时记录症状出现的时间、表现、死亡前征兆及死亡时间；同时要采集实验动物的血液、尿液、胆汁和粪便等其他体液，进行生化测试，为毒性在体内的量、毒物的变化提供依据。

2. 解剖检查 通过对实验的解剖观察，了解毒物作用的靶器官。解剖检验在实验动物处死后立刻进行，使实验动物呈仰卧位，固定好四肢，将动物毛浸水，沿胸腹正中线切开，切断肋骨，将胸壁取下，暴露全部内脏。切开后立即观察：胸腔和腹腔内是否有液体，液体的颜色、性状；胸膜和腹膜的变化，脏器的位置、颜色、边缘等。检查心包时注意是否有心包积液，积液的颜色、性质和量。分别取出各个脏器。对于不同的器官，脏器检查的重点不同，例如：肝检查，先检查肝的大小、形态、硬度和边缘等，再切开观察切面的质地、色泽等。肺的检查，肺的大小、性状、质地和炎性渗出物，之后切开气管，观察气管黏膜的色泽、渗出物等，最后将肺横切，观察切面的病变情况。颅腔解剖中，先去掉颅骨，先观察颅腔液体的颜色、量，之后将脑组织和周围组织剥离取出。对于取出的脏器需要测定脏器的重量。脏器重量和体重之比为脏器指数。脏器指数可以反映实验动物的营养状态，该指标经济、有效。

3. 组织病理学检查 实验动物处死后尽快取材进行固定，抑制其分解，以保存原有结构和成分。此后通过包埋、切片、染色和封固，制成切片，之后镜下观察。

(1) 取材的基本要求：包括完整性、代表性、客观性。取材的病变区要占组织块的1/2～2/3左右，取材时不可推拉切取，否则会造成组织损伤。在取材时要注意标明取材的位置，并且认真做好编号。对于没有病变的组织，在有代表性的位置取材。

(2) 固定：取材完成后通常使用10%的甲醛溶液固定，固定液的量、固定的时间与组织的大小及薄厚有关。通常固定容器采用广口瓶，利于组织的取出。

(3) 浸蜡、包埋和组织切片。

(4) 染色：使用苏木素-伊红染色，染色后细胞质为红色，细胞核为蓝色。

（5）镜下观察：先低倍镜观察，再高倍镜观察，按顺序移动切片，全面细致观察，以确定切片有什么病变、病变部位，以及病变部位与正常组织的关系，并且记录下观察到的病变。要注意区别毒性作用产生的变化和躯体自身病变产生的变化。

四、毒理学动物实验及报告编写的要求

为了更好地进行毒理学实验，事先应对理论课相关部分内容进行复习，同时了解与将要进行的实验相关的内容，明确实验目的和要求，了解实验基本原理和内容。实验学习过程中，决不允许随意伤害动物，认真做好实验记录，仔细观察症状的改变，最后完整、正确地书写实验报告。

（一）实验预习

实验课是对理论知识的具体、形象的理解，为了使实验课达到教学目的，学生在实验课前应该根据实验课内容，对理论课学习的相关知识进行复习。

1. 明确实验目的和要求，根据实验内容复习理论课本中的有关章节。
2. 了解实验方法和原理，明确各步操作的目的和要求。
3. 了解实验所需材料和用品，为实验的顺利进行做好准备。

（二）实验记录

在法医毒理学实验课学习中，准确地做好实验记录十分重要，实验记录是书写实验报告的直接依据。

1. 实验记录必须记录在专门记录本上，做实验记录时，要求学生必须以实事求是及严谨的科学态度，及时、完整地记录实验过程中相关实验现象和实验结果，不得随意拼凑、篡改和伪造实验现象。
2. 实验记录本要标明实验日期、实验条件、实验动物状况、实验药物以及小组成员。
3. 实验记录要及时记录给药时间、实验动物症状出现和改变的时间。
4. 实验记录字迹工整，采用规范的专业术语。
5. 实验绘图不需要将整个视野全部绘出，只要将重要病变或具有代表性的病变绘出即可，将病变的描述标注在图下方。

（三）实验报告

实验完毕后，归纳整理结果，分析出现的问题是完整实验必不可少的一部分，书写实验报告是为了将直接的现象转化为理论的理解，因此每个学生都应该认真对待。

法医毒理学实验报告一般包括以下部分：

1. 实验名称。
2. 实验目的与原理。
3. 实验动物、器材与试剂。
4. 实验方法　简明扼要地用文字表述实验操作步骤。
5. 实验观察结果　用文字或表格的形式表示实验现象。
6. 实验结果分析　简述导致实验现象出现的原因。
7. 实验结论　根据实验结果，概括实验的结论。
8. 讨论　对于实验中出现的现象、产生的差错等结合理论学习和相关知识进行讨论，包括解答实验教材上的思考题，学到的知识、体会和收获。

五、中毒量、致死量、致死血浓度

毒理学中为了定量描述毒物毒性大小，通常使用毒性指标表示。常用的毒性指标包括中毒量（阈剂量）、致死量和致死血浓度。

（一）剂量 - 反应关系

剂量 - 反应关系包括剂量 - 量反应关系和剂量 - 质反应关系。在毒理学中，剂量 - 反应关系可以

表示毒物与机体损害是否存在关系，且利用剂量 - 反应曲线可更为直观地表示毒物与机体损害之间存在怎样的关系。

1. 剂量 - 反应曲线类型

(1) 直线型：毒物剂量与机体损害程度成正比。但由于机体内多种因素的影响，此型出现的机会较少。

(2) 对数曲线形：初期随着毒物剂量的增高，反应急速增高，随后毒物剂量增高，反应速度减缓，最终形成先陡后缓的曲线。

(3) S 形曲线：初期随着毒物剂量的增高，反应缓慢增高；中期，随着毒物剂量的增高，反应急速上升；后期毒物剂量的增高，反应缓慢增高，形成 S 形曲线。分为对称 S 形和非对称 S 形，在毒理学中非对称 S 形较为常见（图 1-1）。

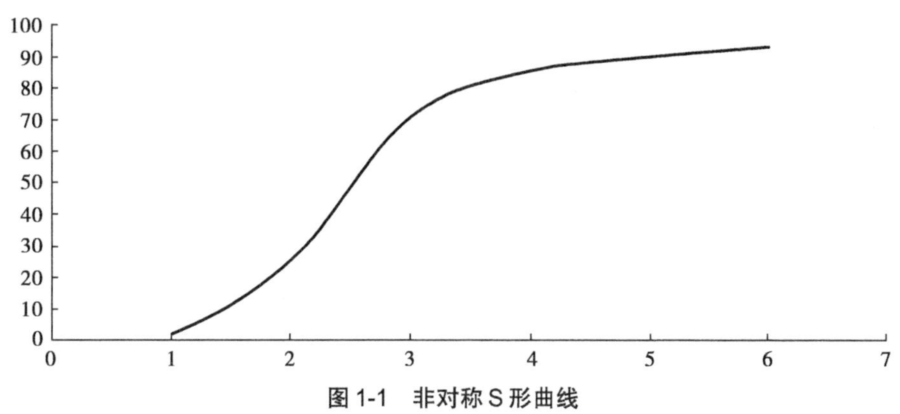

图 1-1 非对称 S 形曲线

对于 S 形曲线，无论对称或者不对称，在 50% 反应率的斜率最大，剂量和反应率关系相对恒定，因此常用 50% 反应处的剂量表示化学毒性的大小，如半数致死量（LD_{50}）。

（二）致死剂量或浓度

致死剂量分为：绝对致死剂量、半数致死剂量、最小致死剂量和最大耐受剂量。

1. 绝对致死剂量　绝对致死剂量（LD_{100}）是指化学物引起受试对象全部死亡所需要的最低剂量。由于个体差异性，对化学物的耐受性不同，可能会导致 LD_{100} 的变化范围较大。因此在判断化学物毒性高低时通常不采用 LD_{100}。

2. 半数致死剂量　半数致死剂量（LD_{50}）是指化学物引起一半受试对象死亡所需要的最低剂量。由于 LD_{50} 比较稳定，所以是用于评价化学毒性大小最重要的参数，也是对不同化学物进行急性毒性分级的基础标准。化学物的毒性越大，其 LD_{50} 的数值越小。LD_{50} 受多种因素影响，动物的种属、体重，实验室环境、实验者操作技术等因素均可对 LD_{50} 产生影响。

3. 最小致死剂量　最小致死量（LD_{01}）是指化学物引起受试对象中个别成员出现死亡的最小剂量。

4. 最大耐受剂量　最大耐受剂量（LD_0）是指化学物不引起受试对象出现死亡的最大剂量。

（三）中毒量

中毒量是指化学物引起受试对象中少数出现最轻微的异常改变所需要的最低剂量。

（四）毒性作用的影响因素

化学物质的毒性大小可以用 LD_{50} 表示，但是毒性的大小受多方面的影响。主要分为几个方面：①化学物本身；②机体因素；③环境因素；④给药方法。

1. 化学物质　在化学物质进入机体后，可能由于化学物质与机体相互作用，或者改变机体的微环境而产生毒性作用。因此，化学物质本身的理化性质对毒性作用有较大的影响。如脂水分配系数，它与化学物质的吸收、分布、代谢均有关系。

2. 机体因素　实验动物有种属差异性和个体差异性。

（1）种属差异性：各种动物对同一种化学物质的反应不同，可能与化学物质作用于躯体的量不同有关，也可能是由于在不同动物中作用的靶器官有所不同所导致。

（2）个体差异性：为了减少实验的误差，通常采用同种动物进行实验，但是个体差异也会对实验的结果造成影响。

1）性别：动物的不同性别对化学物质的敏感性不同，一般雌性动物比雄性动物更为敏感，这可能与动物的内分泌有关。因此，在实验时，动物雌雄各半为宜。

2）年龄：成年动物对化学物质的敏感性要低于幼年动物的敏感性。根据实验的目的选用不同年龄的动物，如急性毒性实验用成年动物，而长期慢性实验选用年幼的小鼠，以便观察在其生长发育中化学物质的影响。

3）生理状态：动物在怀孕和哺乳期时，对有些化学物质的反应不同，通常用于化学物质对胎儿的影响，如致畸。

4）健康状况：为了实验的顺利进行，在实验前要对动物进行检疫，一般观察7～14天。

3. 环境因素 客观环境的变化会导致实验动物对化学物质的毒性反应有所变化。客观环境通常是指饲料、温度、湿度等。其中饲料与反应结果关系最为密切，饲料中营养物质的量和是否含有杂质都有影响。因此，饲料必须成分合理，不同动物采用不同的饲料。

4. 给药途径 不同的给药途径，首先到达不同的组织器官，同时化学物质的吸收也有所不同。不同给药途径吸收速度依次是：静脉注射 > 呼吸道 > 腹腔注射 > 肌内注射 > 口服 > 皮肤染毒。

5. 其他 实验人员的操作技术、对实验过程的观察和记录，对数据的统计处理都会对毒性实验有所影响。

（四）LD_{50}的测定

LD_{50}的测定在毒理学中运用在多个方面：对化学物的毒性分级；化学物毒性的强弱；以及可以为其他类似化学物的毒性提供参考。LD_{50}的测定也有其局限性：测定所需实验动物数较多；可信区间95%比较宽泛；收集到的信息比较有限，例如，相同实验条件下，不同受试物所测得的LD_{50}相似甚至相同，但是其实际毒性有差异。因此在测定LD_{50}时，还应该关注实验动物的中毒体征、程度、死亡征兆和组织病理学改变等。

在对LD_{50}测定前，需要对受试物有所了解，包括其理化性质，如pH、特殊化学基团、溶解度等，同样也要了解受试物的来源。同时，要查找与受试物有相似理化性质试剂的LD_{50}，以方便估计受试物的LD_{50}可能范围，本实验指导LD_{50}的测定方法详见第三章实验三和第十二章第二节实验二十七。

（朱少华）

第三节 中毒尸体检验与鉴定

一、中毒尸体法医学检验要点及准备

（一）中毒尸体法医学检验要点

1. 是否发生中毒。
2. 是何种毒物中毒。
3. 确定体内的毒物剂量是否足以引起中毒或死亡。
4. 推测毒物进入体内的时间、途径和形式。
5. 推断中毒或中毒死亡案件的性质是自杀、他杀或意外灾害。

（二）中毒尸体检验前的准备工作

1. 制订中毒尸检和毒物检材的提取方案。
2. 进行中毒尸体解剖的解剖室、解剖器具应符合的要求 ①解剖间应具有安全通风及排毒设施；

②解剖台、器械及容器等应清洁，无消毒药液或其他化学药品的污染；③多具尸体先后或同时解剖时，解剖台、器械及容器应及时清洗或更换。

3. 尸检者及周围相关人员须做好自身的安全防护，如：应着隔离衣或防化服、围裙、袖套、手套及鞋套等。①多具尸体先后或同时解剖时，解剖衣、手套应及时更换，防止交叉污染；②可疑气体或挥发性气体性毒物中毒尸体时，根据可疑毒物的物理、化学性质选择防护器具，必要时应先咨询相关专业的专家。

4. 提取毒物分析检材的容器的要求 ①尽量选择无毒、一次性、可密封的塑料瓶（50～200ml）或试管；②禁止用玻璃容器盛装需在冰箱冷冻保存的检材，以防容器破裂损坏检材；③可常温保存的检材，如现场提取的油、液体、白粉、药片等，尽量用塑料瓶包装，因条件限制可暂时用洁净密封袋、玻璃容器包装；④切勿在尸体解剖现场寻找未经充分清洗的容器盛装需要进行毒物分析的检材。

5. 准备快速及简易毒物分析工具，如吗啡、冰毒等快速检测试纸等，在尸体解剖现场即可应用，有助于迅速了解中毒情况。

二、中毒尸体尸表、解剖及组织病理学观察

（一）尸表检验

1. 检查衣服 是否有唾液、呕吐物或排泄物痕迹，是否有药物流注或腐蚀的痕迹；翻查口袋内有无药物残渣，有无遗书或与案情有关的文字材料。

2. 检查尸体 是否有特殊气味，如乙醇、乙醚、三氯甲烷、氰化物、酚、鸦片及有机磷农药等中毒，按压胸腔，在口鼻腔周围可闻及这些物质的特殊气味。

3. 注意尸斑颜色及尸僵情况 如一氧化碳中毒多呈樱红色；氰化物中毒多呈鲜红色；亚硝酸盐、氯酸钾、苯中毒多呈棕色或深蓝色；痉挛性药物中毒者尸僵强，甚至保持抽搐状态；有机磷农药中毒部分尸体腓肠肌、肱二头肌和腹直肌明显挛缩。

4. 注意检查瞳孔、巩膜、口鼻腔及牙龈等 如多数有机磷中毒尸体瞳孔缩小（直径小于 3mm），长期鼻吸大麻可能导致鼻中隔穿孔或溃疡，注意巩膜是否有黄疸，口腔黏膜和口腔周围皮肤是否有流注状腐蚀痕迹、药物或毒品粉末，牙龈是否有铅线或汞线。

5. 注意检查体表皮肤 是否有化学烧伤、新旧注射痕迹（排除急救注射）及毒蛇咬伤牙痕，是否有既往试图自杀而留下的瘢痕。检查皮下是否有血管硬化或硬结，巴比妥类药物、镇静剂及一氧化碳中毒，四肢皮肤有时有水疱形成，注意与腐败水疱鉴别。

6. 注意检查隐蔽部位 如腋窝、耳后及毛发遮盖处，女性尸体应注意检查阴道及外阴，是否有注射、腐蚀坏死痕迹。

7. 深色皮肤尸体、腐败尸体、炭化尸体或皮肤文身处，注射痕迹不易判断时，应切开皮肤进行检查。

8. 在未完成提取尸表及衣物等毒物分析检材之前，不能用水或其他方式冲洗或清理尸体，不能将各种治疗或抢救用途留置的针管、导管拔出。

（二）尸体解剖检验

1. 应全面系统地解剖疑似中毒致死的尸体。尽管多种急性中毒常无特异性病理变化，但全面的尸体解剖仍是鉴定中毒的必要步骤。解剖发现中毒病变，不仅是中毒鉴定的根据，也为毒物分析指示方向；此外，全面观察各器官病变，确定死者是否患有严重的器质性疾病，以鉴别是自身疾病致死还是中毒致死。

2. 解剖及提取检材应避免不同样品之间发生污染，尤其胃及胃内容物与实质器官检材之间的污染。

3. 因中毒死亡多数通过胃肠道途径，故应仔细检查消化系统：①观察咽喉部、食管黏膜有无腐蚀、坏死病变。②为预防有毒物质吸入，胃应结扎取出并在通风处沿胃大弯剪开胃壁进行检查；大剂

量有机磷农药、氰化物、磷化锌等中毒尸体解剖更应当注意防止吸入毒物。③注意胃及胃内容物是否有特殊气味、胃内容物性状。④观察胃壁及胃黏膜的变化，有无充血、软化、腐蚀及穿孔等，重点关注贲门及胃大弯。⑤如经洗胃或中毒较长时间死亡的尸体，须注意检查十二指肠、空肠及其内容物。⑥某些毒物（如无机汞）可经结肠排泄，须注意检查结肠病变。⑦尸体解剖的其他操作步骤和注意事项与一般法医病理尸体解剖操作步骤相同。

（三）组织病理学检验

不仅为中毒提供证据，而且对毒物分析也有参考价值。如：肝脂肪变可能与砷中毒、磷中毒有关；肝坏死可见于氯仿、砷凡纳明（606粉）及四氯化碳（光气）中毒；肾小管坏死可能与金属毒物、斑蝥（素）中毒有关；肾近曲小管广泛性坏死可见于汞、苯酚及四氯化碳中毒；左心室发现心内膜下出血在急性砷中毒多见。

三、毒物分析检材的提取、保存和送检

（一）检材的提取

中毒案例的毒物化验检材的及时和准确收集，在中毒的法医学鉴定中是一个十分重要的环节。如错过时机，现场已被破坏，可疑剩余食物、饮料、药物或呕吐物、排泄物、注射器或剩余注射液等被倒掉或销毁，尸体已被火化，则毒物化验检材不可复得，给法医学鉴定造成极大困难或导致鉴定无法进行。如中毒者曾被送往医院急救，其洗胃液及为临床诊断所取的血样，都是很有价值的毒物化验检材。中毒患者的尿液亦注意收集。

急性死亡原因不明者，一般均应做系统的尸检，并提取检材以筛选可能的中毒毒物。若因故不能进行尸体解剖时，可先期抽取血液和尿液备用。

通过全面系统的法医解剖，采集中毒死者体内的组织、器官和体液是法医毒物分析检材的最重要来源。一定要采集合适、足量的检材供毒物分析用。传统的法医毒物的检验过程，毒物一般要经分离、提取和纯化才能进行检验鉴定（包括定性和定量），因此检材耗量较大，如未采集足够量则不易检出，更不可能保留部分检材用于进一步复核化验。目前先进的毒物分析实验室采用微量萃取法，所需检材用量较少。

现将尸体解剖时主要检材的采集方法和注意事项分述如下：

1. 胃及胃内容物　解剖可疑急性中毒的尸体，剖开腹腔后，先结扎胃的两端，取出，将全胃放在洁净的搪瓷盘内，沿胃大弯侧剪开胃壁，检查胃内容物的性状，操作过程中要防止胃内容物流失。如在胃内容物中发现残余药片、粉末、晶体或油滴等应分别提取并单独收集。因这种检材可不经毒物的分离、提取和纯化而直接进行检验，有利于迅速获得检验结果。一般应将全部胃内容物倒入带内塞的广口塑料瓶中，记录总体积，称重，以备计算胃内容物中毒物的总量。磷化锌中毒患者往往因大量喝水，胃液被稀释，而磷化锌比重较大，多沉于胃液底部，如仅取少量上层胃液，常难于检出，宜采取整个胃组织，连同胃内容物送交化验，结果较为可靠。如胃内容物中混有较多液体，可取出后倾倒入一较大的玻璃漏斗内，漏斗的出口先塞住，混杂在胃内容物中的结晶或粉末将沉淀在漏斗底部。倒出上层液体，对留下的结晶或粉末部分可进行显微镜检查和毒物化验。

由于少数有毒中草药的植物化学成分尚不清楚，有的则尚无特异性的化验方法。因此，从现场收集的可疑有毒中草药标本，以及它们的加工品、煎熬所剩药渣乃至夹杂于呕吐物或胃内容物中未被消化的植物根、茎、叶及果实等，都可保留原植物的某些形态，通过性状鉴别、显微形态鉴别、微量化学反应等方法加以识别，对中毒案例的鉴定具有重要意义。曾有一例根据胃内容物中植物根茎的性状与显微特征鉴定为百合科万年青中毒死亡的案件。

2. 肠及肠内容物　口服毒物迁延一段时间后才死亡，或已经洗胃抢救的案例，须注意收集肠内容物；应将肠管分段结扎取出后分别取其内容物瓶装。

3. 血液　是十分重要的毒物化验检材，因仅从胃内容物中检出毒物，尚不足以确定为中毒；而血

中毒物已达致死浓度则可肯定为中毒致死。有时胃内药物含量为治疗药用剂量。

疑为一氧化碳等气体或具有挥发性毒物中毒的血液，应注入10～15ml的瓶（管）内，装至瓶口，并用瓶塞塞紧，以免瓶中残留空间，使气体挥发而影响化验结果。如放置较长时间可使血中含量下降，故应尽快送实验室化验。

尸检时一般从心腔内采集血液，在切开胸腔，剪开心包膜后即自右心房或右心室内用一次性注射器抽吸血液；也可自锁骨下静脉、股静脉等收集周围血液。心血与周围血比较，以后者更合适。在任何情况下，不应从胸腔或腹腔内抽吸或掏取已被稀释或被胃肠内容物污染的血液。

4. 尿液　毒物常以原形或以代谢产物的形式排泄。一般在切开盆腔后用一次性注射器从膀胱抽吸全部尿液；如膀胱空虚，则应保留全部膀胱送检，取膀胱冲洗液做毒物化验。

5. 肝　测定肝组织中毒物的致死浓度，对中毒的法医学鉴定也有实用价值。

6. 肾　肾组织可检出多种毒物，特别是各种金属毒物。

7. 脑　脑组织含有丰富的类脂质，因此对脂溶性毒物是良好的检测。对酒精、巴比妥类中毒也宜取脑组织做检材。

疑为阿片或海洛因中毒时，应收集胆汁，将胆囊完整分离后取出，单独放入一容器内。也可将肝的脏面置于取材台的一侧边缘，剖开胆囊，使胆汁流入其下方盛接的瓶（管）内。在疑为慢性砷中毒、铊中毒时应采集毛发和指甲作为检材。取材时，毛发应连同毛根拔下，指甲亦应完整拔下，不要剪取。疑为慢性铅中毒宜取骨骼作为检材，一般取股骨中段。尸体腐败，器官已液化消溶时，可取骨骼肌（腰大肌或大腿肌肉）作为检材。如已抽不到血液，可自小脑延髓池抽取脑脊液50ml作为检材。眼玻璃体液较少受到尸体腐败或污染的影响。可用注射器从眼球前外侧方穿刺缓慢抽吸，每侧眼各可抽吸玻璃体液约2ml，供毒物化验用。

（二）检材的保存和送检

各种检材应分别盛装于各容器内，要及时送检，如不能及时送检者，需放入-10℃以下低温冰箱内保存，检材中不要加防腐剂。甲醛液只适用于固定组织标本，供病理切片检查用，不能放入毒物化验检材中。若当时没有保留毒物化验检材，仅保存经甲醛液固定的器官组织时，对某些毒物（如金属毒物、巴比妥类、氯喹及亚硝酸盐等）仍有可能检出，需取所用甲醛液作为对照样品送验。毒物化验检材应严密封签，及时送法医毒物分析实验室检验。随同检材另附一份材料，说明死者姓名、检材名称、收集日期、案情摘要、中毒症状、尸检所见及毒物化验目的。在可能情况下，应根据案情调查和中毒症状特点，结合尸检所见，提出建议重点检验哪一种或哪几种毒物或提出要求通过化验排除本地常见毒物中毒。

全国刑事技术标准化技术委员会毒物分析技术委员会已编制《中毒案件采取检材规则》（GA/T193-1998）、《中毒案件检材包装、储存、运送及送检规则》（GA/T194-1998）两项公共安全行业标准，可供参考。

四、毒物分析结果的评价

目前，大多数毒物检材分析采用毒物微量萃取技术和气-质联用甚至液-质联用方法，如果操作者未完全掌握相应的技术方法，将会造成很大的偏差。

如果毒物分析结果为阳性或强阳性，特别是含量测定已达到致死血浓度，一般可确定为中毒死。

如毒物化验结果为弱阳性时应考虑下述几种可能：

1. 毒物是否作为药用进入机体？有时在胃内容物和血中可检出治疗量或微量镇静催眠类等药物。但经详细的法医病理学检查，一般均能发现足以说明死因的自然疾病的病理改变和损伤等。

2. 毒物有无可能在死后进入尸体？如泥土中的砷日久可渗入埋葬尸体的腐烂组织中，可使挖掘尸体取材检验出阳性结果。

3. 尸体组织腐败产物可混淆毒物化验结果，如腐败尸体的血液中可检出乙醇和少量氰化物。

4. 毒物分析操作是否正确？仪器、试剂是否纯净？盛装检材的容器有无污染？

5. 某些金属元素，如砷、汞、铅、锌等，在正常人体组织中也含有微量。因此，只有通过较精确的毒物定量，与组织中的正常含量进行对比，才能解释毒物化验结果。

如毒物化验结果为阴性，则需考虑下述几种可能：

1. 收集检材是否及时？所取检材的种类是否合适、齐全？如迁延性一氧化碳中毒死者一氧化碳已自体内排出，血液中不能检出碳氧血红蛋白。又如通过臀部肌内注射敌敌畏中毒致死案例，尸检时仅取胃内容物化验结果阴性。

2. 毒物因尸体腐败而分解消失。如挥发性毒物在尸体内经短期后即不能检出，乌头碱也易因尸体腐败及碱性作用而被分解。

3. 毒物因加入防腐剂而被破坏。如尸体经甲醛液防腐处理或器官标本经甲醛液固定，则氰化物迅速被破坏而不能检出。

4. 某些毒物（如部分有毒动植物）目前尚无适当的毒物检验方法。

5. 毒物化验的技术操作是否正确？选用的化验方法是否灵敏？

综上所述，中毒的法医学鉴定不能单纯依靠毒物化验结果，对每一个具体案例必须根据案情调查、现场勘验、临床资料、尸体解剖及组织病理学检查所见，再结合毒物分析及其他检验结果，进行综合评定。

五、中毒尸体检验鉴定意见书的书写

1. 标题　写明司法鉴定机构的名称和委托鉴定事项。

2. 编号　写明司法鉴定机构缩略名、年份、专业缩略语、文书性质缩略语及序号。

3. 基本情况　写明委托人、委托鉴定事项、受理日期、鉴定材料、鉴定日期、鉴定地点、在场人员、被鉴定人（姓名、性别、年龄、出生年月日、户籍地点）。

4. 检案摘要　写明委托鉴定事项涉及案件的简要情况。

5.（药）毒物分析鉴定报告　写明检材提取部位、保存装置、检材标号、送检日期、检验目的、检验方法（方法依据）、检验结果等。

6. 检验过程　写明鉴定的实施过程和科学依据，包括检材处理、鉴定程序、所用技术方法、技术标准和技术规范等内容。

7. 检查结果　写明对委托人提供的鉴定材料进行检验后得出的客观结果。

8. 分析说明　写明根据鉴定材料和鉴定结果形成鉴定意见的分析、鉴别和判断的过程。引用资料应注明出处。在实际工作中常涉及对死亡原因、死亡方式、死亡时间、损伤时间、致伤物等方面的鉴定和判断的要求，法医鉴定人对任何一种委托要求都应进行科学、客观、辩证的分析。在所掌握的材料无法判断时，不宜下结论。

9. 鉴定意见（结论）是一种特殊的证据，应当明确、具体、规范，具有针对性和可适用性；回答委托人鉴定的要求，切忌答非所问。鉴定结论应尽可能做出明确的判断（肯定或否定），或至少做出倾向性结论。鉴定结论与检查结果和分析意见要一致。

10. 落款　由鉴定人签名或盖章，按我国刑事诉讼法规定由两位鉴定人签名，并写明鉴定人执业证号，同时加盖司法鉴定机构的司法鉴定专用章，并注明文书制作日期等。

11. 附注　对司法鉴定文书中需要解释的内容，可放在附注中作出说明。鉴定书应与尸体解剖的标本照片注明详细说明装订在一起。

（黄飞骏）

第二章　腐蚀性毒物中毒

实验一　腐蚀性酸、碱中毒动物实验

一、急性浓硫酸中毒

【实验目的】

1. 熟悉大鼠抓取、灌胃等基本动物实验的操作技术。
2. 熟悉大鼠解剖方法和主要脏器的位置、特征。
3. 熟悉浓硫酸中毒的毒理作用和死亡机制。
4. 掌握口服浓硫酸急性中毒的表现和尸体检验观察重点。

【毒理作用】

浓硫酸（sulfuric acid，H_2SO_4）有很强的腐蚀性、氧化性和吸水性；其与水混合产生大量热量；并能使有机物中的氢和氧形成水结构而被吸收，产生有机物的脱水作用，有机物过度脱水而发生炭化。硫酸还可使蛋白凝固为不溶性酸性蛋白，使血红蛋白变成暗褐色的酸性正铁血红素（acid hematin）。故浓硫酸对接触部位具有强烈的刺激、腐蚀、炭化作用，使局部组织形成灼伤和凝固性坏死，外观呈暗红褐色或黑色，烧伤面干燥，界限清楚。硫酸可经皮肤和黏膜迅速吸收，吸入酸雾时，对呼吸道有强烈的刺激和腐蚀作用，甚至引发喉头水肿而产生窒息。同时还可损伤肺表面活性物质，引起支气管炎和支气管肺炎。当大量氢离子进入血液时，会引起电解质平衡紊乱，中枢神经系统功能受损，出现痉挛、瞳孔散大、运动失调等症状，甚至引起呼吸中枢麻痹而产生窒息。

【实验材料】

1. 实验动物　成年实验用大鼠（如昆明大鼠或SD大鼠），体重220～250g左右，雌雄不限，实验动物用量根据学生人数和分组情况确定，至少保证每组2只大鼠，有条件者可为每1～2名学生提供2只大鼠，1只为实验组，1只为对照组。

2. 实验器材　一次性医用乳胶手套1～2盒（保证每人至少一双）、大鼠灌胃针头每组2支，5或10ml玻璃注射器每组2只、100ml玻璃量杯每组一个、解剖器械每组1～2套[每套包括手术刀柄及刀片1副、剪刀1把、镊子2把，白瓷盘1个，动物固定板1个（可选）]、帆布手套每组1～2只。

3. 实验试剂　浓硫酸每个实验室1瓶。

【实验步骤】

1. 学生分组及实验室要求　根据实际情况，将学生分成若干小组，建议每组4～6人，并进行小组内分工。实验室应配备多张操作台，最好每小组单独一个操作区域；实验室应配备应急冲淋装备；条件允许下，挥发性刺激性药品最好置于通风橱内使用。

2. 教师示教　指导教师示范大鼠抓取及灌胃的操作。

（1）大鼠抓取：将大鼠放在粗糙表面，一只手抓住大鼠尾巴向后拉，此时，大鼠会向前爬；另一只手从大鼠背部缓慢靠近其颈部，用拇指和食指扣住大鼠颈部，食指和中指固定大鼠前肢，中指、无名指、小指扣住大鼠腹部，将大鼠轻轻提起、翻转、腹部朝上（图 2-1），大鼠被翻转以后，会想办法翻正，此时一般不会攻击人。手要抓牢，但不要压迫颈部和胸腔，否则大鼠会用力挣扎。

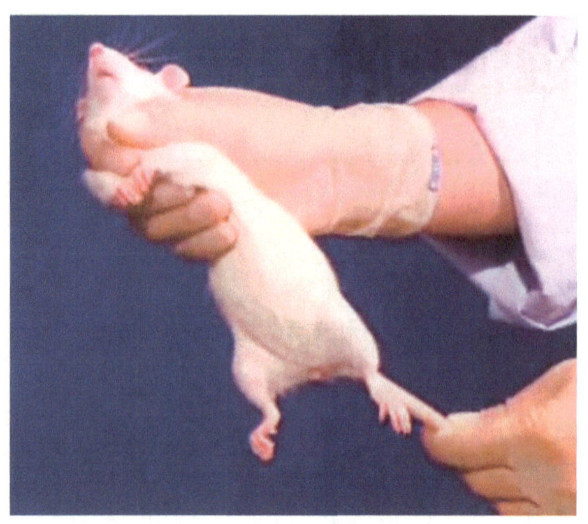

图 2-1　大鼠抓取方法示意图

（2）大鼠灌胃：手掌心放在大鼠肩部，手指包围胸腔，拇指和食指环绕其颈部以固定其头部，手掌支撑动物身体呈直立姿态（图 2-2）。持灌胃针自大鼠一侧口角插入，并用灌胃针轻压其上腭部，使其口腔与食管成一直线，缓缓施力，借大鼠吞咽动作，可顺势沿咽后壁将灌胃针送入食管（图 2-3）。如果大鼠反抗激烈，应将大鼠放开，重新抓取再次灌胃，不要在大鼠挣扎的时候强行灌胃，否则易造成食管穿孔或误插气管。灌胃针进入深度一般为 5cm 左右，不宜插入过深，以免造成胃穿孔。灌胃针插入胃部以后，持针手的食指轻推注射器使药液缓慢进入大鼠胃内。

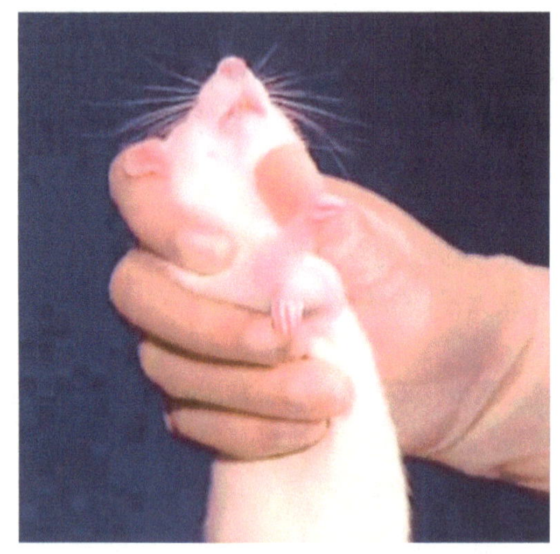

图 2-2　大鼠灌胃时的固定方法示意图

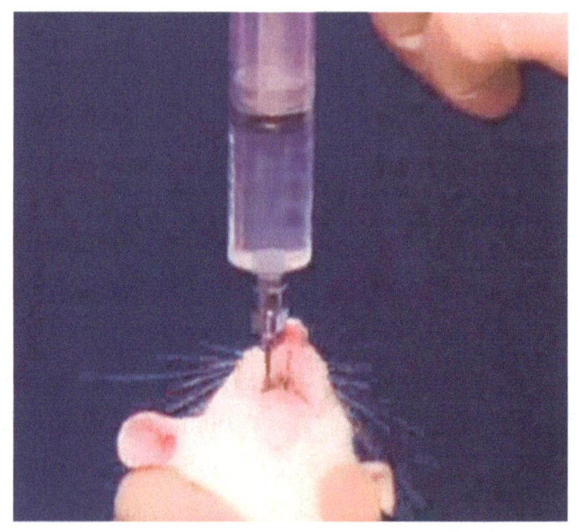

图 2-3　大鼠灌胃示意图

3．学生练习动物实验操作　在老师的指导下，小组内同学可轮流练习，以戴帆布手套的左手抓住大鼠，使其颈部和躯干保持垂直位置，右手持配有灌胃针头的空注射器，自大鼠的口角沿舌面插入食管，进行灌胃操作。

4．大鼠浓硫酸灌胃操作　取 100ml 玻璃量杯内装适量清水，备用。在熟练了大鼠抓取、固定及灌胃操作的基础上，分别由两名同学各取一支玻璃注射器，接好灌胃针，抽吸 2～3ml 浓硫酸和 2～3ml

清水，分别对实验组大鼠和对照组大鼠进行灌胃。灌胃操作中，应控制好注射器活塞，以免灌胃过程中活塞下降，硫酸溢出，损伤动物口腔或操作人员。亦可先将灌胃针插入大鼠胃部后，再连接抽吸了硫酸的注射器，但连接时应注意用镊子等器械夹持，以免硫酸损伤操作者。

5. 观察动物中毒表现　灌胃完成后，记录灌胃时间，随后观察、记录大鼠的中毒症状和死亡时间。

6. 大鼠解剖检查　实验组大鼠死亡后，将其置于白瓷盘内，固定在解剖板上（可选），腹面朝上，四肢展开。先观察大鼠口腔周围、口腔黏膜、呕吐物的情况，再用镊子提起胸腹部正中部皮肤，用剪刀或手术刀剪开或切开皮肤及肌肉层，注意刀尖稍向上挑，以免伤及内脏，此步骤直接打开腹腔。然后将皮肤、肌肉切口向上延至下门齿下方，向下延长至大腿根部水平，胸部沿肋骨向两侧分离胸壁肌肉，将皮肤向两侧翻开，以充分暴露肋骨及腹腔。胸部沿胸骨两侧"八"字形剪断肋骨，离断胸骨，暴露胸腔。学生可进一步学习分离、解剖大鼠食管、气管、心、肺、胃、肝脏、脾脏等器官。对照组大鼠采取颈椎脱臼法处死后，同上步骤进行解剖检查。

7. 清理实验室　实验后清洗器械，收集动物尸体集中处理。

【结果观察】

观察、记录大鼠浓硫酸急性中毒的症状（如活动、呼吸、呕吐、抽搐等）和死亡时间，解剖检查重点观察并记录肠、肺、胃及胃周围器官（如肝、脾、膈肌等）颜色、质地、气味等方面的变化，并与对照组进行比较。结合理论课所学知识，分析急性浓硫酸中毒的毒理作用及死亡机制，并完成实验报告的书写。

【注意事项】

1. 每小组可进行人员分工，如灌胃者、灌胃助手、记录者、解剖者等，灌胃练习每人都可进行。

2. 灌胃时，对大鼠头部及前肢的固定很重要。有效的固定可以防止在插管时因挣扎而误插入气管，也可以防止在灌胃过程中因挣扎而出现呛咳。整个抓取、固定的动作过程要连贯，以免固定时间过久而使大鼠在给药过程中出现挣扎。固定时应注意力度，不要因害怕而用力过度，压迫大鼠食管妨碍插管，或压迫大鼠气道造成机械性窒息。

3. 浓硫酸灌胃时，用灌胃针抽吸好浓硫酸后，应在灌胃前将灌胃针头在清水中冲洗或涮洗一下，以免灌胃针表面附着的硫酸刺激大鼠口腔，引起挣扎反抗，增加动物痛苦和操作难度。

4. 注意安全，避免浓硫酸的溅洒；在白瓷盘内解剖大鼠，避免动物内脏对人体和实验台的腐蚀；如剪开胃、肠进行观察，应特别注意避免胃内容物腐蚀、损伤实验人员。

【思考题】

1. 大鼠灌胃操作的关键点有哪些？

2. 浓硫酸的毒性作用机制有哪些？

3. 浓硫酸急性中毒死亡尸体解剖检验的观察重点有哪些？

二、急性浓氨水中毒

【实验目的】

1. 掌握大鼠抓取、灌胃等基本动物实验的操作技术。

2. 掌握大鼠解剖方法和主要脏器的位置、特征。

3. 熟悉急性浓氨水中毒的毒理作用和死亡机制。

4. 掌握口服浓氨水急性中毒的表现和尸体检验观察重点，并与急性浓硫酸中毒进行比较。

【毒理作用】

浓氨水（ammonia aqua）具有较强的腐蚀性和穿透性；与皮肤黏膜接触后可造成灼伤，但因氨水属于弱碱类，其灼伤较液态氨轻。口服浓氨水对消化道有明显的刺激和腐蚀作用，可引起消化道黏膜灼伤甚至胃穿孔；吸入氨（ammonia，NH_3）后对呼吸道黏膜有明显的刺激和腐蚀作用，使眼结膜、鼻咽部、呼吸道黏膜充血、水肿等；同时可损伤肺泡壁毛细血管及肺表面活性物质，引起肺充血、水肿、出血和支气管炎。氨能迅速扩散，渗透到组织内，使组织蛋白变性，脂肪组织皂化，细胞结构破坏，造成组织坏死。氨对神经系统的作用为先兴奋，后抑制，亦可通过三叉神经末梢的反射引起心跳和呼吸停止。

【实验材料】

1. 实验动物　成年实验用大鼠（如昆明大鼠或 SD 大鼠），体重 220～250g 左右，雌雄不限，实验动物数量及分组同前。

2. 实验器材　一次性医用乳胶手套 1～2 盒（保证每人至少一双）、一次性口罩 1～2 盒（保证每人至少一只）、大鼠灌胃针头每组 2 支，5 或 10ml 玻璃注射器每组 2 只、100ml 玻璃量杯每组一个、解剖器械每组 1～2 套[每套包括手术刀柄及刀片 1 副、剪刀 1 把、镊子 2 把，白瓷盘 1 个，动物固定板 1 个（可选）]、帆布手套每组 1～2 只。

3. 实验试剂　浓氨水每个实验室 1 瓶。

【实验步骤】

1. 学生分组及实验室要求　学生分组及实验室要求同前，条件允许下，浓氨水应置于通风橱内使用。

2. 教师示教　指导教师示范大鼠抓取及灌胃的操作，操作方法同前。

3. 学生练习动物实验操作　在老师的指导下，小组内同学可轮流练习，以戴帆布手套的左手抓住大鼠，使其颈部和躯干保持垂直位置，右手持配有灌胃针头的空注射器，自大鼠的口角沿舌面插入食道，进行灌胃操作。

4. 大鼠浓氨水灌胃操作　取 100ml 玻璃量杯内装适量清水，备用。在熟练了大鼠抓取、固定及灌胃操作的基础上，分别由两名同学各取一只玻璃注射器，接好灌胃针，抽吸 3～4ml 浓氨水和 3～4ml 清水，分别对实验组大鼠和对照组大鼠进行灌胃。灌胃操作中，应控制好注射器活塞，以免灌胃过程中活塞下降，氨水溢出，损伤动物口腔或操作人员。亦可先将灌胃针插入大鼠胃部后，再连接抽吸了氨水的注射器，但连接时应注意用镊子等器械夹持，以免氨水损伤操作者。

5. 观察动物中毒表现　灌胃完成后，记录灌胃时间，随后观察、记录大鼠的中毒症状和死亡时间。

6. 大鼠解剖检查　实验组大鼠死亡后，将其置于在白瓷盘内，固定在解剖板上（可选），腹面朝上，四肢展开。先观察大鼠口腔周围、口腔黏膜、呕吐物的情况，再进行解剖检查，方法同前。对照组大鼠采取颈椎脱臼法处死后，同上步骤进行解剖检查。

7. 清理实验室　实验后清洗器械，收集动物尸体集中处理。

重点观察并记录胃、肠、肺（尤其浓氨水）、胃周围器官（如肝、脾等）在颜色、质地、气味等方面的变化，并进行比较。

【结果观察】

观察、记录大鼠浓氨水急性中毒的症状（如活动、呼吸、呕吐、抽搐等）和死亡时间，解剖检查重点观察并记录肺、心、胃、肠、胃周围器官（如肝、脾、膈肌等）在颜色、质地、气味等方面的变化，并与对照组进行比较。结合理论课所学知识，分析急性浓氨水中毒的毒理作用及死亡机制，并完成实验报告的书写。

【注意事项】

1. 每小组可进行人员分工，如灌胃者、灌胃助手、记录者、解剖者等，灌胃练习每人都可进行。

2. 灌胃时，对大鼠头部及前肢的固定很重要。有效的固定可以防止在插管时因挣扎而误插入气管，也可以防止在灌胃过程中因挣扎而出现呛咳。整个抓取、固定的动作过程要连贯，以免固定时间过久而使大鼠在给药过程中出现挣扎。固定时应注意力度，不要因害怕而用力过度，压迫大鼠食道妨碍插管，或压迫大鼠气道造成机械性窒息。

3. 浓氨水灌胃时，用灌胃针抽吸好浓氨水后，应在灌胃前将灌胃针头在清水中冲洗或涮洗一下，以免灌胃针表面附着的氨水刺激大鼠口腔，引起挣扎反抗，增加动物痛苦和操作难度。

4. 注意安全，避免浓氨水的溅洒；在白瓷盘内解剖大鼠，避免动物内脏对人体和实验台的腐蚀；如剪开胃、肠进行观察，应特别注意避免胃内容物腐蚀、损伤实验人员。

【思考题】

1. 浓氨水的毒性作用机制有哪些？

2 急性浓氨水中毒死亡尸体解剖检验的观察重点有哪些？

3. 急性浓氨水与浓硫酸中毒的表现、尸体征象有哪些异同点？

实验二　大体标本、组织病理学图片观察和案例分析

实验目的

1. 通过大体图片的观察，掌握常见腐蚀性毒物中毒的肉眼观特征性表现。

2. 通过切片照片的观察，掌握常见腐蚀性毒物中毒的镜下形态学特点。

3. 通过案例讨论分析，掌握常见腐蚀性毒物中毒案件的分析思路。

4. 通过案例讨论分析，熟悉法医病理学诊断和中毒尸体检验鉴定意见书的书写。

一、大体标本

【案例1】(图2-4)

1. 案情摘要　死者女性，25岁，某餐厅服务员。口服来苏尔液约200ml，6小时死亡。

2. 观察要点　口周皮肤颜色改变，呈流注状腐蚀痕迹。

3. 诊断　口周流注状腐蚀痕。

【案例2】(图2-5)

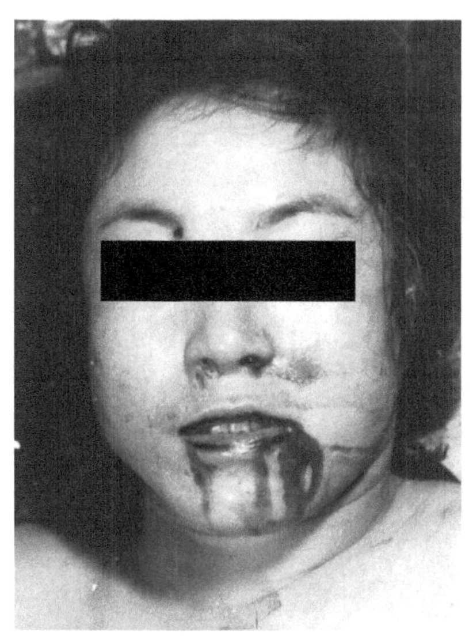

图2-4　口服来苏尔(lysol)中毒者口周流注状腐蚀痕(黄光照提供)

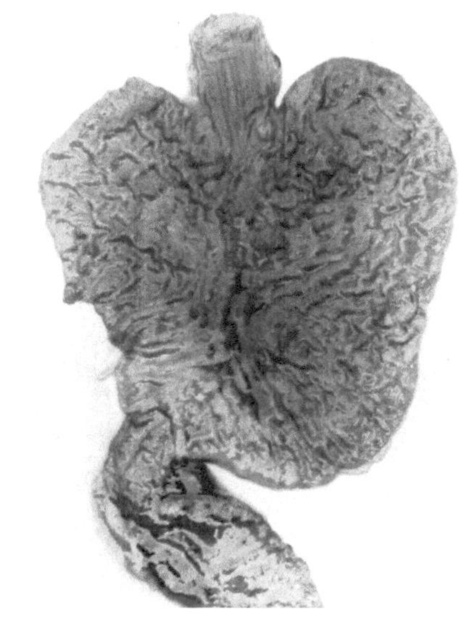

图2-5　来苏尔中毒的胃和十二指肠(黄光照提供)

1. 案情摘要　死者女性，25岁，某餐厅服务员。口服来苏尔液约200ml，6小时死亡。

2. 观察要点　胃壁及十二指肠黏膜皱缩，变厚变硬；黏膜广泛凝固性坏死，形成灰白色痂皮，以黏膜皱襞嵴部为显著。

3. 诊断　胃、十二指肠黏膜凝固性坏死。

【案例3】(图2-6)

1. 案情摘要　死者女性，32岁。口服浓硫酸约100ml，2小时死亡。

2. 观察要点 口唇黏膜及口周皮肤见斑片状腐蚀痕。
3. 诊断 口周腐蚀痕。

【案例 4】(图 2-7)

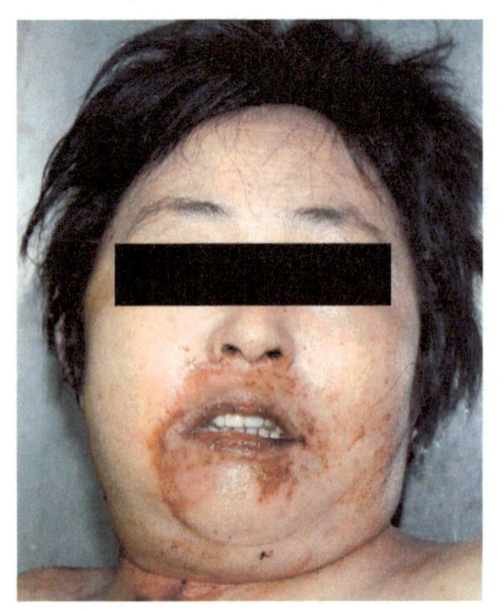
图 2-6 口服浓硫酸口周腐蚀痕

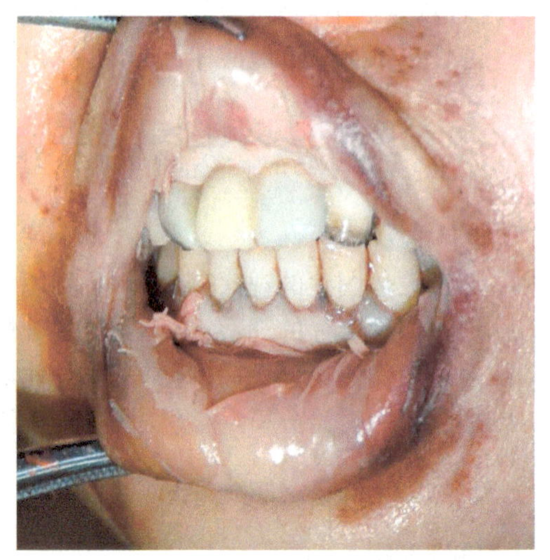
图 2-7 口服浓硫酸后口腔黏膜腐蚀痕

1. 案情摘要 死者女性,32 岁。口服浓硫酸约 100ml,2 小时死亡。
2. 观察要点 口腔黏膜腐蚀、剥脱,口周可见斑片状腐蚀痕迹。
3. 诊断 口腔黏膜腐蚀、剥脱。

【案例 5】(图 2-8,图 2-9)

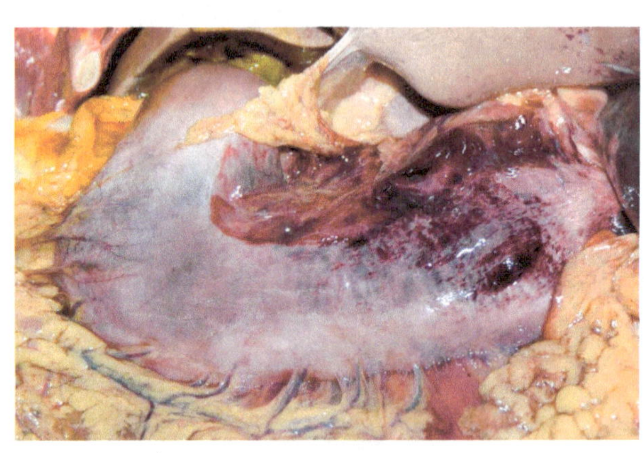
图 2-8 口服浓硫酸中毒的胃(1)

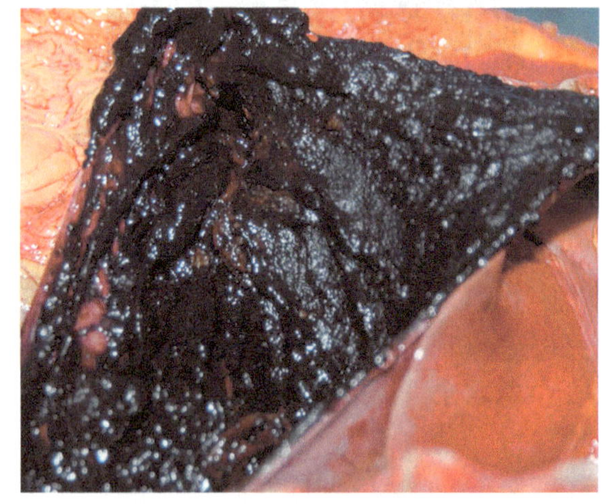
图 2-9 口服浓硫酸中毒的胃(2)

1. 案情摘要 死者女性,32 岁。口服浓硫酸约 100ml,2 小时死亡。
2. 观察要点 胃表面观见出血,剪开见胃黏膜出血、坏死,呈黑色。
3. 诊断 胃壁出血、坏死。

【案例 6】(图 2-10,图 2-11)

1. 案情摘要 死者男性,40 岁。被人泼洒硫酸后倒地,30 小时后死亡。
2. 观察要点 上身大面积皮肤化学烧伤,呈黑色,胸腹部及腰背部可见流柱状痕迹。
3. 诊断 皮肤重度(化学)烧伤。

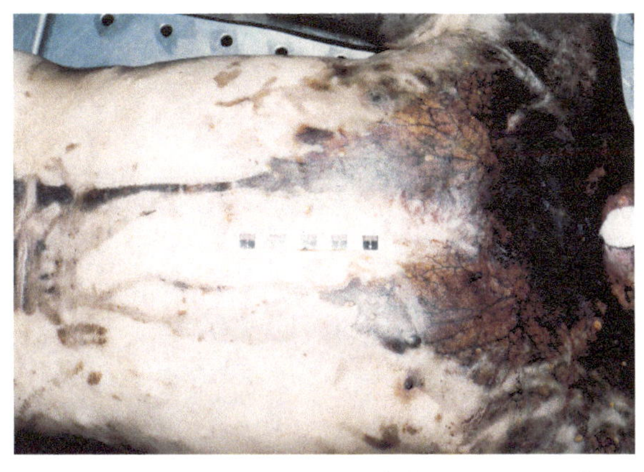

图 2-10　硫酸致躯体烧伤（1）

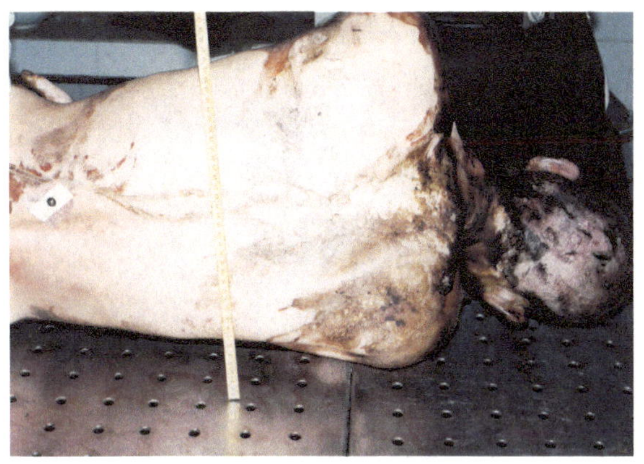

图 2-11　硫酸致躯体烧伤（2）

二、组织病理学图片

【案例 1】（图 2-12）

1. 案情摘要　死者女性，40 岁。口服浓硫酸约 200ml，5 天后死亡。

2. 观察要点　食管黏膜大部分坏死、脱落，黏膜下轻度纤维结缔组织增生，食管壁全层均见较多炎细胞浸润，以淋巴细胞为主，间质水肿。

3. 诊断　食管凝固性坏死。

【案例 2】（图 2-13）

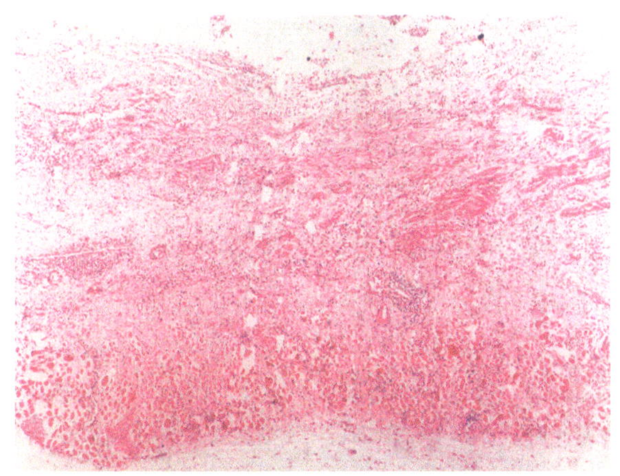

图 2-12　硫酸中毒之食管（由黄光照提供）

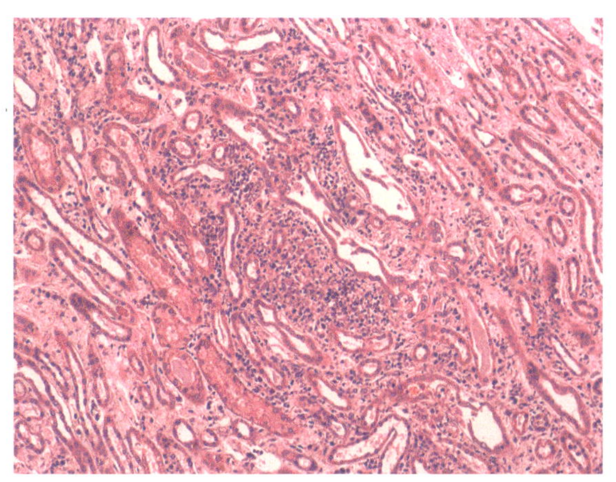

图 2-13　浓硫酸中毒之肾（由陈新山提供）

1. 案情摘要　死者女性，22 岁。被人泼洒浓硫酸致头颈部及全身广泛性烧伤，并咽下少许硫酸，9 天后死亡。

2. 观察要点　肾髓质集合管灶性坏死伴炎细胞浸润，间质纤维结缔组织增多。

3. 诊断　急性肾小管坏死。

【案例 3】（图 2-14）

1. 案情摘要　死者男性，45 岁。口服浓盐酸约 80ml，46 小时死亡。

2. 观察要点　胃黏膜层上 1/2 见细胞结构模糊但组织形态保存，伴炎细胞浸润，与其下组织分界较明显，交界处见出血带及大量炎细胞浸润，余黏膜组织水肿，炎细胞浸润，黏膜下层组织间隙增宽，水肿，间质小血管扩张、淤血。

3. 诊断　胃壁凝固性坏死。

【案例4】(图2-15)

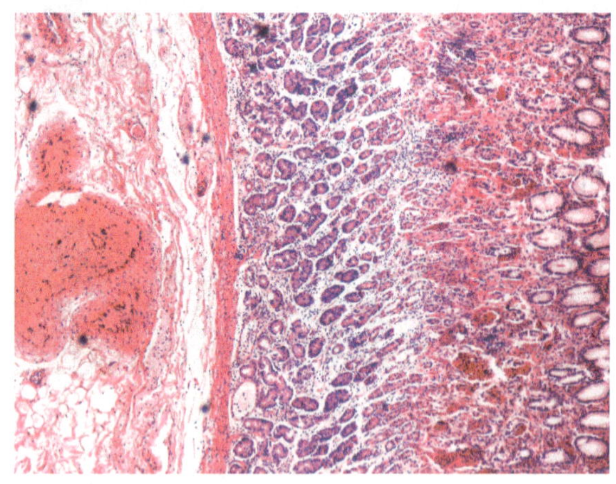

图2-14　浓盐酸中毒之胃

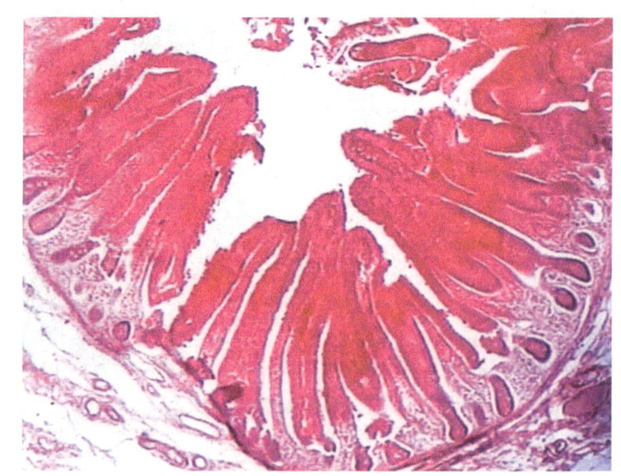

图2-15　来苏尔中毒之小肠(由黄光照提供)

1. 案情摘要　死者女性，25岁。某餐厅服务员。口服来苏尔液约200ml，6小时死亡。

2. 观察要点　小肠黏膜层上2/3～3/4嗜酸性增强，组织形态保存但细胞结构消失，黏膜下层组织间隙增宽，水肿。

3. 诊断　小肠凝固性坏死。

【案例5】(图2-16)

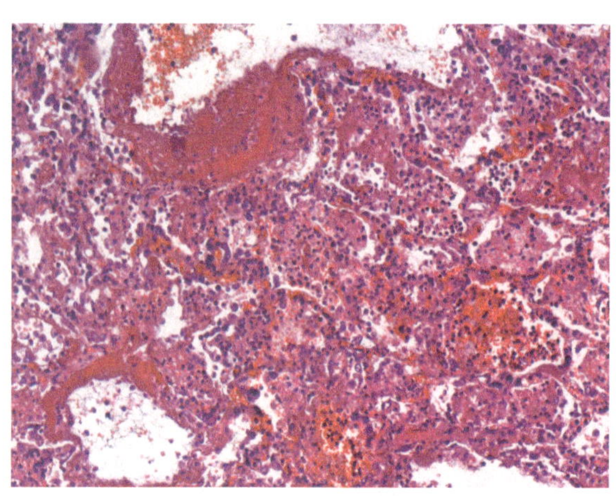

图2-16　液氨中毒之肺

1. 案情摘要　死者男性，31岁，因液氨泄漏中毒，6天后死亡。

2. 观察要点　肺泡腔内见大量中性粒细胞聚集，并伴有灶性出血，部分肺泡壁坏死，呈均质、强嗜酸性改变。

3. 诊断　坏死性支气管肺炎。

三、案例分析

【案例1】

1. 案情摘要　死者陈某，女，49岁，某化工研究所工程师。因阴道流血，先后在两家大医院就诊，均诊断为“子宫肌瘤”，建议出血停止后手术治疗。陈某因悲观情绪日重，曾有自杀的念头，为此，其丈夫请假在家照顾她。某日上午11时半，其丈夫有事外出，半小时后其女儿放学回家，见其母亲仰卧在床上，口鼻腔流出污黄色液体，右手握有一搪瓷口杯，内有少量黄色液体，急送附近医院，经检查已经死亡。

2．法医学检查

（1）尸表检查：死后17小时尸检，见顶枕部头发呈团状脱落，有滑腻感。口鼻周围及面颊部皮肤呈污黄褐色，口唇黏膜肿胀，呈污黄褐色。口周、额部及颈部两侧见流注状暗紫红色斑痕；眉毛部分溶解、脱落，呈稀疏状。两手掌皮肤有黄色斑痕。双眼睑、球结膜腐蚀脱落，角膜高度混浊，两眼角巩缘处破裂穿孔，玻璃体及晶体脱出。舌及齿龈亦为黑色，部分齿龈黏膜腐蚀溶解而露出牙根。用pH试纸测腐蚀区，pH值为14。

（2）解剖检查：左侧胸腔有500ml混浊血性液体，其上浮有脂滴及食物残渣；右侧胸腔有100ml同样性质的液体。心脏肉眼观无明显异常，镜检心肌间质淤血、水肿。左肺下叶肺膜呈污黑色，切面淤血。左侧胸后壁软组织坏死，呈污红褐色，部分肋骨裸露，肋间神经游离。纵隔内软组织溶解坏死。会厌、喉及气管软组织部分溶解，软骨裸露，食管几乎溶解消失，仅有5cm残端可见。左侧膈肌有2处穿孔，大小分别为9cm×5cm和5cm×2cm。

胃底部见巨大缺损，贲门消失；胃内容物流入胸腔。残存的胃壁菲薄，呈污黑褐色，有滑腻感。胃内容呈黑色流质，可见食物残渣。镜检见胃壁各层坏死。部分残存的黏膜和浆膜上有褐色颗粒。小肠黏膜呈污红色，部分脱落，镜检见广泛坏死。肝脏及脾脏表面部分呈污黑色，镜下见灶性出血。胰腺周围出血；大网膜坏死呈污黄绿色。肾淤血；子宫未见肿瘤及其他异常。

3．分析讨论题

（1）根据尸检所见，你认为死者死于哪类、哪种毒物中毒？

（2）中毒的性质是什么？

（3）毒物分析应取什么检材？

（本案例由华中科技大学同济医学院法医学系提供）

【案例2】

1．案情摘要　张某，男，40岁。某年4月29日凌晨4时张某与其女友发生争执，被女友泼硫酸烧伤头面部及上身躯干，急送当地医院进行抢救治疗，因抢救无效于4月30日10时死亡。

2．法医学检查

（1）尸表检查：4月30日当地公安分局法医对张某的尸体进行了法医学尸体检查。体表检查见颜面部、左颞部呈Ⅲ度烧伤，黑色皮革样变；颈部正中见纵行6cm气管切开手术创口，颈部及项部见Ⅲ度烧伤，呈黑色皮革样变；双肩部、胸部及颈背部见Ⅲ度烧伤，呈黑色皮革样变；腹部正中有大小19cm×11cm Ⅲ度烧伤，呈黑色皮革样变；腰部见大小19cm×11cm Ⅲ度烧伤流注状，表面见黄褐色焦痂形成；双上肢全部Ⅲ度烧伤，呈黑色皮革样变；双足背点片状Ⅲ度烧伤，灰白色改变；全身烧伤总体面积40%。余未见明显异常。

（2）解剖检查：头皮下无血肿，颅骨未见骨折，左颞顶部见12cm×9cm×4cm硬膜下血肿，脑水肿明显，颅底未见骨折。余未见异常。

（3）组织病理学检查：脑重1530g，双侧小脑扁桃体及海马沟回见明显脑疝形成，左枕叶见大小6cm×3.5cm蛛网膜下腔出血，脑各切面及脑室系统未见异常，镜下见脑重度淤血、水肿，左枕叶蛛网膜下腔出血。

心重390g，左心室壁厚1.6cm，右心室壁厚0.4cm。右心室见鸡脂样凝血块，右心室心尖部大量脂肪组织浸润。主动脉根部见散在黄色粥样斑块，冠状动脉左主干开口处见Ⅲ级粥样硬化斑块，左前降支距分叉处0.4cm见Ⅱ级粥样硬化斑块，左旋支距分叉处0.5cm见Ⅲ级粥样硬化斑块，右主干距开口处1cm见Ⅱ级粥样硬化斑块。镜下左、右心室及乳头肌灶性心肌纤维肥大，乳头肌灶性纤维结缔组织增生。

右肺重520g，肉眼观右肺中、下肺叶之间有粘连。镜下见肺淤血，部分肺泡塌陷、间隔离断，部分细小支气管周围灶性炎性细胞浸润。

肝组织块重200g，肉眼观表面及切面未见明显异常。镜下见汇管区纤维组织增生，增生的纤维结缔组织中见血吸虫虫卵沉着和以淋巴细胞为主的炎性细胞浸润，肝细胞灶状水变性及脂肪变性。

脾重 100g，大小 10.5cm × 6.0cm × 3.5cm，肉眼观表面未见明显异常，切面淤血。镜下见脾淤血，脾细小动脉硬化。

右肾重 160g，肉眼观表面及切面未见明显异常。镜下见肾间质淤血，肾小管腔内见较多红细胞及蛋白管型。

胰腺组织块重 80g，肉眼观及镜下未见明显异常。

3. 分析讨论题

(1) 根据尸检所见及组织病理学检查结果，列出法医病理学诊断。

(2) 根据材料，如何分析死者的死亡原因？

(3) 该案例给你哪些启示？

（本案例由华中科技大学同济医学院法医学系提供）

【案例 3】

1. 案情摘要　蔡某，女，22 岁。某年 9 月 19 日晚 20 时许，蔡某在某小区西墙外被携带硫酸的李某拦截。李某要求继续与蔡某保持恋爱关系，在遭到蔡某的拒绝后，李某将硫酸朝蔡某身上泼洒。蔡某头面部及上身大面积严重灼伤。其后李某用面包车将蔡某送往当地医院抢救，经抢救无效，蔡某于当年 9 月 28 日（伤后第九天）11 时死亡。

2. 病历资料　入院日期：9 月 19 日 20:50，死亡日期：9 月 28 日 11:45。入院时情况：患者以“硫酸烧伤全身多处疼痛，伴呼吸困难 1 小时”为代主诉入院。患者 1 小时前被他人用硫酸烧伤，致伤头面颈部、前后躯干、双侧上下肢等处，使双目失明，双耳干性坏死，自诉咽下硫酸（剂量不详），烧伤后神志模糊，伴有呼吸困难，声音嘶哑、心慌、胸闷，大量咖啡色呕吐物；院外具体治疗不详，为进一步治疗，急来我院就诊，门诊医师以“①全身多处烧伤（硫酸）40%Ⅲ度；②休克（重度）；③消化道烧伤；④吸入性损伤”收入科，入科时全身有大量硫酸刺激性气味，入科后神志模糊，精神差，大小便未排。入院查体：T 36.0℃，P 84 次 / 分，R 20 次 / 分，BP 110/98mmHg，体重 55kg。发育正常，营养中等，神志模糊，精神差，被推入科，口渴明显，头发、鼻毛及眉毛均已经烧毁，指端凉，周围循环差。全身皮肤黏膜无黄染、皮疹和坏死斑（除烧伤创面外），全身浅表淋巴结无肿大，头颅五官发育正常，眼球活动度消失，结膜苍白，两侧瞳孔固定，对光反射消失。耳郭外形干性坏死，外耳道通畅，无异常分泌物，乳突压痛。鼻部干性坏死，口腔有刺激性气味，口唇干小。口腔黏膜苍白，声音嘶哑。专科检查：创面分布于头面颈部、四肢，创面肿胀明显，面部严重畸形，头面颈部烧伤严重，基底部焦黄，双目失明，双耳及鼻部已干性坏死，口唇干小，声音嘶哑，污染创面，面积 40%，Ⅲ度。入院诊断：全身多处烧伤（硫酸）40%Ⅲ度；休克（重度）；消化道烧伤；吸入性损伤。治疗经过：入院后积极补液，抗休克，维持水电解质平衡、保护内脏等药物应用，急诊下行气管切开术。术后给予积极补液抗休克，吸氧，抗感染，保护肝肾功能，营养心肌，维持电解质平衡及营养支持治疗。在治疗期间出现柏油样便考虑为消化道出血，随后出现急性肾衰竭。于 9 月 28 日 10 时 48 分出现心搏、呼吸骤停，经抢救于 9 月 28 日 11 时 45 分患者呼吸、心跳仍未恢复，宣布临床死亡。

医院血常规检查示 WBC：9 月 19 日、21 日、22 日、24 日、25 日、26 日和 27 日分别为 24.3×10^9/L、31.7×10^9/L、20.0×10^9/L、14.8×10^9/L、19.4×10^9/L、24.9×10^9/L、37.2×10^9/L。肝功能：9 月 21 日、22 日、25 日、26 日和 27 日 ALB 分别为 34.5g/L、30.7g/L、34.1g/L、30.7g/L、30.2g/L。血糖：9 月 22 日和 26 日分别为 7.7mmol/L 和 9.1mmol/L。肾功能：9 月 24 日、25 日、26 日和 27 日 BUN 分别为 30.8mmol/L、58.8mmol/L、61.2mmol/L、63.1mmol/L。

3. 法医学检查

(1) 尸表检查：9 月 28 日 16 时，当地公安局法医对蔡某的尸体进行了法医学尸体检验。尸长 158cm，发育正常，营养一般，尸斑不明显，尸僵未形成，双耳郭烧灼、变形，整个颜面部、颈前、两乳以上胸部及双肩褐色皮革样变，检查中见皮肤部分炭化、脱落、真皮裸露。颈前有一 1.5cm 创口（气管切口），可见泡沫状血性液渗出。项部、整个背部（双侧腋前线）、臀部以上皮革样变。左上肢大部分烧灼伤，皮革样变。右上臂前内侧 19cm × 13cm 皮革样化（有黄色药物附着）。右前臂及手背见 26cm × 12cm 皮革样化。臀部以下双下肢可见多处片状（不规则）皮革样化，大者 8cm × 8cm，小者为 3.5cm × 3cm。右小腿中下段前可见 1cm × 0.5cm 和 1.2cm × 1cm 的皮下出血。左足背部可见 14cm × 8.5cm 烧灼伤。双手掌皮肤皱缩、脱落（部分）。

（2）解剖检查：咽喉黏膜后壁黏膜下出血。心脏外观正常，心包腔可见积液，量约 35ml。胃内可见 50ml 红色液体。余脏器未见明显异常。

（3）组织病理学检查：脑重 1300g，表面及切面未见损伤和出血。镜检见各部脑组织淤血、水肿，有的血管内可见较多的中性粒细胞聚集。

左、右肺分别重 900g、980g，表面观见少量出血斑点，切面观肺淤血、出血，部分肺组织见实变病灶、质硬，有的部位边缘见轻度肺气肿。镜检见肺重度淤血，有的血管腔内可见较多中性粒细胞聚集，肺轻度水肿，灶片状出血；有的部位可见以细小支气管及周围肺泡壁、肺泡腔内炎细胞浸润，以中性粒细胞为主，部分肺泡腔内见少量纤维素渗出，有的肺泡内见透明膜形成；部分肺泡间隔断裂，肺泡腔融合、扩张；肺膜下及支气管旁可见少量炭末沉着，间质纤维结缔组织轻度增多。

心重 240g，左、右心室壁分别厚 1.1cm 和 0.3cm；各心腔大小未见异常；各心瓣膜未见异常；冠状动脉检查：冠状动脉呈均势型，开口未见异常，各主要分支均未见明显狭窄病变。镜检见心肌纤维灶性断裂，心肌间质小血管扩张、淤血，间质纤维结缔组织轻度增多，左乳头肌心肌间质见较多的中性粒细胞浸润。

肝组织块重 1000g，表面未见明显异常，切面淤血。镜检见肝窦扩张、淤血，肝细胞索断裂，肝细胞萎缩，有的肝细胞坏死，伴较多中性粒细胞浸润，病变以小叶中央带和中间带显著，有的相邻 2～3 个肝小叶的病变相连成片，部分肝细胞内可见少量圆形小空泡。

脾重 160g，大小为 10cm × 7cm × 5cm，表面未见异常，切面淤血。镜检见脾淤血，中央动脉管壁轻度增厚、玻璃样变。

双肾重 400g，肾包膜易剥离，切面皮质厚 0.4cm；镜检见间质小血管淤血，小血管腔内见较多的中性粒细胞，近曲小管上皮细胞轻度自溶，有的肾小管上皮坏死，伴少量中性粒细胞浸润。

胰表面及切面未见异常，镜检见胰轻度自溶。

喉头及周围软组织轻度出血，镜检见喉头间质血管轻度淤血，灶性出血，有大量中性粒细胞浸润。

甲状腺表面及切面见被膜下轻度出血。镜下甲状腺滤泡内胶质丰富，被膜下可见大量中性粒细胞浸润和散在出血灶。

4. 分析讨论题

（1）根据尸检所见及组织病理学检查结果，列出法医病理学诊断。

（2）如何分析死者的死亡原因和死亡机制？

（3）比较此案例与案例 2 的异同点。

（案例由华中科技大学同济医学院法医学系提供）

【思考题】

1. 常见腐蚀性毒物（corrosive poison）的种类有哪些？强酸和强碱中毒的机制和病变有何异同？如何鉴别？

2. 硫酸、硝酸（nitric acid，HNO_3）、盐酸（hydrochloric acid，HCl）、来苏尔和强碱所致皮肤、黏膜腐蚀痕的颜色及特征有何区别？

3. 凝固性坏死和液化性坏死的概念及形态学特点是什么？

（刘　茜）

第三章　金属毒物中毒

实验三　金属毒物中毒动物实验

本实验以砷（Arsenic，As）中毒为例设计动物实验。

【实验目的】

1. 了解动物实验的常规准备工作。

2. 通过本实验，了解毒物进入机体的主要途径，观察中毒前、后的临床表现和死亡经过。

3. 通过尸体解剖，观察砷中毒的病理形态学改变。

4. 掌握如何提取和送检毒物分析用的检材。

【毒理作用】

As_2O_3 多数通过消化道进入体内，大约 80% 可被机体吸收，也可通过皮肤黏膜吸收。砷吸收入血后被转运而贮存于各器官内。在开始数小时以肝、肾浓度最高，脑、心、子宫内浓度较低。骨骼和肌肉内砷的浓度也低，但由于它们占身体总量的比例较大，故其贮存量在身体各器官中仍占首位。皮肤、毛发内含砷量较高。三价砷易与巯基结合，可长期蓄积于富含巯基的毛发与指（趾）甲的角蛋白中。三价砷在体内可被氧化为五价砷，也可发生甲基化，其排泄主要通过肾，部分通过粪便、汗液等排出，唾液、乳汁等也可排出小部分。砷与体内蛋白质和多种氨基酸具有很强的亲和力。砷能与多种酶蛋白分子上的巯基或羟基结合，使酶失去活性，导致细胞内生物氧化过程发生障碍或使细胞分裂发生紊乱，严重时可使细胞死亡。砷可直接作用于神经系统，麻痹延髓的血管舒缩中枢。砷还直接损害毛细血管，使之麻痹扩张，通透性增加，血浆渗出，甚至红细胞漏出。

【实验材料】

1. 实验动物　成年实验用家兔，体重 1.5～2.5kg 左右，雌雄不限，实验动物用量根据学生人数和分组情况确定，至少每组 2 只兔子。

2. 实验器材　一次性医用乳胶手套 1～2 盒（保证每人至少一双）、扩口器每组 1 个、导尿管每组 1 根，5 或 10ml 玻璃注射器每组 2 只、解剖器械每组 1～2 套[每套包括手术刀柄及刀片 1 副、剪刀 1 把、镊子 2 把，白瓷盘 1 个，动物固定板 1 个（可选）]。

3. 实验试剂　三氧化二砷

【实验步骤】

1. 实验动物 LD_{50} 的确定方法

（1）查有关砷资料，可以获得兔急性中毒的 LD_{50} 值。

（2）通过进行兔的中毒实验，经过一定的公式计算获得。

2. 给药剂量的确定

（1）将实验动物家兔称取体重（W），用千克（kg）表示。

（2）将实验用药品配成一定的百分比浓度，放在瓶中备用。

（3）确定给药剂量：将实验动物称重，然后根据动物体重（W）、砷浓度（d）以及 LD_{50} 计算出给药剂量，可按下列公式计算：

$$给药剂量=LD_{50}\times W(动物体重)/d(砷浓度)$$

3. 确定给药途径　砷进入机体的途径可经口服、经皮肤黏膜吸收等途径，本实验主要选用口服（灌胃）给药的方式。

兔灌胃时，先将动物固定（助手取坐位，右手抓住家兔双耳，双腿夹住兔的躯体及其下肢），操作者左手抓住兔前肢，右手持特制的张口器放入兔的上下颚之间，并以张口器上缘向兔咽方向转动，以压住兔舌，并用绳将它固定于嘴部。将带有弹性的橡皮导管（如导尿管），经扩口器上的小圆孔插入，沿咽后壁而进入食管。此时应检查导管是否插入食管，可将导管外口置于一盛水的烧杯中，如不发生气泡，即认为此导管是在食管中，即可将药液灌入。灌胃完毕后，先拔出导尿管，再取下张口器。

4. 观察动物中毒表现　灌胃完成后，记录给药时间、症状出现时间和死亡时间。观察中毒后的主要症状，如神经系统症状、呼吸改变、瞳孔大小、皮肤颜色等。

5. 对死亡动物进行系统病理解剖观察记录

（1）尸体外表的改变：注意尸表的颜色。

（2）尸体内部的改变：特别注意消化系统、神经系统、心血管系统等内脏器官的变化。

（3）内脏器官取材固定，送检病理切片。

6. 毒物分析检材的采取

（1）提取呕吐物、胃及内容物、肝、肾、脑、小肠内容物、尿液等用作毒物分析检验。

（2）取材注意点：取材防止污染。

【结果观察】

观察、记录兔的砷急性中毒的症状（如活动、呼吸、呕吐、抽搐等）和死亡时间，解剖检查重点观察并记录胃、肠、肝、肾、脑、心、肌肉在颜色、质地等方面的变化。结合理论课所学知识，根据中毒的临床表现、死亡经过以及尸解发现，讨论砷中毒作用机制、死亡原因以及临床病理联系。

实验四　图片观察和案例分析

一、图片观察

1. 砷（Arsenic，As）中毒（图 3-1～图 3-3）

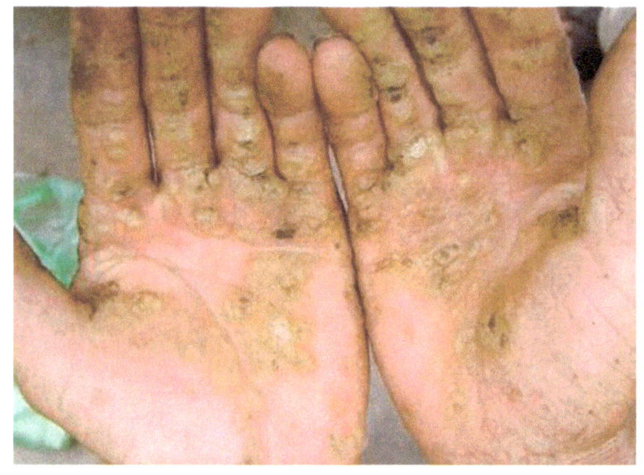

图 3-1　砷中毒

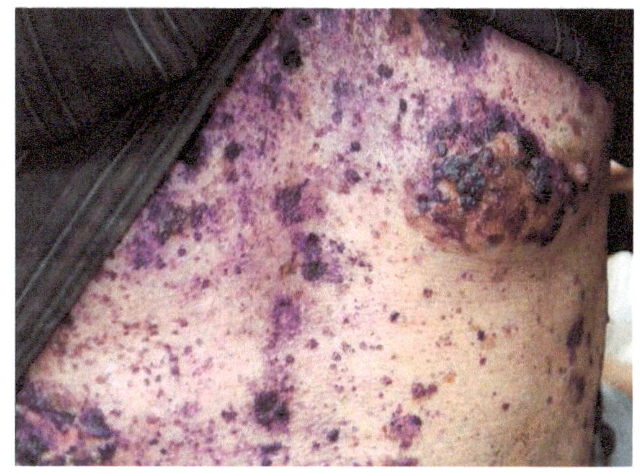

图 3-2　砷中毒

2. 汞(mercury, Hg)中毒(图3-4～图3-6)

图3-3　砷中毒

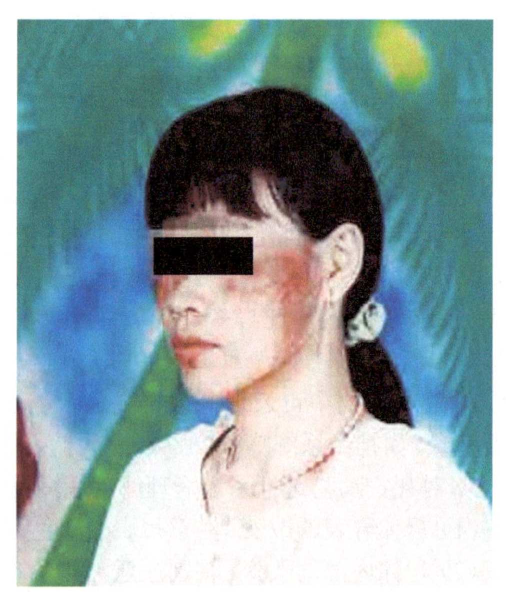

图3-4　汞中毒

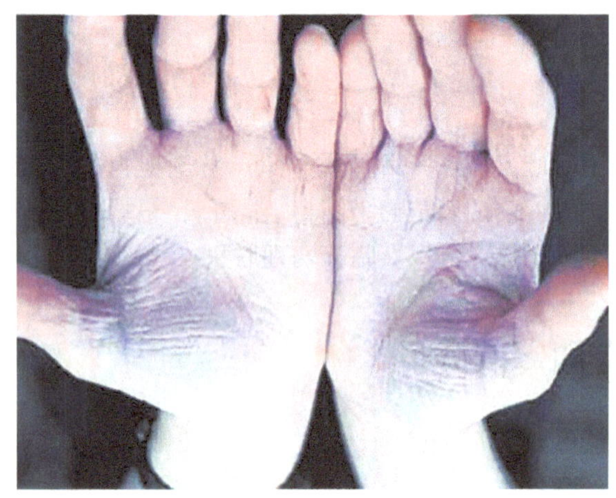

图3-5　汞中毒

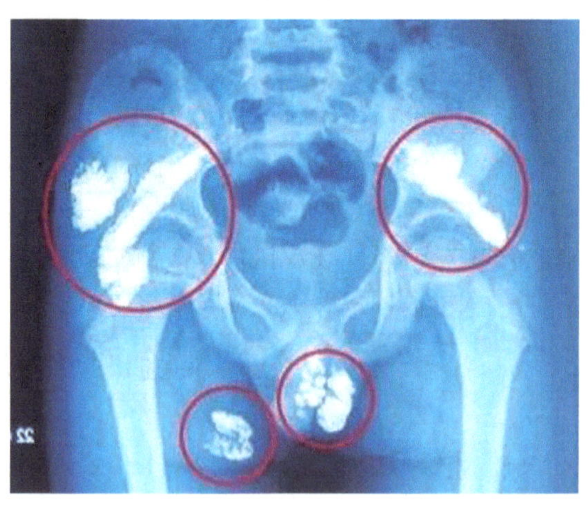

图3-6　汞中毒

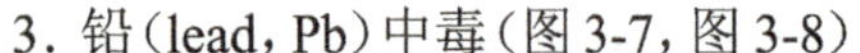

3. 铅(lead, Pb)中毒(图3-7, 图3-8)

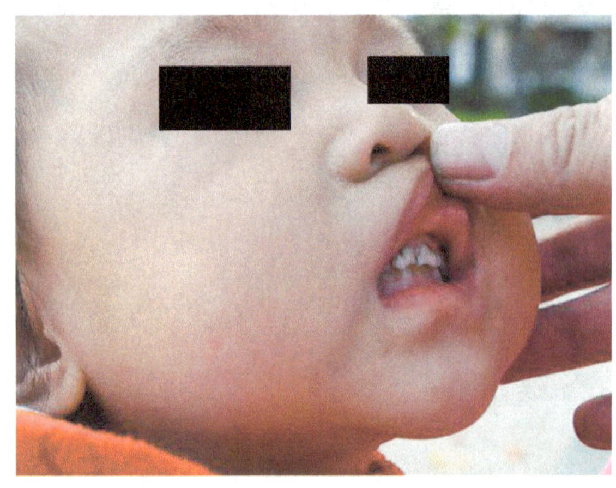

图3-7　铅中毒

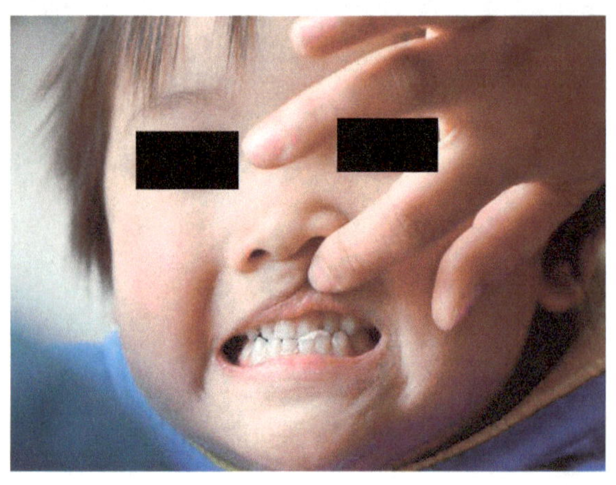

图3-8　铅中毒

4. 镉(cadmium，Cd)中毒(图3-9，图3-10)

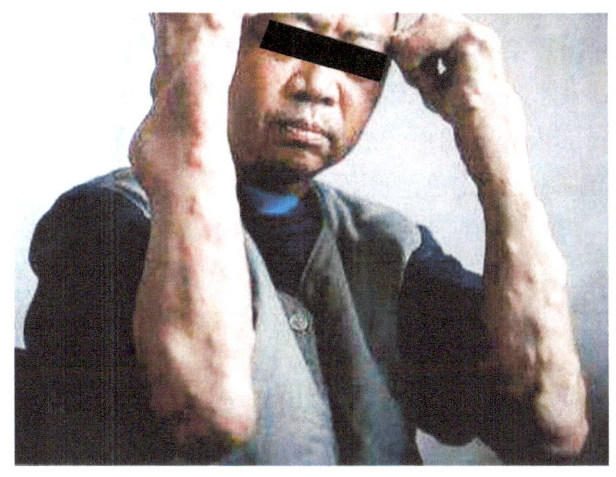

图3-9　镉中毒

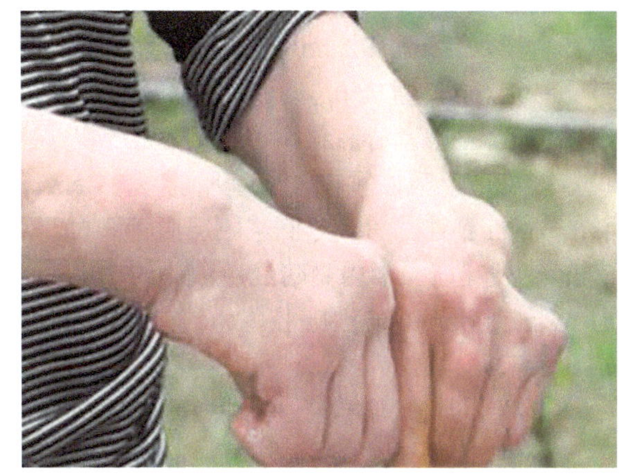

图3-10　镉中毒

5. 铊(thallium，Tl)中毒(图3-11，图3-12)

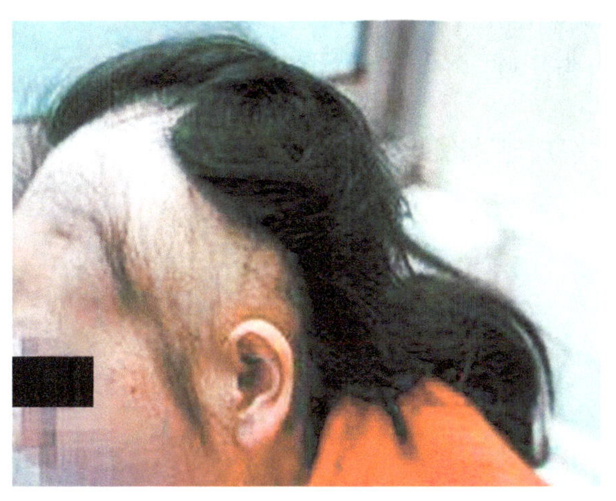

图3-11　铊中毒

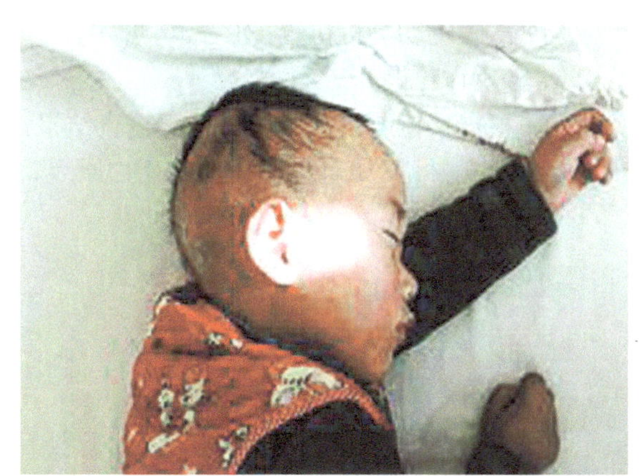

图3-12　铊中毒

二、案例分析

1. 案情摘要　张某，男，42岁。某年2月15日14时许，某镇中心卫生院药剂师张某将收费员李某砍伤致死，后张某自服“砒霜”中毒，经某市人民医院抢救无效于次日凌晨死亡。

2. 法医学检查

(1) 尸表检查：死者身长168cm，发育正常，营养良好，发长4cm，黑色，尸斑红色、较浅，位于背侧未受压处。眼睑无青紫肿胀，结膜苍白，角膜中度混浊，双侧瞳孔等大形圆，直径0.4cm，双侧外耳及耳道口未见异常，双侧鼻前庭未见异常分泌物，唇绀，唇黏膜无裂伤，唇黏膜充血。头皮未见损伤出血。颈部皮肤未见损伤出血。右上腹剑突下有3.5cm×0.1cm及2.5cm×0.1cm划痕。左前臂中下段桡侧见针孔痕，局部血液黏附。左肘部针孔痕，局部直径0.8cm出血。左小指中节近段以远缺失，残端陈旧性瘢痕。右肘部见1处针孔痕。右手背见针孔痕1处。左腹股沟区见穿刺针孔痕，左小腿胫前区下段见0.5cm×0.5cm、0.5cm×0.3cm表皮剥脱，1处见血痂附着。右小腿胫前上段见0.2cm×0.2cm、0.1cm×0.1cm、0.1cm×0.5cm、0.1cm×0.1cm表皮剥脱。肢端甲床发绀。余未见明显异常。

(2) 解剖检查：颅骨未见骨折，硬膜下及硬膜外未见出血损伤，蛛网膜下腔未见出血。脑重1500g，顶部脑表面血管淤血，脑组织切面未见明显异常。甲状软骨、舌骨未见骨折。扁桃体未见肿大，声门黏膜轻度水肿。甲状腺表面未见异常，切面未见结节及囊肿。胸部皮肤及皮下组织未见损伤出血。双侧胸腔见少量淡黄色透明液体，胸膜无粘连，前纵隔无出血及积气。双侧支气管腔内干净。右肺下叶背段约 3cm × 0.5cm 区域胸膜增厚，肺切面未见明显异常。心包腔见少量淡黄色透明液体，心包无粘连，心脏重 350g。冠状动脉开口位置正常；各瓣膜未见变形、粘连及赘生物附着。左心室壁厚 1.3cm，左心室心腔狭小，乳头肌无增粗。主动脉根部内膜见直径 0.5cm 的脂斑。食管下段腔内见较多黄白色质硬颗粒。腹壁脂肪厚 2.2cm，腹腔内有少许淡黄色清亮液体，大网膜与右上腹壁约 4cm × 1cm 粘连。胃大弯侧浆膜层血管淤血，胃黏膜小弯侧中份见 16cm × 3.5cm 出血，大弯侧近胃底 8cm × 3cm 出血；胃内见暗红色液体约 200ml，混有白色絮状物，近幽门处胃黏膜见较多白色粉末附着。十二指肠黏膜充血，腔内为液体。膀胱空虚，未抽出尿液。其余腹腔脏器大体检查未见明显异常。余未见异常。

（3）组织病理学检查：脑神经元皱缩，神经组织内细胞及血管周隙变宽，小血管淤血。喉头黏膜下层淤血。冠状动脉前降支内膜局灶性增厚，局部纤维组织增生，管腔Ⅱ级狭窄。左心室壁心肌细胞肥大，间质纤维增生，心肌层及心外膜小血管淤血，灶性出血。肺间质血管扩张淤血，肺泡腔内见红染液体充盈，可见多灶性出血。肝脏组织见较多肝细胞脂肪变性，肝窦淤血。肾脏间质淤血。肾上腺部分区域皮质束状带细胞脱脂，包膜小灶性出血。胃黏膜层、黏膜下层、外膜层片状出血，间质淤血。胰腺见小灶性出血。其余腹腔脏器组织学检查未见明显异常。

（4）法医毒物分析检查：死者胃、肝中检出金属砷，肝中砷的浓度为 3.22mg/g。

3．分析讨论题

（1）根据尸检所见及组织病理学检查结果，列出法医病理学诊断。

（2）根据材料，如何分析死者的死亡原因？

（黄飞骏）

第四章　脑脊髓功能障碍性毒物中毒

实验五　乙醇中毒实验

一、急性乙醇中毒动物实验

【实验目的】

乙醇是最为常见的脑脊髓功能障碍性毒物，也是法医学实践中最为常见的毒物之一，短时间内过量饮酒可直接导致饮酒人死于中毒或出现严重并发症。特别是在我国特有的酒文化背景下，乙醇中毒及其中毒死亡案件较国外更为常见。

本实验拟通过急性乙醇中毒动物实验，加深以下几方面认识：

1. 掌握乙醇中毒的中毒原因及毒理作用。
2. 掌握急性乙醇中毒动物模型的建立方法。
3. 掌握不同程度乙醇中毒的特点。
4. 掌握急性乙醇中毒致死的动物尸表及全身各器官形态学变化。

【毒理作用】

乙醇（ethanol，ethyl alcohol）的主要毒理作用是抑制中枢神经系统。首先抑制皮质功能，使大脑的高级整合能力受到影响，出现身体稳定性、协调性、反应性、运动功能、知觉功能等降低及自我控制能力的消失，可呈一时性兴奋状态。当乙醇的作用进一步加强时，皮质下中枢、小脑及脊髓运动受累，出现分辨力、记忆力、洞察力、视觉、注意力及语言等功能明显异常。重度中毒时延髓血管运动中枢和呼吸中枢受到抑制。呼吸中枢麻痹是引起死亡的主要原因。乙醇还能使血管扩张、血流增加，这是由于血管运动中枢受到抑制和乙醇及代谢产物刺激，引起组胺升高所致。在皮肤血管，则表现为皮肤温热发红，机体主观以为体温增加，实际体热易由皮肤散发，加之乙醇麻痹体温调节中枢，在寒冷环境下，体温可迅速下降，易于冻死。在高温条件下（32℃及以上）乙醇的毒性可提高1～2倍。

【实验材料】

1. 实验动物　SD大鼠，体重220～250g左右，雌雄不限，实验动物数量根据学生人数和分组情况而定。
2. 实验器材　无创血压监测仪，哺乳动物手术器械一套，婴儿秤，鼠固定台、绑腿带，灌胃器，注射器4只（1/2ml各两只），针头，瞳孔测量器，动物体温温度计等。
3. 实验试剂　50%白酒，维生素C、生理盐水。

【实验步骤】

1. 记录大鼠血压和心率，测量瞳孔大小。
2. 大鼠胃内插入灌胃器，固定。
3. 实验组大鼠胃内注入50%乙醇，对照组大鼠胃内注入生理盐水，5ml/kg，10分钟后测量大鼠的体温、瞳孔大小，观察大鼠的动作、步态、神志等改变，记录血压和心率。

4. 实验组大鼠胃内再次注入 50% 乙醇，对照组大鼠胃内再次注入生理盐水，5ml/kg，10 分钟后测量大鼠的体温、瞳孔大小，观察大鼠的动作、步态、神志等改变，记录血压和心率。

5. 实验组大鼠胃内第三次注入 50% 乙醇，对照组大鼠胃内再注入生理盐水，5ml/kg，10 分钟后测量大鼠的体温、瞳孔大小，观察大鼠的动作、步态、神志等改变，记录血压和心率。

6. 对发生死亡的大鼠进行解剖，并与对照组比较，观察实验组大鼠尸表及全身各脏器的形态学变化。

【结果观察】

1. 第一次灌酒后和对照组比较，实验组大鼠神志清楚、兴奋，活动增多，体温升高，瞳孔扩大，血压升高，心率增快。

2. 第二次灌酒后和对照组比较，实验组大鼠开始发生动作不协调、容易跌倒，体温升高，意识改变，瞳孔扩大，血压升高，心率增快。

3. 第三次灌酒后和对照组比较，部分实验组大鼠进入麻醉状态，发生昏迷，呼吸变粗，瞳孔散大，体温渐渐下降，血压下降，心率增快；部分可有呕吐等症状，有的发生死亡。

4. 对实验组大鼠进行观察，见其瞳孔散大，进行解剖时其腹腔器官有酒味，喉头及胃黏膜充血、水肿，胃底黏膜可见出血点，小肠近端黏膜充血，多器官可见点状出血，脑及脑膜充血明显，脑水肿，肺淤血、水肿，膀胱内充满尿液。

【注意事项】

1. 注意实验者自身安全，抓大鼠的手需戴帆布手套。

2. 4～6 个同学分为一个小组，每组成员分工合作，保证每个同学都能动手并能观察实验组和对照组的各种表现和器官的形态学变化。

3. 对大鼠进行保定、固定和灌胃的注意事项同实验一。

4. 实验后清洗器械，收集动物尸体集中处理。

5. 实验后书写实验报告，包括本实验目的、步骤、观察结果，特别是比较实验组和对照组大鼠的行为、血压、心率，尸体解剖所见，并阐述其中毒机制。

【思考题】

1. 急性乙醇中毒症状分为哪三期，这三期各有什么特点？

2. 试述血中乙醇浓度与中毒症状、酩酊度及肇事的关系。

二、乙醇中毒人体实验

【实验目的】

本节实验拟通过志愿者乙醇中毒实验，以加深以下几方面认识：

1. 人体饮酒后不同时间段血液中酒精含量的变化情况。

2. 掌握酒精在体内的代谢过程。

【实验材料】

1. 实验对象　学生中的志愿者。

2. 实验器材　专用吹气式酒精检测仪。

3. 实验试剂　10～15 度麦芽浓度啤酒一箱。

【实验步骤】

1. 志愿者 5 人。

2. 按志愿者情况，分别饮入 100ml、200ml、500ml、1000ml、2000ml 啤酒。

3. 饮酒后前一个小时每隔 10 分钟用酒精检测仪检测志愿者口中呼出酒精浓度；一小时以后每隔半小时用酒精检测仪检测志愿者口中呼出酒精浓度，连续观察 4～5 个小时。

4. 绘制曲线图，观察饮酒后志愿者的皮肤表现及语言表现。

【结果观察】

1. 饮酒后20分钟左右开始可检测出酒精，随后酒精含量渐渐升高直至2个小时左右到达峰值，随后渐渐减低。

2. 饮酒后志愿者可出现皮肤潮红，出汗，有话语增多、兴奋等症状表现。

【注意事项】

1. 注意志愿者自身安全。

2. 注意吹气式酒精检测仪的使用方法，每次检测应间隔半分钟吹一次，共吹三次，取平均值。

3. 实验后书写实验报告。

【思考题】

1. 吹气式酒精检测仪在对驾驶员是否存在酒驾的检测中有什么作用？

2. 为什么酒驾的最终判断依据还是要通过采血进行毒物检验确定？

实验六　苯巴比妥中毒动物实验

【实验目的】

巴比妥（barbiturate）类药物是脲和丙二酸缩合而成的巴比妥酸衍生物，也是法医学实践中较为常见的脑脊髓功能障碍性毒物。

本实验拟通过急性苯巴比妥中毒动物实验，以加深以下几方面认识：

1. 掌握苯巴比妥中毒的原因及毒理作用。

2. 掌握苯巴比妥中毒动物模型的建立方法。

3. 掌握苯巴比妥中毒致死的动物尸表及全身各脏器的形态学变化。

【毒理作用】

巴比妥类药物口服易从肠黏膜吸收，其钠盐肌内注射吸收快，入血后与血浆蛋白结合，迅速分布于全身组织和体液中，也能通过胎盘进入胎儿体内，含血丰富的器官如肝、肾较其他组织含量高。巴比妥类催眠剂对中枢神经系统具有广泛的抑制作用，可作用于脑干网状结构的上行激活系统，提高电刺激阈值，降低刺激传入神经所引起的网状结构及皮质诱发电位，使皮质处于广泛性抑制状态。较大剂量则可影响条件反射、非条件反射及共济协调等作用，大剂量可直接抑制延脑呼吸中枢及血管运动中枢而致呼吸、循环功能障碍而死亡。巴比妥类催眠药与酒精、咖啡、吗啡或非巴比妥类催眠镇静剂均有协同作用（synergistic effect）。

【实验材料】

1. 实验动物　SD大鼠，体重220～250g左右，雌雄不限，实验动物数量根据学生人数和分组情况而定。

2. 实验器材　无创血压监测仪，哺乳动物手术器械一套，婴儿秤，鼠固定台、绑腿带，灌胃器，注射器4只（1/2ml各两只），针头，瞳孔测量器，动物体温温度计。

3. 实验试剂　苯巴比妥，维生素C、生理盐水。

【实验步骤】

在带教老师的指导下对大鼠进行保定、固定，灌胃操作同前。

1. 将SD大鼠随机分为三组（实验组，阳性对照组，对照组），每组6只，每4～6位同学负责各组一只老鼠的实验、观察和记录工作。

2. 将大鼠放入无创血压检测仪内，每隔5分钟观察一次，连续观察三次，取平均值，记录大鼠血压和心率，测量瞳孔大小。

3. 向大鼠胃内插入灌胃器，固定。

4. 向实验组大鼠胃内灌入 1.32mg/kg（2LD_{50}）苯巴比妥，10 分钟后测量体温、瞳孔大小，观察大鼠的动作、步态、神志等改变，记录大鼠血压和心率，记录其死亡时间；向阳性对照组胃内灌入 0.66ml/kg（LD_{50}）苯巴比妥 + 50% 乙醇，5ml/kg，记录其死亡时间；对照组以等量生理盐水替代苯巴比妥，余操作同实验组。

5. 实验组和阳性对照组大鼠死亡后进行解剖，观察其尸表及全身各脏器的形态学变化；对照组大鼠断颈处死，并进行尸体解剖，观察其尸表及全身各脏器的形态学变化。大鼠的解剖方法同前，重点观察并记录尸体变化，并进行三组间比较。

【结果观察】

1. 实验组大鼠给药后反应迟钝，动作不协调，沉睡，神志模糊，体温慢慢降低，偶有发生兴奋、谵妄及四肢强直，瞳孔先缩小后扩大，血压下降，心率降低，1～1.5 小时左右发生死亡。

2. 阳性对照组症状发生比实验组快，死亡发生较对照组短。

3. 对发生死亡的大鼠进行解剖，形态学改变主要表现为多器官淤血、点状出血，脑水肿、肺水肿。尸斑较为显著，四肢末端发绀。有的胃黏膜有出血，膀胱内尿潴留。

【注意事项】

1. 注意实验者自身安全，抓大鼠的手需戴帆布手套。

2. 可 4～6 位同学分为一个小组，每组成员分工合作，保证每个同学都能动手并能观察三组大鼠的各种中毒表现及器官组织学变化。

3. 对大鼠进行保定、固定和灌胃的注意事项同前。

4. 实验后清洗器械，收集动物尸体集中处理。

5. 实验后书写实验报告，包括本实验目的、步骤、观察结果，特别是比较各组大鼠的行为、血压、心率，尸体解剖所见，并阐述其中毒机制。

【思考题】

1. 苯巴比妥中毒死亡的机制是什么？

2. 苯巴比妥和乙醇为什么会有协同作用，同时使用为什么会导致毒性增加？

实验七　大体标本、组织病理学图片观察

【实验目的】

脑脊髓功能障碍性毒物是能引起神经系统，特别是脑脊髓的结构和功能损害，包括大脑各种神经活动紊乱，甚至死亡的毒物。主要包括毒品、醇类、催眠镇静药、麻醉药物、生物碱类及其他脑脊髓功能障碍性毒物等。法医学实践中最为常见的是乙醇、催眠镇静药和麻醉药。本实验拟通过对乙醇和其他脑脊髓功能障碍性毒物中毒死亡案例的大体标本、病理组织学图片观察和案例讨论的学习以达到以下目的。

1. 掌握脑脊髓功能障碍性毒物中毒的原因及毒理作用。

2. 掌握常见脑脊髓功能障碍性毒物中毒的病理形态学改变。

【案例 1】（图 4-1～图 4-5）

1. 简要案情　死者张某，男，34 岁。某日和同事与客户一起吃饭，此期间 6 人共饮洋酒 3 瓶（约 4.5L），1 小时后，张某感觉不适，同事发现其口唇发绀，扶其至沙发躺下休息。不久发现其口角有少许分泌物流出来，赶紧拨打 120，医生到场后发现张某已死亡。死后 12 小时，尸检发现其多器官黏膜、被膜下有散在出血点，心内血呈暗红色流动性，多器官淤血；喉头、气管及支气管腔内有大量胃内容物堵塞。尸血中检出乙醇，含量达 524.4mg/100ml。

2. 死因诊断　急性乙醇中毒合并呼吸道异物吸入致呼吸、循环功能衰竭而死亡。

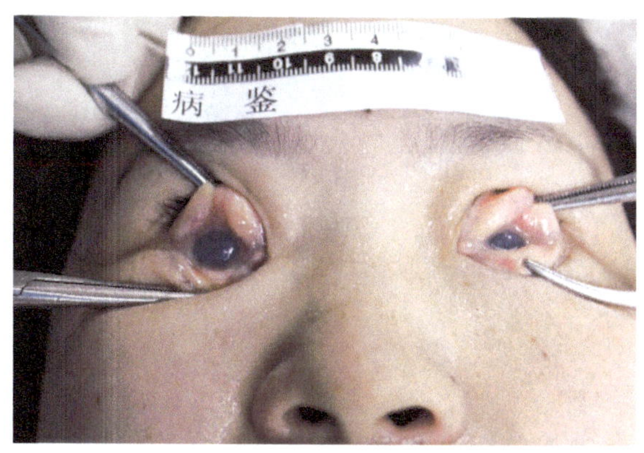

图 4-1　急性乙醇中毒眼睑水肿

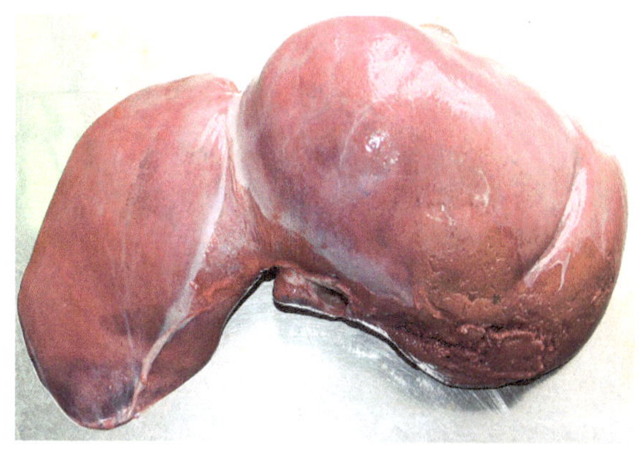

图 4-2　急性乙醇中毒肝脏淤血

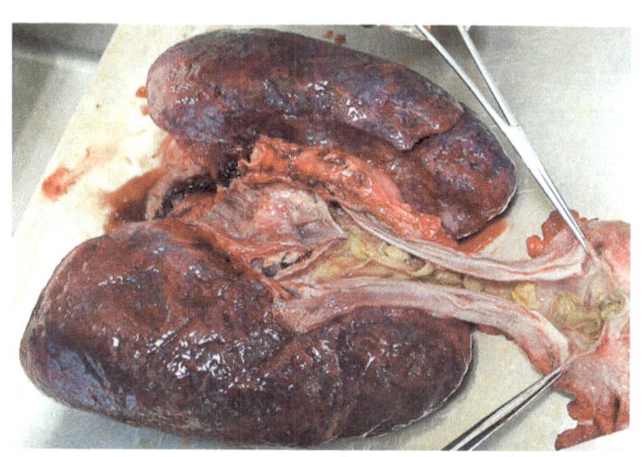

图 4-3　急性乙醇中毒致呼吸道异物吸入

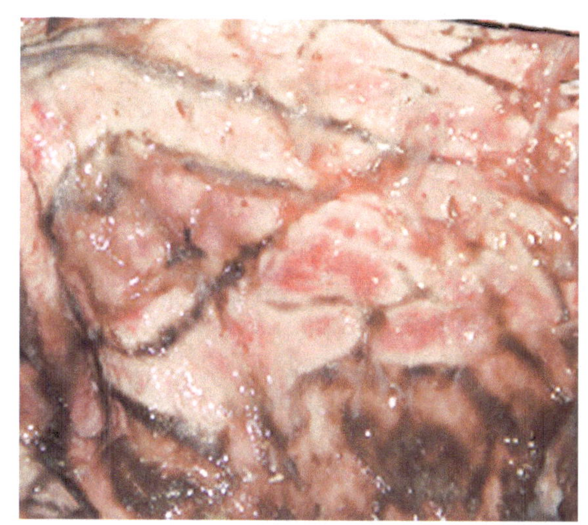

图 4-4　急性乙醇中毒胃黏膜淤血、出血点

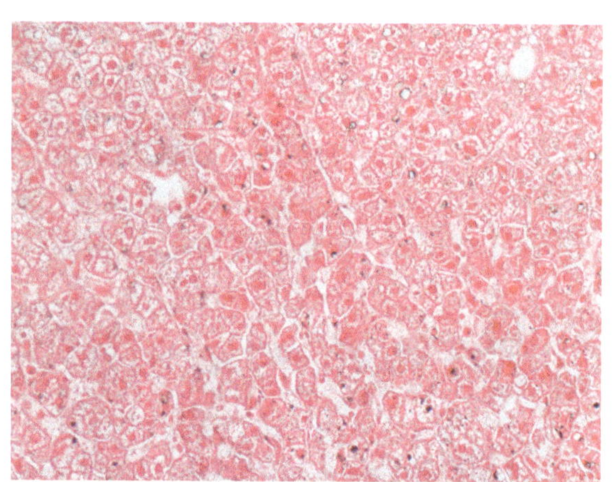

图 4-5　乙醇中毒肝细胞水变性、脂肪变性

【案例 2】(图 4-6，图 4-7)

1. 简要案情　死者钟某，女，44 岁。家人上班时发现其未起床，晚上下班回家时发现其已无呼吸，四肢冰冷。据其家属反映，钟某有多年的嗜酒恶习，经常有过量饮酒和醉死的经历，还曾到医院抢救。尸检见全身消瘦，多器官营养不良性萎缩，重度脂肪肝，血中酒精含量检查为 1.8mg/100ml。

2. 死因诊断　钟某因慢性酒精中毒，致多器官萎缩、功能衰竭而死亡。

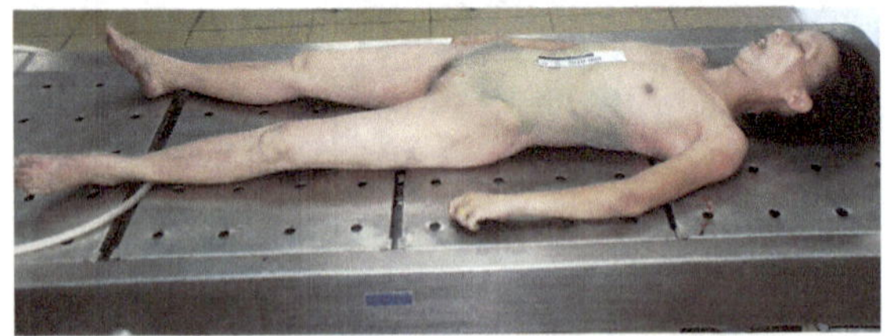

图 4-6　慢性乙醇中毒者营养不良全身消瘦

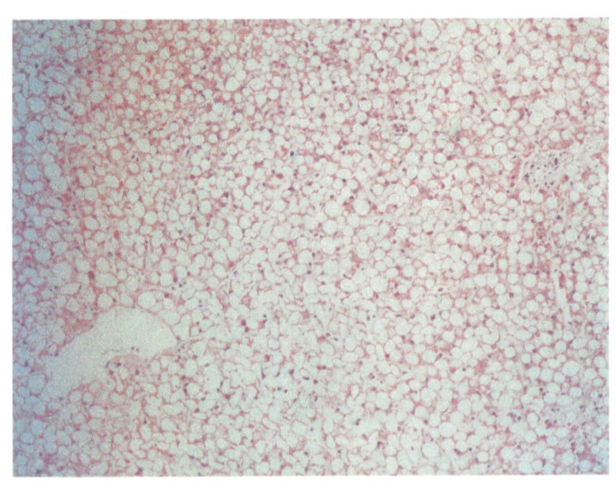

图 4-7　慢性乙醇中毒者肝细胞脂肪变性

【案例 3】（图 4-8～图 4-10）

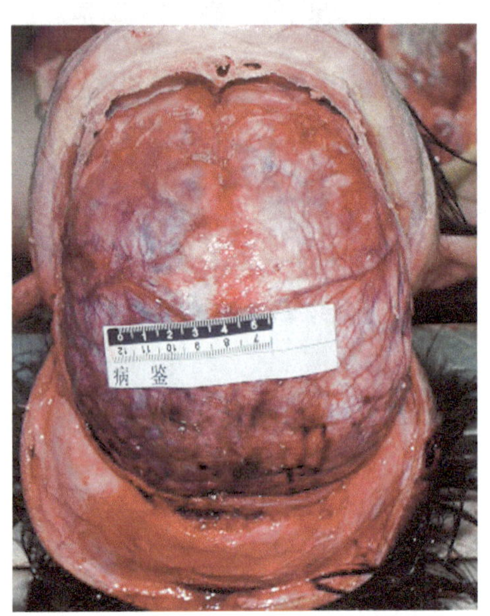

图 4-8　甲醇中毒者脑膜淤血

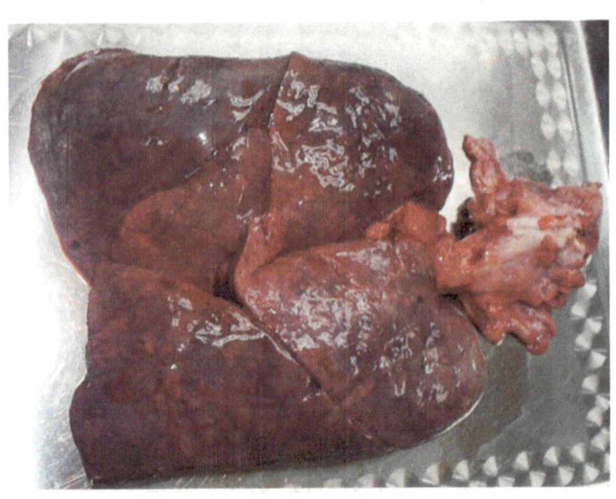

图 4-9　甲醇中毒者肺淤血

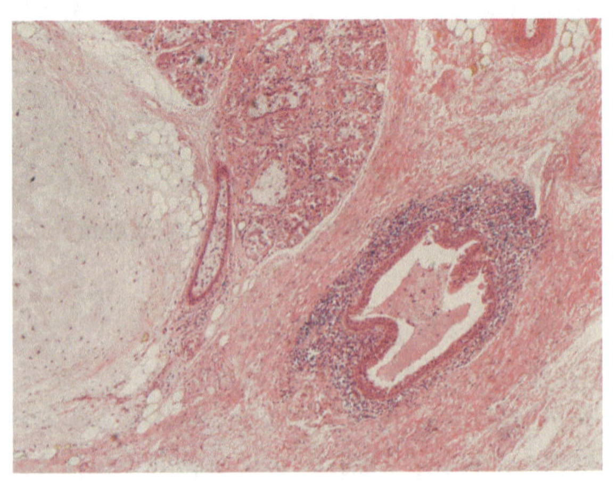

图 4-10　甲醇中毒喉头黏膜下淋巴细胞浸润

1. 简要案情　死者李某，男，18岁，操作工。工作中需接触工业酒精。某日李某的两位同事出现双目视物不清及吸入性肺炎。1个月后，李某出现眼花、胸闷等症状，曾到当地诊所就诊，但后仍感不适。约40天后，李某被人发现死于工厂宿舍的楼梯口。经调查李某生前工作车间大小为16m^2，工作台周围无防护及冷却装置。尸检时血中查出甲醇36.3mg/100ml和乙醇38.1mg/100ml。其工作场所空气中检出甲醇含量为28.0mg/m^3，在其日常工作中使用的工业酒精中检出甲醇浓度为62.7%。

2. 死因诊断　死者李某因甲醇中毒而死亡。

【思考题】

1. 甲醇中毒的患者为什么会出现视物模糊的情况？其发生死亡的机制是什么？

2. 乙醇中毒者的尸检为什么会发现胃内容物吸入？其死亡原因究竟是酒精中毒还是胃内容物吸入？

3. 慢性酒精中毒会导致哪些并发症？

（岳　霞）

第五章 毒品中毒

实验八 毒品中毒动物实验

一、急性吗啡中毒及干预实验

【实验目的】

观察吗啡（morphine）的急性毒理作用以及尼可刹米（nikethamide）、纳洛酮（naloxone）对其急性中毒的干预作用。

【毒理作用】

吗啡与中枢吗啡受体（阿片受体）具有很高的亲和力。它可抑制延脑呼吸中枢神经元的放电活动，降低呼吸中枢对 CO_2 的敏感性，同时对呼吸调节中枢也有抑制作用。使用治疗剂量吗啡即可产生呼吸抑制效应，使呼吸频率减慢；达吗啡中毒量时，呼吸次数少至3～4次/分，出现不规则的周期性呼吸，导致机体严重缺氧。尼可刹米可兴奋延髓呼吸中枢，而纳洛酮化学结构和吗啡相似，可与阿片受体结合，产生阻断作用，故二者都能对抗吗啡中毒时的呼吸抑制作用。

【实验材料】

1. 实验动物　雄性SD大鼠，体重300～330g，实验动物数量根据学生人数和分组情况而定。

2. 实验器材　二道生理记录仪、铁支架、双凹夹、大鼠手术台、手术器械（1套）、三通、换药碗、大鼠静脉塑料插管、缝合线、纱线、棉球、注射器（1ml、2ml、5ml）、针头（5号）。

3. 实验试剂　1%盐酸吗啡溶液、2.5%尼可刹米溶液、生理盐水、25%氨基甲酸乙酯溶液、0.02%纳洛酮溶液等。

【实验步骤】

1. 雄性SD大鼠每组4只，称重后腹腔注射25%氨基甲酸乙酯150mg/100g，麻醉后仰卧位固定于手术台上。

2. 颈外静脉插管术，剪去颈正中部位皮肤（2.5cm×2cm），分离出一侧的颈外静脉，其长度为1～1.5cm。静脉下方穿一根线，并用镊子提起静脉壁，对着向心方向剪一倒"Λ"形小口，插入连接三通并充满生理盐水的塑料插管，随即用线结扎固定。推入少量生理盐水检查插管是否在静脉内，颈静脉远心端结扎。

3. 在剑突下皮肤穿一条线，一端结扎在皮肤上，另一端与张力换能器相连接。然后启动与换能器相连的记录仪，调整描记基线、灵敏度（0.5mV/cm）和走纸速度（1mm/s），记录正常的呼吸曲线。

4. 静脉注射1%吗啡溶液0.5～0.7ml/100g，当呼吸幅度变小、频率变慢后，立即静脉注射2.5%尼可刹米溶液0.6～0.7ml/100g或0.02%纳洛酮0.2ml/100g，继续观察呼吸变化。

【结果观察】

每组按表5-1项目进行观察。

表 5-1　尼可刹米、纳洛酮对吗啡所致呼吸抑制作用的影响

编号	观察项目		给药前	注射吗啡后	注射尼可刹米后	注射纳洛酮后
	大鼠呼吸频率（次 / 分）	大鼠呼吸幅度 /mm				
1 号鼠						
2 号鼠						
3 号鼠						
4 号鼠						

【注意事项】

1. 分离静脉动作要轻柔，以免引起血管收缩，造成插管困难。

2. 注射吗啡的前半程要快些，如果呼吸抑制不明显可适当增加剂量。

3. 尼可刹米剂量要严格控制，否则会造成过量惊厥。

【思考题】

尼可刹米为什么能对抗吗啡引起的呼吸抑制？

二、急性氯胺酮中毒

【实验目的】

本实验观察氯胺酮（ketamine）对家兔呼吸、循环系统的影响。

【毒理作用】

氯胺酮为非竞争性 N- 甲基 -D- 天冬氨酸（N-methyl-D-aspartic acid，NMDA）受体拮抗剂，在 NMDA 受体活化状态下结合于受体门控通道的苯环己哌啶（phencyclidine，PCP）位点，阻断 NMDA 受体通道，从而导致谷氨酸能神经系统的作用减弱，对呼吸系统影响轻微，对循环系统具有明显兴奋作用。

【实验材料】

1. 实验动物　成年实验用家兔，体重 1.5～2.5kg 左右，雌雄不限，实验动物用量根据学生人数和分组情况确定，至少每组 2 只兔子。

2. 实验器材　兔台一个、手术器械一套、张力换能器、血压换能器、BL-420 生物功能实验系统。

3. 实验试剂　20% 氨基甲酸乙酯、1% 肝素、生理盐水、0.2% 氯胺酮等。

【实验步骤】

1. 称重、麻醉　20% 氨基甲酸乙酯，兔耳缘静脉注射 5ml/kg。

2. 动脉插管、测压　颈部手术，肝素抗凝，做颈总动脉插管，并将颈总动脉插管通过压力换能器，接于 BL-420 生物功能实验系统，监测血压。

3. 用游离剑突法连接张力换能器描记呼吸。

4. 描记正常血压、呼吸曲线。

5. 描记正常呼吸波形后，耳缘静脉注射氯胺酮 2mg/kg，描记给药后 0 分钟、5 分钟、10 分钟、15 分钟、20 分钟和 30 分钟的呼吸、血压波形，等此波形基本恢复至用药前水平后，停止记录。

【结果观察】

按表 5-2 观察项目记录实验结果。

表 5-2　氯胺酮对家兔呼吸、循环系统的影响

药品	观察项目	0min	5min	10min	15min	20min	30min
氯胺酮	血压						
	呼吸						

【注意事项】

耳缘静脉注射时，将覆盖在静脉皮肤上的毛拔去或剪去，可用水湿润局部，将兔耳略加搓揉或用手指轻弹血管，使兔耳血流增加，并在耳根将耳缘静脉压迫，以使其血管怒张。用左手食指和中指夹住静脉近心端，拇指和小指夹住耳缘部分，以左手无名指和小指放在耳下做垫，待静脉充盈后，右手持注射器使针头由静脉末端刺入，顺血管方向向心端刺约 1～1.5cm，放松左手拇指和食指对血管的压迫，右手试推注射器针芯，若注射阻力较大或出现局部肿胀，说明针头没有刺入静脉，应立即拔出针头，若推注阻力不大，可将药物徐徐注入，注射完毕后将针头抽出，随即以棉球压迫止血。

【思考题】

氯胺酮对呼吸、循环的影响有何不同？

三、急性甲基苯丙胺中毒

【实验目的】

本实验观察甲基苯丙胺（methamphetamine）的急性毒理作用。

【毒理作用】

苯丙胺类药物属拟交感胺类中枢兴奋剂，可以选择性地作用于脑干以上的中枢神经系统部位，提高大脑皮质兴奋性，增强中枢神经系统活动。研究表明，滥用苯丙胺类药物所致的欣快感和刻板行为（stereotyped behavior）主要与使用突触间隙单胺类神经递质含量上升有关。正常情况下，单胺类神经递质可以通过单胺氧化酶（monoamine oxidase，MAO）的作用产生一系列产物由尿排出。苯丙胺可抑制 MAO 活性，使单胺类神经递质的代谢受到抑制，血中浓度增高，导致脑内多巴胺和去甲肾上腺素积聚而产生神经和精神作用。

【实验材料】

1. 实验动物　雄性 SD 大鼠 12 只，体重 300～330g。

2. 实验器材　1ml 注射器、电子分析天平、小动物自主活动仪实验系统、小动物行为记录分析软件。

3. 试剂　盐酸甲基苯丙胺、生理盐水等。

【实验步骤】

1. 取雄性 SD 大鼠 12 只，随机分为实验组和对照组，每组各 6 只。

2. 大鼠称重，实验组大鼠腹腔注射甲基苯丙胺 15mg/kg，对照组注射等量生理盐水。

3. 给药 20 分钟后，将大鼠放入大鼠自主活动箱中，对其刻板行为进行评分。

【结果观察】

按表 5-3 记录实验结果，然后采用 SPSS13.0 软件对实验数据进行统计学分析。数据以 $\bar{x} \pm s$ 表示，采用重复测量数据的方差分析及独立样本 t 检验，以 $P<0.05$ 为差异具有统计学意义，$P<0.01$ 为差别统计学意义显著。

表 5-3　大鼠行为学评分

组别	鼠数	编号	刻板行为评分（分）
对照组			
实验组			

刻板行为评分参照 Sams-Dodd 方法，评分标准：0 分：静止不动，几乎或根本没有活动；1 分：正常活动，偶尔有向前的运动；2 分：活动伴随反复地向前探索；3 分：持续地向前探索；4 分：重复地抬头、摇头或旋转；5 分：迅速地摇头、旋转或摇头的背腹运动。

【注意事项】

1. 药品要提前配好。

2. 给大鼠打药时要注意针头是否进入腹腔。

【思考题】

甲基苯丙胺除了致刻板行为外，还有哪些急性毒理作用？

四、毒品依赖性评价实验

毒品依赖性按使机体产生依赖性的性质和危害程度分为精神依赖（psychic dependence）毒性和躯体依赖（physical dependence）毒性。精神依赖毒性又称心理依赖性（psychological dependence），它使人产生一种愉快满足的欣快感觉，并且在精神上驱使该用药者具有要周期地或连续地用药的欲望，出现强迫性用药行为，以便获得满足感。精神依赖毒性使毒品依赖者对阿片类药物产生内在的异常强烈渴求感，不顾一切地寻觅和使用毒品，重复体验和享受“欣快感”，避免断药后的身心折磨。这种心理依赖往往终身难忘。躯体依赖毒性又称生理依赖性（physiological dependence），是指由于反复连续用药使机体处于一种适应状态，这种状态使一旦中断用药即可产生一系列强烈的躯体方面的损害，出现由于生理功能改变而产生的临床症状和体征，即戒断综合征（withdrawl syndrome）。

有些药物连续用药一段时间后，药效逐渐减弱，需增加药量才能保持药效不变，这种现象称为耐受性（tolerance）。

【实验目的】

本实验通过观察吗啡催促戒断大鼠模型的戒断症状，了解吗啡的躯体依赖毒性。

【毒理作用】

吗啡或海洛因均属于阿片受体的激动剂，长期用药后可形成药物依赖状态。如果急性给予阿片受体的拮抗剂，将使机体的药物依赖状态失去平衡，激发急性戒断反应。与自然戒断实验（自然戒断实验是连续给予实验动物一段时间的受试药，开始逐渐增加剂量，在停止给药前剂量稳定一段时间，然后突然中断给药，观察动物出现的戒断症状，定量观察、记录所出现的戒断症状，最后与同类的代表药作对比，按照戒断症状的严重程度判断受试药的依赖性潜力）相比较，催促戒断实验成为评价阿片类药物躯体依赖性较为常用的实验方法。用于催促戒断实验的拮抗剂要求专一性较高，不具有其他的药理作用，不会影响戒断症状和体征的评价。最常用的阿片受体拮抗剂是纳洛酮。

【实验材料】

1. 实验动物 雄性 C57BL/6 小鼠 12 只，体重 18～22g。

2. 实验器材 1ml 注射器、小鼠观察箱。

3. 实验试剂 盐酸吗啡注射液、盐酸纳洛酮粉剂、生理盐水等。

【实验步骤】

1. 取 12 只雄性小鼠，随机分为对照组和吗啡组，每组 6 只。

2. 小鼠称重，吗啡组皮下注射吗啡（8:00、14:00、20:00），连给 6 天，剂量逐日倍增，每日每次剂量分别为 5，10，20，40，80，160mg/kg，对照组每天注射生理盐水 0.15ml/10g；第七天 8:00，吗啡组皮下注射吗啡 160mg/kg，对照组注射生理盐水 0.15ml/10g；3 小时后，各组腹腔注射纳洛酮 10mg/kg，观察此后 30 分钟内戒断症状和体征，并记录催促前后 1 小时的体重变化。

【结果观察】

按表 5-4 记录实验结果，然后采用 SPSS13.0 软件对实验数据进行统计学分析。数据以 $\bar{x}\pm s$ 表示，组间比较行 t 检验，以 $P<0.05$ 为差异具有统计学意义，$P<0.01$ 为差别统计学意义显著。

表 5-4 吗啡催促戒断效应

组别	编号	跳跃	后退	上睑下垂	颤抖	体重变化百分比	腹泻	湿狗样颤抖	戒断总评分
对照组									
吗啡组									

戒断总评分＝后退次数×0.1＋跳跃次数×0.1＋上睑下垂（0或1）＋颤抖（0或1）＋体重变化百分比＋腹泻（0或1）＋湿狗样颤抖次数

【注意事项】

1. 戒断反应的观察应该有足够时间和频度，并且注意给药前后的自身比较。

2. 有依赖性的药物在戒断后往往表现出反跳现象（急性药理学作用相反的症状），在选择观察指标时应加以注意。

【思考题】

吗啡的毒理作用有哪些？

五、甲基苯丙胺行为敏化实验

【实验目的】

本实验观察甲基苯丙胺在大鼠中诱发的行为敏化（behavioral sensitization）现象。

【毒理作用】

行为敏化指反复、间断给予精神兴奋剂（如苯丙胺、可卡因等）后，药物的兴奋效应增强，表现为停药一段时间后再次给予该药时，产生的行为效应（高自主活动性和刻板行为）增加，也称为“反向耐受（reverse tolerance）”。行为敏化与复吸有着类似的特性，除了不耐受之外，二者的后续效应均能持续较长时间。在人类，即使戒药数年的药物依赖者仍对依赖性药物保持强烈的渴求，并最终导致其复吸。在动物模型中，敏化效应可持续达数月甚至1年以上。1993年提出的药物依赖敏感化理论认为：长期用药引起的脑内有关回路的一系列适应性改变使药物依赖动物表现出行为敏化；行为敏化同药物渴求和冲动性觅药有着共同的神经生物学基础。因此，行为敏化模型是目前研究复吸机制和寻找抗复吸药物有效的动物模型。

【实验材料】

1. 实验动物　雄性C57BL/6小鼠12只，体重18～22g。

2. 实验器材　1ml注射器、小动物自主活动仪实验系统、小动物行为记录分析软件。

3. 实验试剂　盐酸甲基苯丙胺、生理盐水等。

【实验步骤】

1. 前测期　各组小鼠置于自主活动箱内1小时以适应箱内环境，根据体重腹腔给予生理盐水，记录小鼠1小时内活动轨迹，小动物行为记录分析软件分析其自主活动量。

2. 敏化诱导期　各组小鼠置于自主活动箱内1小时以适应箱内环境，根据体重腹腔给予生理盐水0.2ml/kg或甲基苯丙胺2mg/kg，记录小鼠1小时内活动轨迹，小动物行为记录分析软件分析其自主活动量。重复上述步骤连续5天。

3. 转换期　停止给药，戒断2天。

4. 敏化表达期　以相同剂量诱导敏化表达，小动物行为记录分析软件分析其自主活动量。

【结果观察】

数据均以$\bar{x}\pm s$表示，采用SPSS13.0统计软件。组间比较行t检验，以$P<0.05$为差异具有统计学意义，$P<0.01$为差别统计学意义显著。

【注意事项】

行为敏化实验要特别注意药品的注射量，以防小鼠中毒死亡。

【思考题】

为什么间断给药没有让动物形成耐受而是敏化？

六、甲基苯丙胺条件性位置偏爱实验

【实验目的】

本实验通过条件性位置偏爱(conditioned place preference,CPP)实验观察甲基苯丙胺的精神依赖毒性。

【毒理作用】

根据巴甫洛夫的条件反射学说,如果把奖赏刺激(非条件性刺激)与某个特定的非奖赏性条件刺激如某特定环境反复联系之后,后者便可获得奖赏特性,即这一特定环境便可以诱发最初与非条件性奖赏联系在一起的那种非条件性行为效应。条件性位置偏爱实验便是建立在这一理论基础上的判定精神活性物质奖赏效应的方法。在条件性位置偏爱实验中,有奖赏效应的药物如甲基苯丙胺作为一个非条件性刺激,给动物注射药物后,置于一个特定的环境如白箱中,反复几次,也就是在经过一定时间的药物与环境相联系的训练之后,特定环境(伴药箱)即具有了非条件性刺激(奖赏效应)的特性,在不给药的情况下动物依旧在曾给药的环境中停留较长时间。

【实验材料】

1. 实验动物　雄性 C57BL/6 小鼠 18 只,体重 18～22g。

2. 实验器械　条件性位置偏爱实验系统、1ml 注射器、喷壶。

3. 实验试剂　盐酸甲基苯丙胺、生理盐水、75% 酒精。

【实验步骤】

1. 适应饲养　小鼠购得后适应性饲养 3～4 天,然后测试天然倾向。

2. 预测试　将 CPP 箱中间的隔板打开,把小鼠放入白箱中,让其在箱中自由探索,每天测试 1 次,时间固定,每次 15 分钟(900 秒),连续 3 天。记录小鼠在白箱和黑箱的停留时间,确定小鼠的天然偏爱倾向,以非天然偏爱箱为伴药箱训练小鼠,以 3 天测试的平均值为基值。将在某箱中停留时间超过 70% 的以及穿梭次数少于 20 次的小鼠剔除,然后将剩余小鼠平均分为实验组和对照组。

3. 训练　用隔板封闭 CPP 箱中间的通道,对实验小鼠进行条件性训练。各给药组小鼠腹腔注射每天 2 次,上午腹腔注射甲基苯丙胺(2mg/kg)放入伴药箱,下午腹腔注射 NS 放入非伴药箱,两次间隔时间大于 6 小时;对照组小鼠上午和下午均腹腔注射生理盐水,分别放入伴药箱和非伴药箱。每次观察时间 30 分钟,连续 8 天,每天训练的时间固定。每次训练完成后以 75% 乙醇喷洒条件性位置偏爱箱,并用纸巾擦干。

4. 测试　将黑白两箱中间的隔板打开,在不给任何药物的条件下,将各组小鼠随机放入一箱中,让其自由探索,启动计算机程序,记录 15 分钟内小鼠分别在黑白两箱的停留时间。

5. 条件性消退训练　隔板封闭黑白两箱通道,每天训练 2 次,给药组和对照组小鼠每天上午和下午分别腹腔注射生理盐水,放入伴药箱和非伴药箱,间隔时间大于 6 小时;每次训练时间为 30 分钟,每天训练的时间固定,7 天后测试,测试步骤同 4。

6. 复吸　在各组小鼠 CPP 效应均消失后进行复吸实验。将黑白箱中间的隔板打开,给药组腹腔注射甲基苯丙胺,对照组小鼠腹腔注射生理盐水,给药后立即将小鼠随机放入一箱中,让其自由探索,启动计算机程序,记录 15 分钟内小鼠分别在黑白两箱的停留时间。

【结果观察】

统计 CPP 得分(给药后在伴药箱停留时间减去给药前在伴药箱停留时间),数据以 $\bar{x}\pm s$ 表示,并采用 SPSS13.0 统计软件进行统计分析。组间比较行 t 检验,以 $P<0.05$ 为差异具有统计学意义,$P<0.01$ 为差别统计学意义显著。

【注意事项】

1. CPP 实验属于反应性强化模型,与自身给药操作式强化模型比较,具有设备简单、实验周期短、动物不受操作式运动方式的影响等优点。该方法不仅能测出药物的奖赏效应,也能测出药物的厌恶效应。因此其应用范围更广。

2. CPP 实验受多种因素影响，如环境因素，应注意实验过程中无噪声、灯光干扰，偏爱箱应无特殊气味影响。如用同一箱，前一只动物的气味也会对后一只动物造成影响。动物的品系、状态也会有影响，应尽可能保持实验条件的一致性。

3. CPP 效应的获得取决于训练次数和每天训练的时间。训练次数越多，条件联系越牢固。每次训练的时间一般为 30～50 分钟，时间过短，条件联系不牢固；时间过长，离散度增大。CPP 效应的获得也和给药途径密切有关，如静脉注射甲基苯丙胺，单次训练周期就可形成位置偏爱，而皮下注射甲基苯丙胺需要 3～4 个训练周期才能形成位置偏爱。实验一般采用皮下给药或腹腔给药，训练 5～7 天。每个动物每天注射药物和训练的时间必须固定，前后误差不能超过 10 分钟，位置偏爱的形成也是一个学习记忆的过程，因此实验中影响学习记忆的因素会影响实验结果的准确性。

【思考题】

1. CPP 实验的原理是什么？

2. CPP 实验的优缺点有哪些？

七、甲基苯丙胺自身给药实验

【实验目的】

本实验通过自身给药（self-administration）实验观察甲基苯丙胺的精神依赖毒性。

【毒理作用】

药物的精神依赖性能使机体产生对该药的渴求，自身给药实验是利用动物模拟人的觅药行为，通过压杆的操作式运动方式来获得药物，反映药物的强化效应，可信度较高并且可以进行定量比较。具有依赖特性的药物对觅药行为和用药行为具有强化效应，使动物形成稳定的操作式条件反射性行为。一种本身无强化作用的刺激（如光）或行为（如压杆）以一定的方式有规律地与获得该种药物相联系，那么这种刺激或行为也会使动物产生药物的强化作用。在动物（如猴或大鼠）自身给药实验中，通常在绿色讯号灯亮时，训练动物踏板（压杆），接着给予药物注射，这种动物就会把本无强化作用的灯光或踏板与得到药物强化联系起来，一旦形成稳定的条件反射，动物就会在绿灯亮时主动踏板，以求得到药物，它的踏板行为是由与之相联系的药物注射所决定的。若踏板后没有药物强化相伴，则踏板这一行为不能维持，踏板后的药物注射不仅影响到踏板的发生与否，还影响踏板的频率和模式等。

【实验材料】

1. 实验动物　雄性 SD 大鼠 10 只，体重 220～250g。

2. 实验器材　1ml 注射器、大鼠自身给药训练笼及相关控制软件。

3. 实验试剂　盐酸甲基苯丙胺、生理盐水、10% 水合氯醛、云南白药、青霉素、0.4% 肝素钠等。

【实验步骤】

1. 大鼠颈外静脉插管手术　大鼠用 10% 水合氯醛 4.5ml/kg 腹腔注射进行麻醉，然后左颈外静脉进行插管手术。将半径为 0.3mm，长度为 11.5～13cm 的硅胶管一端插入大鼠左侧颈静脉，硅胶管的另外一端通过大鼠的皮下由背部皮肤穿出后连接由牙托粉制成的生物垫片（直径为 2.5cm）及不锈钢弯套管。手术所造成的大鼠伤口处均涂抹云南白药。手术完成后的实验大鼠，导管口旋以导管帽（内有螺纹与导管口相配），以避免外界异物进入导管内或者大鼠体内的血液倒流。为保持导管道畅通以及预防大鼠感染，每天将混合青霉素和肝素钠（0.4%）的生理盐水（每只 0.4～0.6ml）通入大鼠体内，每只大鼠手术完成之后恢复 5～7 天。

2. 大鼠甲基苯丙胺静脉自身给药行为模型的建立　实验大鼠恢复良好后放入实验笼，连接输液系统。训练期间，每天 1 次，每次 4 小时，应用的程序为固定频率 1（FR1）。训练开始时，笼灯灭，左鼻触灯亮，当大鼠碰触左鼻触时，左鼻触灯灭，笼灯亮，蠕动泵声响，大鼠获得一次甲基苯丙胺自身给药。注射完毕笼灯灭，进入不应期 20 秒，此期间仅记录反应。接着左鼻触灯重新亮起，进入下一给药循环。训练时，先使用 0.03mg/kg 训练剂量的甲基苯丙胺，超过一周未训练成功的大鼠，改用 0.06mg/kg 训练剂量，接下来再训练一周未成功者，视为训练不成功，将其排除实验。大鼠在 4 小时内的训练期内能获得至少 50 次自身给药，并且连续 3 天基本稳定（每日给药次数浮动不超过 ±10%），即可认为动物成功建立甲基苯丙胺的自身给药行为。

3. 固定频率（FR1）和累进频率（PR）测试　成功建立甲基苯丙胺自身给药的大鼠，接下来开始进行 5 个剂量的 FR 和 PR 的测试。所采用的 5 个甲基苯丙胺给药剂量分别为 0.015mg/kg、0.03mg/kg、0.06mg/kg、0.09mg/kg 和 0.12mg/kg。5 个剂量按照拉丁方（latin square）规则进行测试。5 个剂量下的 FR（FR1）测试（每天 4 小时）完成后，开始进行每天 6 小时的 PR 测定。在 PR 程序下，为得到下一次自身给药，动物需要进行累进的有效鼻触行为。即，要自身给药一次所需的有效鼻触次数逐渐增加，具体如下：1，2，4，6，9，12，15，20，25，32，40，50，62，77，95，118，145，178，219，268，328，402，492，603 等。动物最终停止自身给药时的总给药数称为断点，作为数据分析的统计参数。实验大鼠自身给药断点稳定 3 天后，可进行下个剂量的测试。在 PR 程序测试的 6 小时，若实验大鼠在连续的 1 小时内未得到任何药物，PR 程序将自动停止。

4. 甲基苯丙胺自身给药行为的消退和复吸测试　PR 和 FR 剂量效应测试完成的实验大鼠，放回饲养室单笼饲养，进行 14 天的戒断。戒断期实验大鼠自由饮水，食物不限制。戒断期结束后的第 2 天，进行 6 个阶段的消退测试（每个阶段 1 小时）和一个阶段的线索诱导的复吸行为测试。实验大鼠放回自身给药实验笼内，背部仍与弹簧相连但不连通弹簧内注射药物的导管。消退过程中，自身给药仪器只记录鼻触数，关掉其他一切与自身给药期药物获得相关的线索，有效鼻触行为也不产生给药。每两个相邻的消退阶段之间间隔 5 分钟，此时笼灯亮。在 6 次消退实验完成后间隔 5 分钟，进行线索诱导的复吸（1 小时）。

【结果观察】

采用 SPSS13.0 件对实验数据进行统计学分析。数据均以 $\bar{x}\pm s$ 表示，结果应用单因素方差分析，以 $P<0.05$ 为差异具有统计学意义，$P<0.01$ 为差别统计学意义显著。

【注意事项】

1. 自身给药实验需要特定的仪器设备，且较为昂贵，动物手术较为繁难，因此不易开展。

2. 进行实验时要求环境相对安静，任何噪声和人员活动都可能转移动物的注意力而直接影响实验结果，特别要注意排除环境干扰等影响因素。

【思考题】

自身给药实验的优缺点各有哪些？

实验九　案例分析

【案例 1】

1. 案情摘要　死者，男性，33 岁。既往有多年吸食注射毒品史。2014 年 2 月 28 日被人发现在一村道旁死亡。尸体旁可见注射针具以及摩托车（图 5-1，图 5-2），尸体上可见注射针孔。

2. 法医学检查

(1) 尸表检验：尸长 171cm，发育正常，营养良好。尸斑呈紫红色。口唇黏膜、四肢指（趾）甲床发绀。双眼瞳孔等圆对称，直径 0.5cm，巩膜无黄染，角膜轻度混浊，双侧球睑结膜淤血。上臂肘关节处有一针孔，面部有轻微擦伤，双上肢关节前侧有条片状擦伤。

(2) 解剖检查：脑水肿；肺黏膜显著淤血、水肿，气管、支气管有泡沫性液体；胸腔、心包腔无明显积液，心脏表面无出血点；胃内可见中等量胃内容物，内有青菜食糜及少量咖啡色液体；膀胱尿潴留。

(3) 组织病理学检查：脑组织轻度水肿伴多灶性神经细胞坏死；心肌间轻度淤血；肺严重淤血、水肿。

（4）毒物分析：现场带血注射器、死者尿液中均检出吗啡成分，死者心血吗啡含量4mg/L。未检出其他常见毒、药物。

3. 分析讨论题

请根据该案案情及法医学检查对死者死因进行分析。

图5-1 案发现场为田边小道，尸体呈蜷曲状，俯面朝下，尸旁可见一辆摩托车

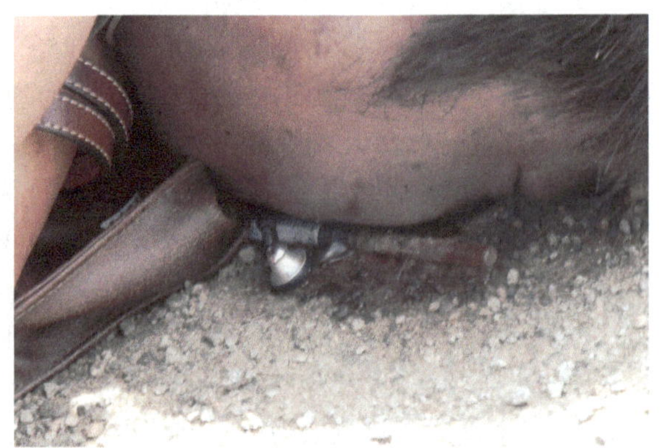

图5-2 尸体旁可见一个注射器

【案例2】

1. 案情摘要 死者，女性，32岁。于某日21时30分左右，在自己家中感到头昏，于当晚22时18分送达医院，终因抢救无效死亡。据了解其近4个月来，多次出现头晕、胸闷和呼吸困难等症状，症状可自行缓解。但近期出现失眠、健忘，曾先后到医院诊治，做多项化验和心电图检查，均未查出有异常。

2. 法医学检查

（1）尸表检查：死后20小时尸检。死者除甲床轻度发绀外，尸表检查无其他阳性所见。

（2）解剖检查：解剖开胸腹腔见双肺膨满，叶间裂有散在的浆膜下出血点。左、右胸腔均有淡黄色积液，胃肠胀气。

（3）组织病理学检查：大脑蛛网膜下腔血管淤血并见灶状出血，神经和血管周围出现较大间隙，神经细胞肿胀、变性，嗜伊红增强，胶质细胞弥漫增生，脑皮质散在分布的淀粉样小体，神经纤维肿胀并有脱髓鞘改变，内囊处见小血管周围有片状出血灶（图5-3）。心外膜增厚，心外膜下纤维素性渗出，局部有灶状淋巴细胞浸润，心肌纤维呈灶性波浪样变、嗜酸性变性、断裂，心肌纤维内弥漫散在的、以小血管为中心的大片状纤维化（图5-4），心肌间质血管淤血，部分血管内皮脱落、平滑肌层玻璃样变性，局灶性小血管破裂伴出血；冠状动脉左前降支管腔呈偏心性增厚，管腔狭窄Ⅱ级。肺泡壁毛

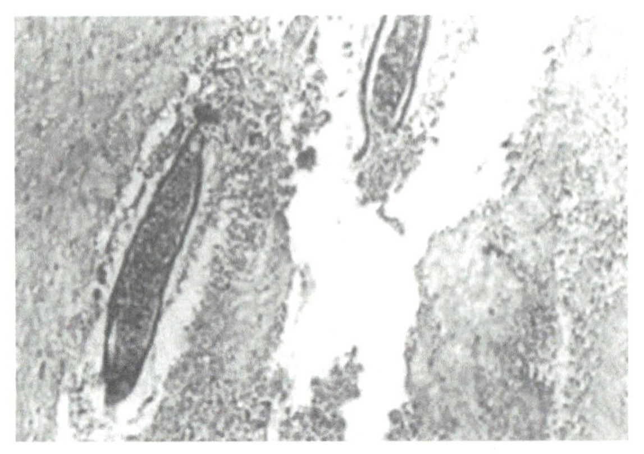

图5-3 脑内囊部小血管周围片状出血（×100）

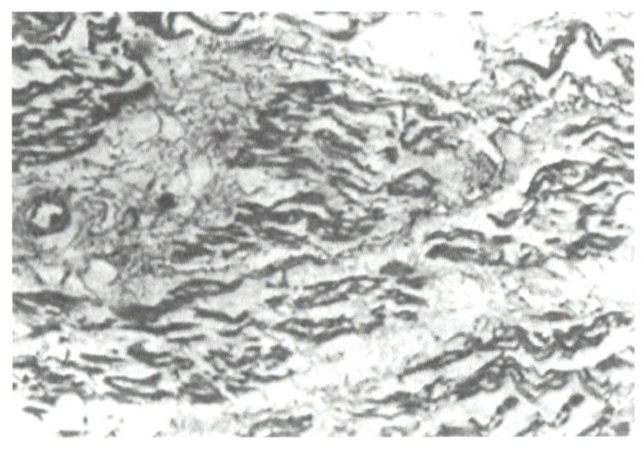

图5-4 心肌小血管周围纤维化（×100）

细血管扩张充血，间质血管淤血，有的肺泡腔中可见心衰细胞，肺水肿，灶性出血，肺内细小支气管腔黏膜上皮变性脱落。肝淤血，汇管区见少量淋巴细胞浸润。肾小球形态及结构正常，未见小动脉玻璃样变性。其他脏器均为淤血改变。

（4）毒物分析：提取死者心血和胃内容物，应用气质联用分析仪（GC-MS）进行法医学毒物分析，在心血中检出氯胺酮成分，浓度为0.38mg/100ml。胃内容中亦检出氯胺酮，浓度为21mg/100ml。

3. 分析讨论题

请根据该案案情及法医学检查对死者死因进行分析。

【案例3】

1. 案情摘要 死者，男性，23岁。某日，在某酒店房间内洗澡时突然死亡。为明确死因，进行尸体检验。

2. 法医学检查

（1）尸表检查：尸长181cm，体重53kg，中度营养不良。尸斑呈紫红色。耳郭、口唇黏膜及甲床发绀。双眼睑球结膜充血，体表未检见机械性损伤。

（2）解剖检查：脑弥漫性水肿（图5-5），口腔、气管见泡沫样液体。肺触之有捻发感，切面淤血，见血性泡沫液体溢出。肝脏切面呈淤血状。胃内有少量咖啡色食糜约100g，胃黏膜点状出血（图5-6）。

（3）组织病理学检查：心肌间质见纤维组织增生（图5-7）。肝细胞弥漫性脂肪变性及水变性（图5-8），肝窦扩张淤血，汇管区淋巴细胞和浆细胞浸润。

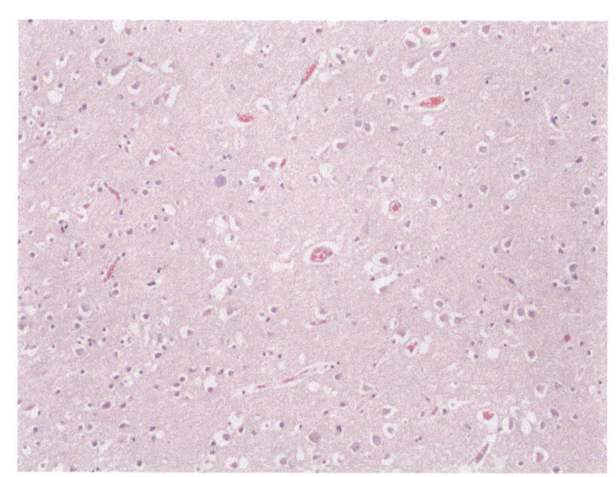

图5-5 脑水肿（×100）

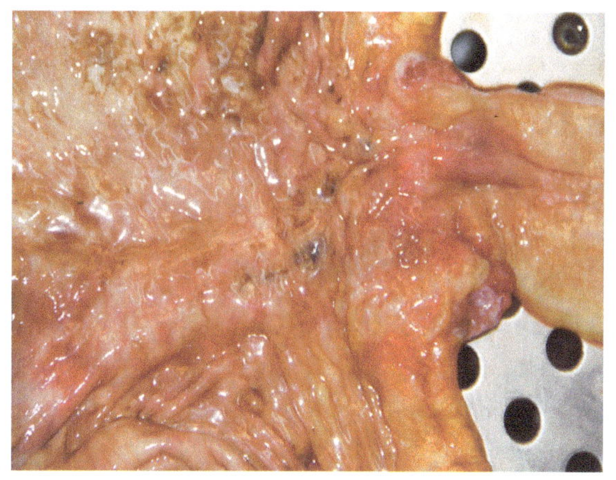

图5-6 胃黏膜点状出血

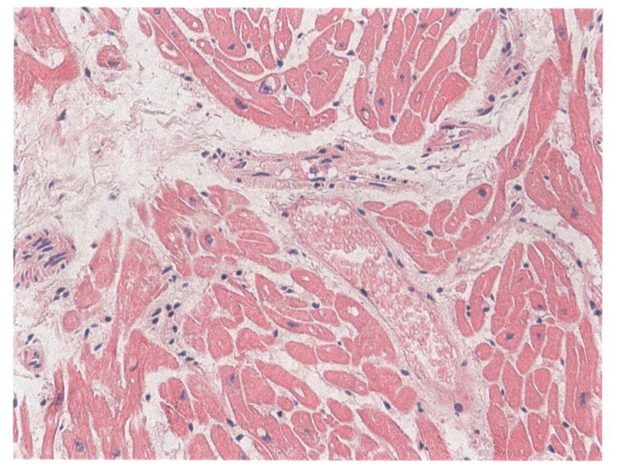

图5-7 心肌间质纤维组织增生（×100）

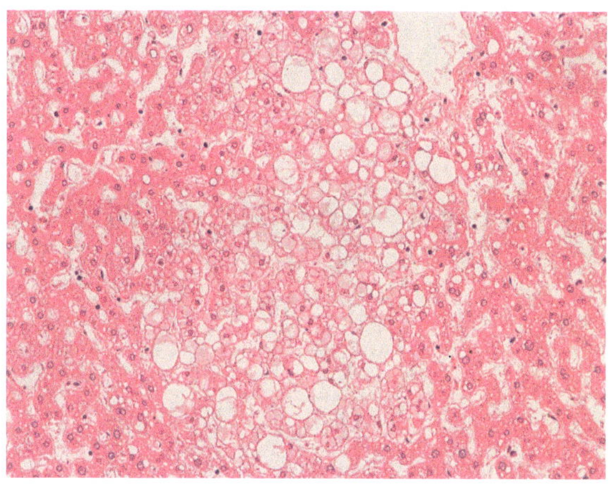

图5-8 肝细胞弥漫性脂肪变性（×100）

（4）毒物分析：死者心血、胃内容物及尿液均检出甲基苯丙胺成分。其中心血中甲基苯丙胺含量为6.43mg/L。未检出其他常见毒、药物。

3．分析讨论题

请根据该案案情及法医学检查对死者死因进行分析。

（党永辉）

第六章　呼吸功能障碍性毒物中毒

实验十　呼吸功能障碍性毒物中毒实验

一、急性氰化物中毒

【实验目的】

1. 掌握氰化物中毒的原因、毒理作用与法医学鉴定要点。

2. 熟悉氰化物中毒的尸体检查所见、检材采取与送检。

3. 了解氰化物中毒的中毒量及中毒致死量。

【毒理作用】

氰化物可通过消化道、呼吸道和皮肤吸收，其毒性作用取决于在体内代谢过程中释放氰离子的速度和数量。氰离子(CN^-)与三价铁离子(Fe^{3+})的亲和力最强，反应也最迅速，此种 Fe^{3+} 主要存在于细胞的线粒体内，是细胞呼吸过程的重要酶类——氧化型细胞色素氧化酶的辅基，该酶在氧化型(金属辅基为 Fe^{3+})和还原型(金属辅基为 Fe^{2+})的不断转换中完成电子传递过程。CN^- 与 Fe^{3+} 结合后可中断电子传递，使生物氧化过程终止，细胞失去对氧的利用能力，细胞的生理生化功能也随之停止，而且细胞结构损伤，最终可导致细胞死亡。此外，CN^- 还可使含有巯基或硫的酶失活，而使其毒性更强。CN^- 对细胞呼吸酶的抑制作用所造成的内窒息作用对机体的危害最大，是其毒性作用的核心。

【实验材料】

1. 实验动物　SD 大鼠，体重 220～250g 左右，雌雄不限，实验动物数量根据学生人数和分组情况而定。

2. 实验器材　每个实验组配带灌胃针头的 5 或 10ml 注射器 2 只；100ml 玻璃量杯 1 只；解剖器械 1 套，包括手术刀柄及刀片 1 副、剪刀 1 把、镊子 2 把、白瓷盘 1 个；医用乳胶手套及口罩；帆布手套 1 只。

3. 实验试剂　氰化钠或氰化钾溶液各 1 瓶。

【实验步骤】

1. 在老师的指导下，以戴帆布手套的左手抓住大鼠，使其颈部和躯干保持垂直位置，右手持配有灌胃针头的空注射器，自大鼠的口角沿舌面插入食道，进行灌胃练习。

2. 在熟练灌胃操作技术的基础上，同学取一只注射器，接好灌胃针，抽吸 1～2ml 氰化钠或氰化钾溶液，进行灌胃；抽吸好溶液后，应在灌胃前将灌胃针在清水中涮洗一下，以免灌胃针表面附着的液体刺激口腔，引起挣扎反抗。灌胃操作中，应控制好注射器活塞，以免灌胃过程中，活塞下降，溶液滴出，损伤动物口腔或操作人员。

3. 对照组大鼠，抽吸 1～2ml 清水进行灌胃，断颈处死。

4. 灌胃完成后，记录灌胃时间，观察、记录大鼠的中毒表现(如活动、呼吸、呕吐、抽搐等)和死亡时间。

1. 案情摘要　白人男性，26 岁。有抽烟饮酒史。在朋友家被发现死于皮卡驾驶座，车窗放下，引擎发动，车库的门关闭。尸检发现体表呈樱桃红色。毒物检查发现血液一氧化碳浓度达 86%，血液酒精浓度达 106mg/100ml，房水酒精浓度达 134mg/100ml。

2. 观察要点　一氧化碳中毒的尸斑樱桃红色。

3. 诊断　一氧化碳中毒。

【案例 2】(图 6-2)

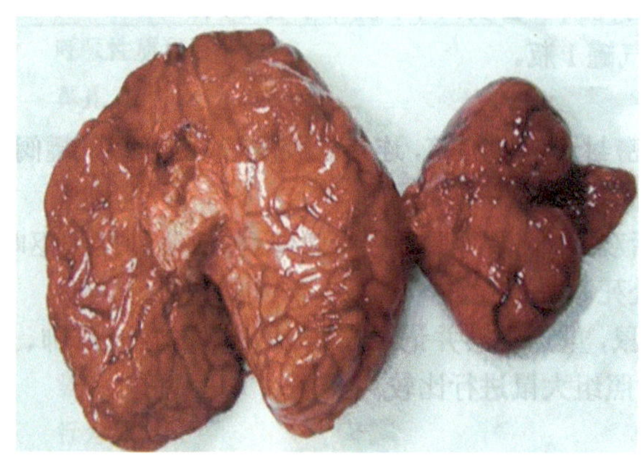

图 6-2　一氧化碳中毒的脑呈樱桃红色

1. 案情摘要　吴某，男，31 岁。某年冬天被人发现裸体死于一出租房卫生间，现场勘查，吴某洗澡用燃气热水器，煤气罐放在卫生间内，煤气罐阀门一直没有关闭。提取心血作毒物分析，结果碳氧血红蛋白浓度为 85%。

2. 观察要点　一氧化碳中毒的大脑、小脑、脑干呈樱桃红色。

3. 诊断　一氧化碳中毒。

【案例 3】(图 6-3)

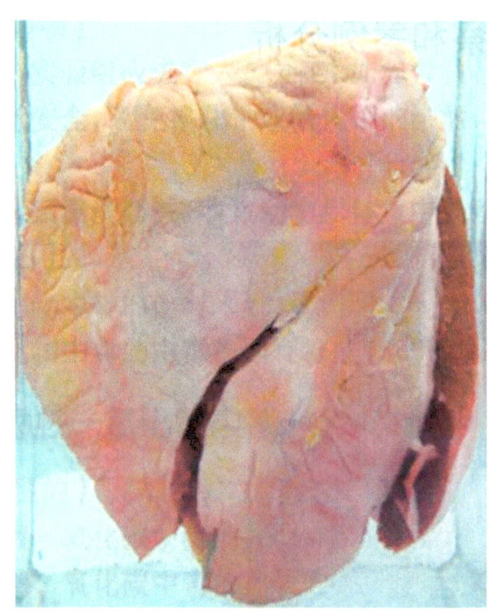

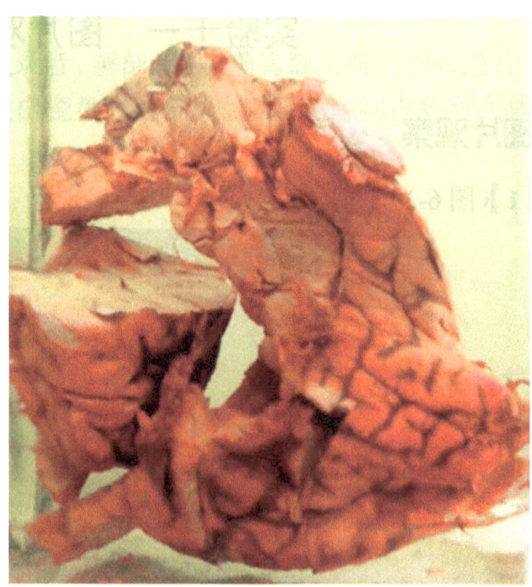

图 6-3　一氧化碳中毒的心、脑经甲醛液固定仍保持樱桃红色

1. 案情摘要　周某，女，32 岁，周某女儿，1 岁，在使用热水器洗澡时，忽然倒地不起，经抢救无效死亡。

2. 观察要点　一氧化碳中毒者的脏器组织经甲醛液固定数周或数年仍保持樱桃红色，而非一氧化碳中毒者，其脏器组织颜色在甲醛液中经几小时红色即消失。

3. 诊断　一氧化碳中毒。

【案例4】(图6-4)

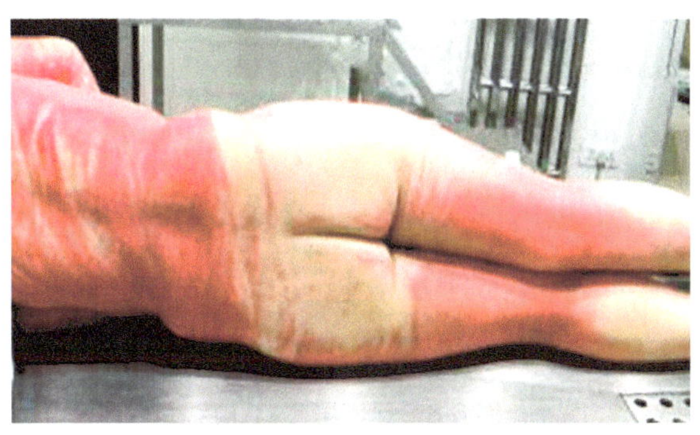

图6-4　氰化物中毒的尸斑鲜红色

1. 案情摘要　52岁白人女性，患有抑郁症。被发现死于一个旅馆的房间内。现场发现一个小瓶子，内含少量白色透明液体，盖子上贴一纸条，上写“毒物”。毒物检查证实血液氰化物浓度为6.3μg/ml。现场发现的液体经毒物检查证实也为氰化物。

2. 观察要点　氰化物中毒的尸斑呈鲜红色。

3. 诊断　氰化物中毒。

二、案例分析

【案例1】

1. 案情摘要　胡某，男，1980年5月出生。某年11月13日高速公路上发生汽车刮擦、碰撞，驾驶员胡某位于驾驶座，处于昏迷状态，车内有燃烧痕迹，经送至医院抢救无效死亡。

2. 法医学检查

(1) 尸表检查：尸长173cm，体型中等，营养较好，发育正常。尸斑较深，呈樱桃红色，分布于项部、胸部、背部等未受压部位，指压不褪色(图6-6)。头发及面部、颈项部皮肤可见大量的烟灰附着，面部、颈项部可见烫伤痕迹，主要为红斑夹杂少许水疱(Ⅰ～Ⅱ度烧伤)，约占尸体体表面积的9%。口腔、舌面、鼻腔可见大量黑色烟灰黏附(图6-5)，耳郭完整，外耳道干燥。颈项部皮肤未见扼、勒、压痕，未见明显损伤、出血；胸廓基本对称，腹部平坦；膝关节附近见多处擦挫伤，左胫前皮肤见小片状擦挫伤。

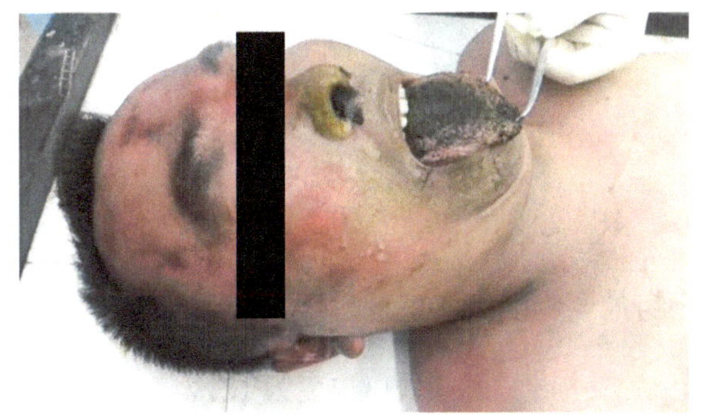

图6-5　口腔、舌面、鼻腔可见大量黑色烟灰附着

(2) 解剖检查：脑、心、肺、肝、脾、肾等内脏器官呈轻 - 中度的樱桃红色。左侧锁骨上的颈部皮下及肌肉见片状出血，面积9.0cm×8.0cm，处于安全带位置(图6-7，图6-10)，其他部位均未见挫伤、出血。

(3) 组织病理学检查：会厌、喉头、气管、支气管黏膜水肿、充血，黏膜上皮肿胀，部分上皮细胞核变细拉长，呈栅栏状排列，黏膜表面见黑色烟灰黏附。细支气管黏膜表面见黑色烟灰黏附，上皮细胞核固缩，部分上皮细胞核变细长，呈栅栏状排列；肺泡壁毛细血管淤血，肺泡间隔水肿，部分区域肺泡腔内见较多的红细胞(图 6-8，图 6-9)。

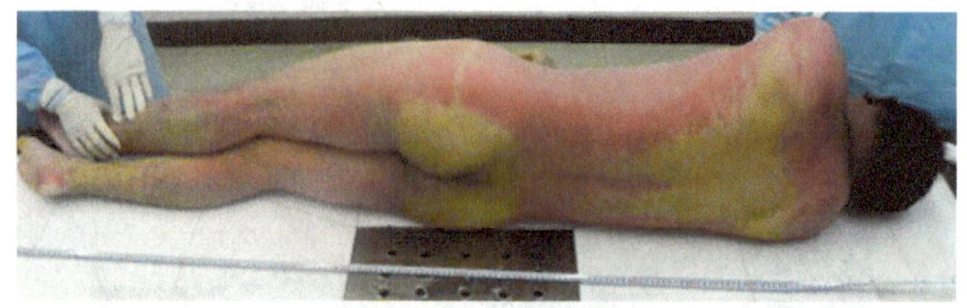

图 6-6　尸斑呈樱桃红色

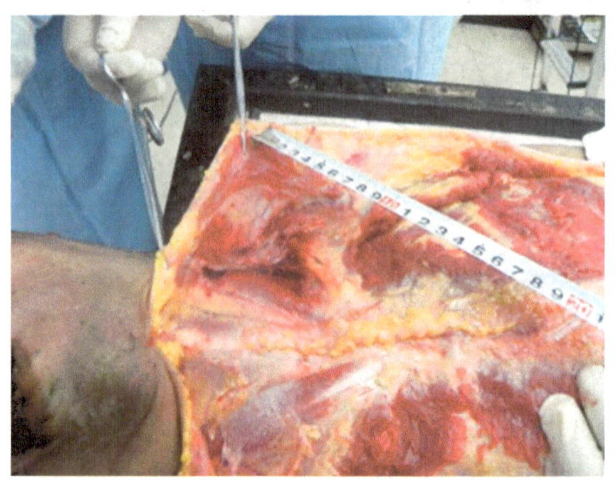

图 6-7　左侧锁骨上的颈部皮下及肌肉片状出血

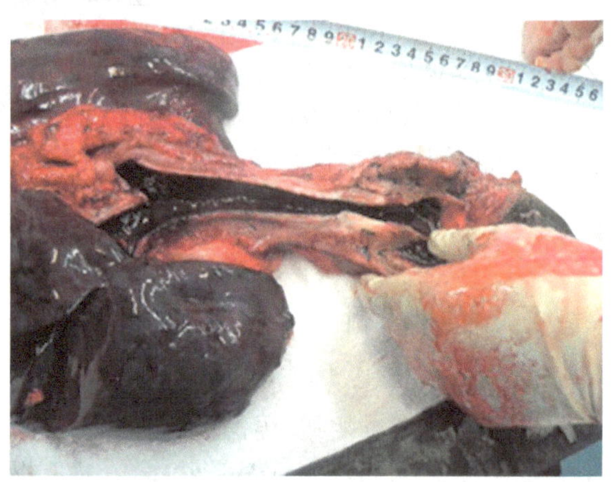

图 6-8　喉头、气管、支气管黏膜表面黑色烟灰黏附

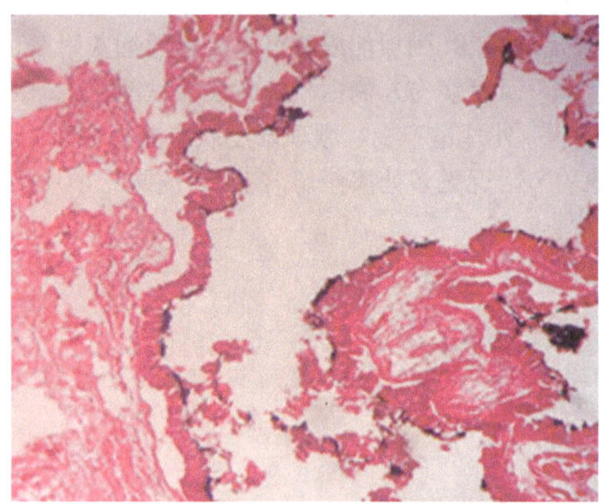

图 6-9　支气管黏膜上皮肿胀，黑色烟灰黏附

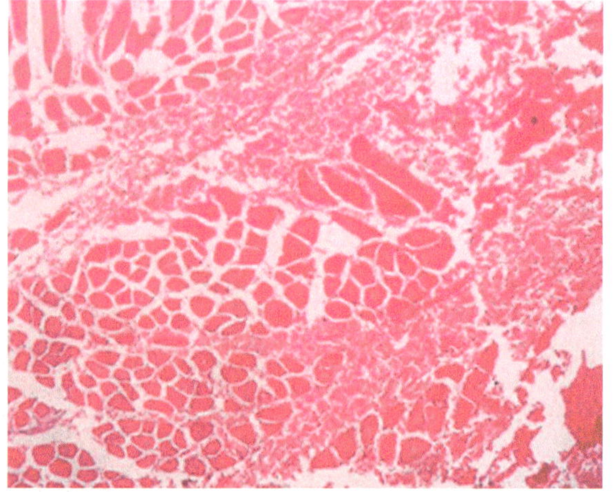

图 6-10　左侧颈部肌肉片状出血

(4) 毒物分析结果：死者血液中碳氧血红蛋白浓度为 18%。

3. 分析讨论题

(1) 本例的法医病理学诊断主要有哪些？

(2) 本例的死亡原因如何分析？

【案例 2】

1. 案情摘要　某年 1 月 14 日，在某地某小区发生一起火灾，造成 8 人死亡，现场尸体编号分别为 1#、2#、3#、4#、5#、6#、7#、8#。1#，女，4 岁；2#，男，48 岁；3#，女，47 岁；4#，女，24 岁；5#，女，19 岁；6#，男，17 岁；7#，女，39 岁；8#，女，19 岁。

2. 法医学检查

(1) 尸表检查

1# 女性尸体，尸长 90cm；全身炭化严重，尸表油腻。颅骨破裂，脑组织暴露；颈部皮肤炭化，肌肉组织暴露；前胸壁缺失，两肺外露，左腹部内脏见脱出；右上臂自肘关节上离断，右前臂部分残留，余肢体末端缺失。

2# 男性尸体，尸长 172cm；全身烧伤炭化严重，仅枕部、背臀部有软组织残留。头枕部头皮残留，余头皮软组织炭化缺失，额、双颞部颅骨外露，局部炭化；面部软组织炭化缺失，眼球缺失，双耳炭化缺失，鼻外形可辨；上排齿列外露，舌位于齿列间。颈项部皮肤炭化缺失，肌肉外露。残留组织未检见明显创口。胸壁皮肤炭化缺失，肌肉外露，背部皮肤组织残留。腹壁软组织炭化缺失，可见肠组织外露，肠组织表面见大量黑色颗粒状物质附着，四肢炭化严重，肌肉组织外露，远端缺失。

3# 女性尸体，尸长 158cm；全身炭化严重，头枕部头皮残留，余头面部软组织炭化缺失，颅骨外露，左额骨断裂，左侧颞骨炭化缺失，脑组织外露；眼球缺失，双耳炭化缺失，鼻部软组织缺失，下颌骨外露；颈项部皮肤炭化缺失，肌肉外露；胸壁皮肤炭化缺失，肌肉外露，背部左侧见皮肤残留，炭化严重；腹壁软组织炭化严重，肌肉外露，左下腹壁软组织缺失，肠组织外露；四肢皮肤炭化严重，肌肉组织外露，远端见缺失，左前臂近肘关节位置见一银色单股金属手镯。

4# 女性尸体，尸长 157cm；全身炭化严重。头面部皮肤严重炭化烧焦，前额部、后枕部及右面部见皮肤撕裂创；双眼睑及鼻部软组织炭化缺失，双耳郭外缘炭化缺损；部分牙齿呈焦黑状，舌组织炭化外露。颈项皮肤炭化严重，肌肉组织外露。胸壁及腹壁见少量炭化皮肤组织残留，肌肉组织见外露。双上肢重度炭化，肌肉组织外露，右上臂上段见银色金属手环。双下肢炭化，肌肉组织外露。右大腿股骨下端外露，右小腿下段炭化缺失，胫、腓骨外露。

5# 女性尸体，尸长 162cm；头面部皮肤严重炭化；仅顶枕部头皮组织残留，颅骨外露；鼻部及口周部炭化，见少量软组织残留，颧骨及下颌下骨外露；双耳郭炭化缺损；颈项皮肤严重炭化，肌肉组织外露。右侧胸壁缺失，右肺外露，左下腹壁缺失，内脏组织外露；双上肢炭化严重，肌肉组织外露，右肱骨两端外露。双下肢炭化严重，两侧大腿肌肉组织外露。

6# 男性尸体，尸长 170cm；头面部皮肤严重炭化，眼睑紧闭，鼻腔内见黑色物质附着；舌位于齿列间；颈项部皮肤严重炭化，软组织尚存；躯干部及会阴部皮肤严重炭化；阴茎炭化严重，仅根部残留；四肢炭化严重，以下肢为重，左足炭化缺失，双下肢胫、腓骨外露。

7# 女性尸体，尸长 165cm，头发部分烧焦，残留发长约 30cm。躯干部及四肢皮肤呈樱红色；尸僵中等，位于全身各大关节。面部皮肤见大量黑色粉末状物质附着；双眼睑睫毛尖端被烧焦；鼻腔内见黑色粉末状物质附着；口腔内见黑色粉末状物质附着，牙齿外露，双耳外形可辨，外耳道内见黑色粉末状物质附着。颈项部皮肤见大量黑色粉末状物质附着，未检见明显损伤。躯干部及会阴部皮肤呈樱桃红色，为深Ⅱ度烧伤，部分痂皮外翻。四肢皮肤大部呈深Ⅱ度烧伤，部分痂皮外翻；双手及双足呈Ⅲ度烧伤。

8# 女性尸体，尸长 160cm；头面部皮肤炭化，仅枕部部分头发残留，双眼睑炭化呈闭合状，双耳郭外缘炭化缺失，鼻尖部软组织缺失；颈项皮肤严重炭化，左侧颈部部分皮肤组织呈撕裂状；胸壁皮肤炭化缺失，肌肉脂肪组织外露，右侧腰背部及右下腹部炭化严重，右下腹部肠管外露；双上肢炭化严重，肌肉组织外露，左上臂远端缺失，右手腕处见双股金属手环。双下肢炭化严重，肌肉组织外露，左下肢胫、腓骨外露，右下肢股骨、胫腓骨外露，末端缺失。

(2) 解剖检查

1# 颅骨呈破裂状，脑组织外露；切开颈部残留组织暴露气管，气管内见少许黑色颗粒状物质附着；甲状软骨、舌骨无骨折；打开胸壁残留组织，切开两侧支气管，支气管腔见黑色颗粒状物质附着，胸部其他主要血管均未见损伤；打开胃壁，胃呈空虚状，余腹腔脏器位置正常，未见损伤。

2# 颅骨外形完整，打开颅骨，可见硬脑膜与颅顶骨分离，颅前窝硬脑膜外可见大片血肿，呈蜂窝状；硬脑膜完好，硬膜下及颅内未见出血；颅底未见骨折。颈部皮下及浅、深层肌肉未见明显出血，甲状软骨、舌骨无骨折；气管腔内见黑色颗粒状物质附着。双侧胸腔少量血性液，量约 20ml，双肺完整，肺表面未见出血点。心包膜完整，心包腔内少量血性积液，量约 5ml，心脏无损伤，心表面未检见出血点。肠组织外露，胃空虚状，胃壁可见少量黑色颗粒状物质附着。

3# 左侧颞骨破裂，脑组织外露；硬脑膜外、下未见血肿及其他异常，颅底骨折；颈部皮下及浅、深层肌肉未见出血。甲状软骨、舌骨无骨折；气管腔内见黑色颗粒状物质附着。双侧胸腔少量血性液，量约 20ml，双肺完整，肺表面未见出血点。心包膜完整，心包腔内少量血性积液，量约 5ml，心脏无损伤。胸部其他主要血管均无损伤。肠组织外露，胃壁可见少量黑色颗粒状物质附着。

4# 沿冠状面切开头皮，暴露颅骨，颅骨未见骨折；脑组织完整，未见明显颅内出血。颈部皮下及浅、深层肌肉未见明显出血，甲状软骨、舌骨无骨折；气管腔内见黑色颗粒状物质附着。双侧胸腔少量血性液，量约 10ml，双肺完好。心包膜完整，心包腔内少量血性积液，量约 5ml，心脏无损伤。胸部其他主要血管均未见损伤。内脏组织外露。胃呈空虚状。

5# 切开头皮，暴露颅骨，颅骨无骨折，脑组织完整，颅内无出血；颈部残留肌肉组织未见明显出血，甲状软骨、舌骨无骨折；气管腔内见黑色颗粒状物质附着。左肺脏组织完好，右肺脏中、下叶表面炭化，心包完整，心脏无损伤；左下腹肠管组织外露，胃壁可见少量黑色颗粒状物质附着。

6# 打开颅骨，见硬脑膜与颅顶骨分离，前额硬脑膜外可见大片蜂窝状血肿，硬脑膜完整；硬膜下及颅内无出血；颅底未见骨折。颈部皮下及浅、深层肌肉未见明显出血，甲状软骨、舌骨无骨折；气管腔内见黑色颗粒状物质附着。双侧胸腔少量血性液，量约 20ml，双肺完整，肺表面未见出血点，心包膜完整，心包腔内少量血性积液，量约 5ml，心脏无损伤，表面未检见出血点。胃内容物，量约 100g，胃壁见少量黑色颗粒状物质附着。

7# 头皮下未见出血，颅骨无骨折；左、右颞肌无出血，硬脑膜完整，硬膜外、下及颅内无出血；脑组织无损伤，颅底未见骨折。颈部皮下及浅、深层肌肉未见明显出血，甲状软骨、舌骨无骨折；气管腔内见大量黑色颗粒状物质附着。双侧胸腔少量血性液，量约 20ml，双肺完整，肺表面未见出血点，心包膜完整，心包腔内少量血性积液，量约 5ml，心脏无损伤，胸部其他主要血管均未见损伤。腹腔未见积血（液），肝脏无损伤；胃壁可见少量黑色颗粒状物质附着。

8# 切开头皮，锯开颅骨，脑组织完整，无颅内出血。颈部皮下及浅、深层肌肉未见明显出血，甲状软骨、舌骨无骨折；气管腔内见黑色颗粒状物质附着。双侧胸腔少量血性液，量约 20ml，双肺完好，肺表面未见出血点。心包膜完整，心包腔内少量血性积液，量约 5ml，心脏无损伤。腹部内脏组织外露。胃内少许液体残留，胃壁可见少量黑色颗粒状物质附着。

（3）组织病理学检查

1# 气管、支气管部分黏膜上皮呈凝固性坏死，管壁及管腔内见蛋白性假膜样物及较多炭末成分；部分肺内细小支气管黏膜上皮呈凝固性坏死，管壁见少量炭末附着，肺泡壁毛细血管扩张，肺泡间隔水肿，大部分肺泡腔内充满红色浓染凝固状液体，部分肺泡腔见出血，有的肺泡隔断裂，肺组织见灶性气肿（图 6-11，图 6-12）。

2# 心脏，重 370g，心肌纤维灶性肥大、核大、浓染，部分区域心肌纤维嗜酸性染色增强，乳头肌纤维见断裂及波浪状改变；心肌间质血管扩张、淤血及纤维组织增生；冠状动脉左前降支见Ⅱ级粥样硬化斑块形成伴钙化，斑块内未见出血、溃疡、血栓形成等急性病变，窦房结、房室结未见出血、炎症、肿瘤病变。肺：气管、支气管部分黏膜上皮呈凝固性坏死，管壁及管腔内见蛋白性假膜样物及较多炭末成分，部分管腔内可见较多脱落的黏膜上皮；有的肺内细小支气管黏膜上皮呈凝固性坏死，管壁及管腔内见蛋白性假膜样物及较多炭末成分，肺泡壁毛细血管扩张、淤血，肺组织呈弥漫性水肿，灶性气肿及出血。胃：黏膜上皮及腺体结构自溶，黏膜层、黏膜下层未见明显炎症细胞浸润及出血。

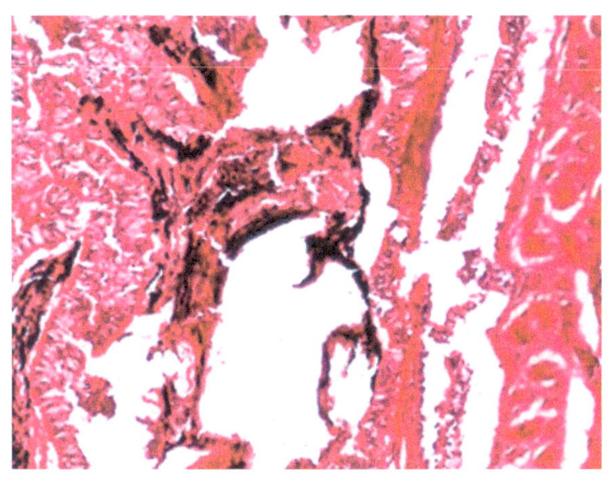
图 6-11 1# 支气管管壁及管腔内假膜物及较多炭末成分

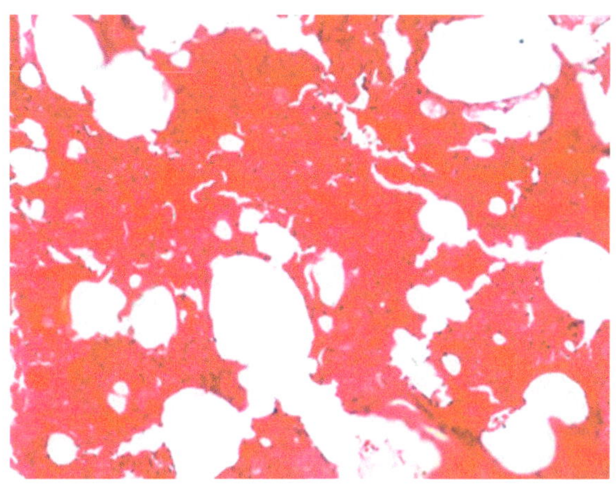
图 6-12 1# 大部分肺泡腔内充满红色浓染凝固状液体

3# 心：左心室及乳头肌纤维多灶性肥大，间质纤维组织增生，部分心肌纤维断裂，冠状动脉左主干及左前降支见粥样硬化，管腔狭窄Ⅱ～Ⅲ级，窦房结、房室结未见出血、炎症、肿瘤病变。肺：气管、支气管黏膜上皮杯状细胞增多，黏液腺分泌旺盛，管壁炎症细胞浸润，以淋巴细胞、浆细胞为主。气管、支气管部分黏膜上皮呈凝固性坏死，管壁及管腔内见蛋白性假膜样物及较多炭末成分；部分肺内细小支气管黏膜上皮呈凝固性坏死，管壁见少量炭末附着，见少量炎症细胞浸润；肺泡壁毛细血管扩张，大部分肺泡腔内充满红色浓染凝固状液体，肺组织呈弥漫性水肿，灶性气肿及出血。胃：黏膜上皮及腺体结构自溶，黏膜层、黏膜下层未见明显炎症细胞浸润及出血。

4# 心：部分心肌纤维断裂及波浪状改变；心肌间质血管扩张、淤血，心内膜未见增厚。冠状动脉见慢性炎细胞，管腔未见明显的狭窄，窦房结、房室结未见出血、炎症、肿瘤病变。肺：气管、支气管部分黏膜上皮细胞呈凝固性坏死，管壁及管腔内见蛋白性假膜样物及较多炭末成分（图 6-13）；部分细小支气管黏膜上皮呈凝固性坏死，有的细支气管黏膜上皮呈栅栏状改变（图 6-14），管壁见炭末附着及少量炎症细胞浸润；肺泡壁毛细血管扩张，肺泡间隔水肿，灶性肺出血及气肿。胃：黏膜上皮及腺体结构自溶，黏膜层、黏膜下层未见明显炎症细胞浸润及出血。

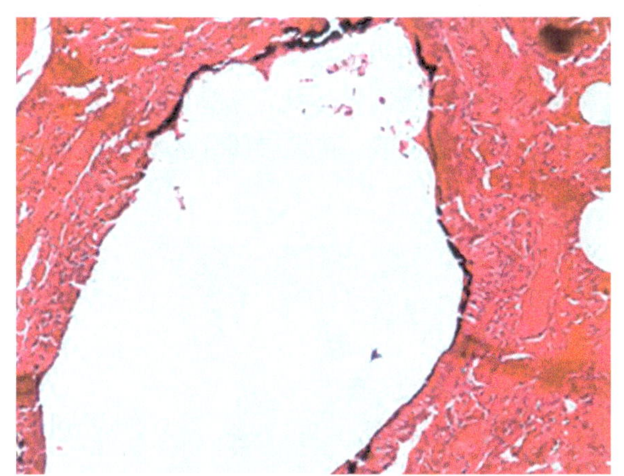
图 6-13 2# 细支气管管腔内见炭末成分

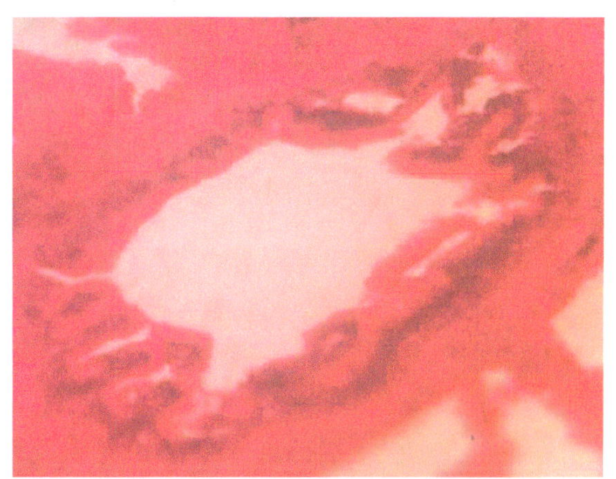
图 6-14 4# 细支气管黏膜上皮呈栅栏状排列

5# 心：左心室及乳头肌纤维断裂，有嗜伊红染色增强；心肌间质内小血管扩张、淤血。冠状动脉各支管腔无狭窄，窦房结、房室结未见出血、炎症、肿瘤病变。肺：烟灰与炭末沉积于气管和支气管黏膜表面，气管及支气管黏膜充血、水肿，部分黏膜上皮细胞变性及坏死脱落，肺内细小支气管黏膜上皮细胞核浓缩、拉长，呈栅栏状排列，黏膜下层见小血管淤血（图 6-15）；肺泡壁毛细血管扩张、淤血，肺组织弥漫性水肿，灶性气肿及出血。胃：少量烟灰与炭末沉积于胃黏膜表面上，未见出血、炎症等改变（图6-16）。

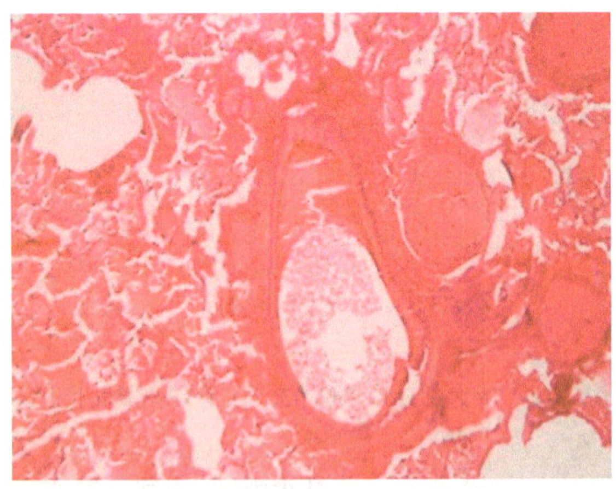
图6-15 5#细小支气管黏膜上皮细胞核浓缩、拉长，呈栅栏状排列

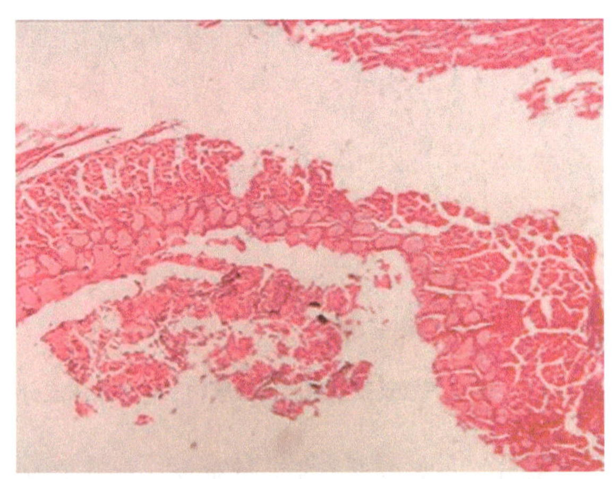
图6-16 5#胃黏膜表面少量烟灰与炭末沉积

6#心：左心室心肌纤维断裂，嗜伊红染色增强；左心室及乳头肌间质内小血管扩张、淤血，右心室壁见少量脂肪组织浸润。肺：烟灰与炭末沉积于气管和支气管黏膜表面，气管及支气管黏膜充血、水肿，部分黏膜变性、坏死及脱落，有的肺内细小支气管黏膜上皮细胞核浓缩、变细，呈栅栏状排列，黏膜下层小血管淤血；肺组织水肿，灶性气肿及出血。胃：胃黏膜未见出血，黏膜下未见炎症细胞浸润。

7#心：心外膜增厚、纤维化及炎症细胞浸润；左心室及乳头肌纤维排列紊乱，部分心肌纤维嗜酸性染色增强，有的见断裂及波浪状改变；肺：气管、支气管部分黏膜上皮呈凝固性坏死，管壁及管腔内见较多炭末成分，部分管腔内见较多脱落的黏膜上皮；有的细支气管黏膜上皮呈凝固性坏死，管壁见大量炭末附着（图6-17，图6-18）；肺组织淤血、水肿及灶性出血。胃：黏膜上皮及腺体结构存在，黏膜层部分区域见少量炭末附着，未见明显炎症细胞浸润。

8#心：心脏各瓣膜及冠状动脉开口无异常，冠状动脉各支无狭窄，镜下：左心室及乳头肌纤维断裂，心肌间质内小血管扩张、淤血；乳头肌纤维嗜酸性染色增强，窦房结、房室结未见肿瘤、出血、炎症病变及其他异常。肺：气管、支气管黏膜上皮呈凝固性坏死，管壁及管腔内见较多炭末成分（图6-19），部分管腔内可见较多脱落的黏膜上皮；有的细支小气管黏膜上皮呈凝固性坏死，管壁见较多炭末附着，肺组织弥漫性水肿，灶性气肿及出血。胃：黏膜上皮及腺体结构存在，黏膜层部分区域见少量炭末附着，未见明显炎症细胞浸润。

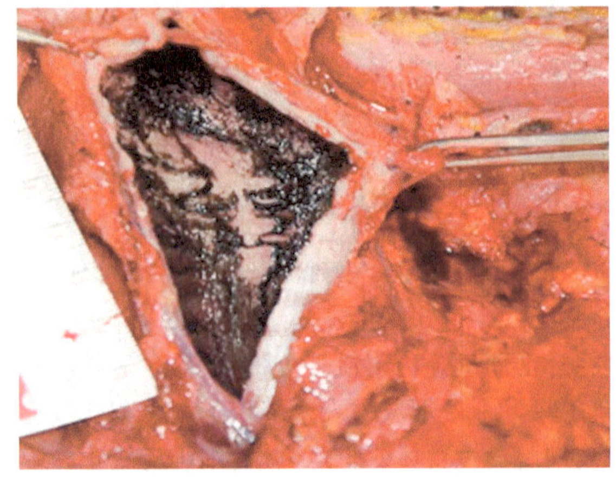
图6-17 7#支气管腔内见大量炭末沉着

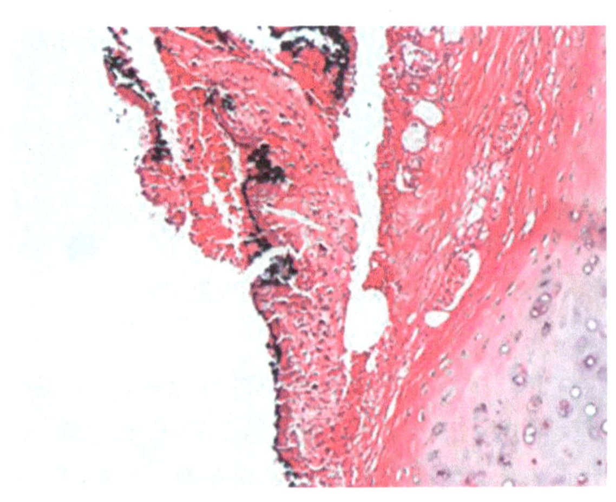
图6-18 7#支气管管壁见较多炭末附着

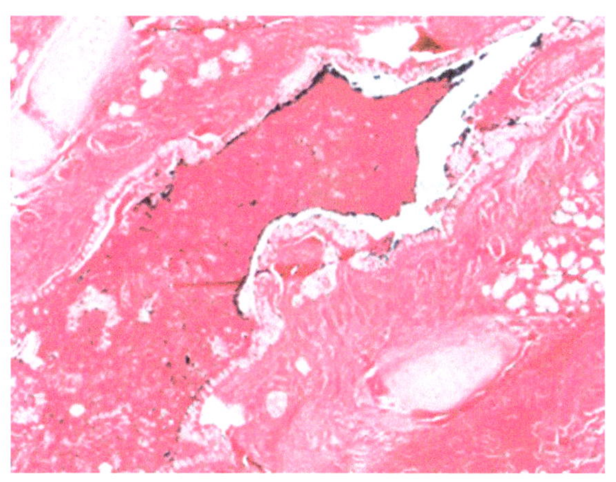

图 6-19　8# 支气管管腔内见较多炭末成分

（4）毒物分析：取送检的 1#、2#、3#、4#、5#、6#、7#、8# 心血检材各适量，经稀释提取后，进行紫外分光光度定性定量分析，送检的心血检材均检出碳氧血红蛋白（HBCO）成分，其中 2# 检材碳氧血红蛋白（HBCO）含量为 10%；1#、3#、4#、5#、6#、7#、8# 检材碳氧血红蛋白（HBCO）含量均小于 10%。

3. 分析讨论题

（1）本例的死亡原因是什么？

（2）本例的法医学鉴定应注意哪些？

（本案例由程曦提供）

【思考题】

1. 呼吸功能障碍性毒物中毒有哪几类？
2. 试述氰化物中毒的原因、毒理作用与法医学鉴定要点。
3. 试述一氧化碳中毒的原因、毒理作用与法医学鉴定要点。
4. 群体性中毒法医学鉴定应注意哪些？

（喻林升）

第七章　农 药 中 毒

实验十二　农 药 中 毒

一、有机磷农药中毒动物实验

【实验目的】

1. 观察有机磷农药急性中毒的症状，掌握中毒的毒理作用。

2. 了解比色法检测胆碱酯酶活性的方法。

3. 观察有机磷农药中毒死亡后的尸检征象，掌握法医学鉴定要点。

【毒理作用】

有机磷农药（organophosphorus pesticide）主要用于农林业杀虫。有机磷农药经皮肤、呼吸道、消化道进入体内，与胆碱酯酶（cholinesterase）牢固结合，抑制酶的活性，使其失去水解乙酰胆碱的能力，乙酰胆碱不能水解而在体内蓄积，出现胆碱能神经亢奋的中毒症状。中毒后可表现出恶心、呕吐、视物模糊、瞳孔缩小、血压下降、心动过缓、出汗、流涎等 M 样症状；肌肉震颤、抽搐、心率加快、血压升高等的 N 样症状；头晕、烦躁不安、昏迷、呼吸、循环抑制等中枢症状。

急性中毒死者尸表观察：尸斑显著，呈暗紫红色。尸僵早而强，可见腓肠肌和肱二头肌显著挛缩。口唇及指甲明显青紫。瞳孔缩小。口鼻周围有白色泡沫。切开胃后可闻到有机磷的特殊气味。可见黄色油状农药浮于胃内容物液面。胃及十二指肠黏膜充血，有点状出血。镜下可见胃黏膜表层坏死、点状出血，黏膜下层充血水肿。右心房和右心室轻度扩张。气管及支气管腔内有白色泡沫样液体，肺水肿较明显。软脑膜淤血水肿，呈明显脑水肿。

【实验材料】

1. 实验动物　成年实验用家兔，体重 1.5～2.5kg 左右，雌雄不限，实验动物用量根据学生人数和分组情况确定，分为实验组和对照组，每组至少 4 只。

2. 实验器材　婴儿台秤、注射器（1ml、5ml）、透明尺、开口器、导尿管、解剖器械 1 套（剪刀、镊子、手术刀片和刀柄、止血钳等）。

3. 实验试剂　10% 美曲膦酯（敌百虫）、0.5% 肝素、10% 中性甲醛溶液、梯度乙醇、二甲苯、石蜡、苏木素 - 伊红（H.E）染料。

【实验步骤】

1. 实验组和对照组家兔分别称重后观察给药前一般状态、瞳孔大小、唾液、大小便、呼吸情况、心率、肌紧张及有无肌震颤。

2. 将所有实验动物分别用 0.5% 肝素浸润过的 1ml 注射器从心脏取血 0.5ml。

心脏取血方法：固定家兔使其腹部向上，为防止采血时家兔挣扎，助手一手拽住耳朵固定头部，一手抓住兔腿固定后躯。采血者持浸润过肝素的注射器，左手拇指按触家兔胸部左侧查找心搏最强处（一般位于胸骨左缘 4～5 肋间），于肋间隙垂直进针，有突破感表明刺入胸腔，继续向下垂直刺入心脏，感到针头跳动或有血液向注射器回流时，即可抽血。

3. 取血后固定家兔，将木质开口器横插家兔口内，压住舌头。将兔头抬起，使颈部拉直。将导尿管从开口器中央孔插入食道约 15cm 左右。将导尿管的外端放入清水中，如不见气泡逸出表明导管插入胃内，可将药液缓慢注入，最后注入少量空气，使导尿管内残存的药液全部注入胃内。

实验组灌胃 10% 美曲膦酯 2ml/kg，对照组灌胃生理盐水 2ml/kg，密切观察动物中毒症状和死亡情况，并记录。待实验组呼吸、心跳全部消失后，立即将两兔心脏取血 0.5ml，测定胆碱酯酶活性。迅速解剖动物，取食道、胃、十二指肠、心、肝、脾、肺、肾、脑称重并观察肉眼改变。同时处死对照组取组织。

4. 用羟胺三氯化铁比色法测定胆碱酯酶活性。

5. 取胃制作病理切片　取组织块厚约 1～1.5mm，用 10% 中性甲醛液固定，脱水、浸蜡、包埋、切片、HE 染色，用中性树胶封片，做好标记，显微镜下观察。

【结果观察】

1. 根据实验结果和相关理论知识，分析实验中观察到的有机磷农药中毒症状和死亡的原因。

2. 观察有机磷农药中毒症状和死亡后的尸检征象，结合全血胆碱酯酶活性的改变，总结法医学鉴定要点（表 7-1）。

表 7-1　有机磷农药急性中毒观察项目

编号		一般情况	唾液分泌	呼吸（次/分）	心率（次/分）	瞳孔（mm）	大小便	肌张力	肌震颤	血胆碱酯酶活性	组织肉眼改变	组织病理改变
对照组	给药前											
	给药后											
实验组	给药前											
	给药后											

【注意事项】

1. 灌胃给药前应禁食 12 小时，避免影响药物的注入和吸收。

2. 心脏取血前需用 0.5% 肝素浸润注射器，防止凝血。

【思考题】

1. 试述有机磷农药中毒的毒理作用及中毒症状。

2. 试述有机磷农药中毒的法医学鉴定要点。

二、不同途径氨基甲酸酯类农药中毒动物实验

【实验目的】

1. 观察不同途径灭多威急性中毒的症状，熟悉经口、皮肤、吸入染毒的方法，掌握灭多威中毒的毒理作用机制。

2. 观察氨基甲酸酯类农药灭多威急性中毒死亡后的尸检征象，掌握法医学鉴定要点。

【毒理作用】

氨基甲酸酯类农药（carbamate pesticides）主要通过呼吸道和消化道吸收，也可通过皮肤缓慢吸收。氨基甲酸酯类农药为胆碱酯酶抑制剂，使胆碱酯酶失去水解乙酰胆碱的能力，导致乙酰胆碱在体内蓄积引起中毒。中毒症状出现的时间、严重程度和死亡情况与给药剂量和途径有关。临床表现和有机磷农药中毒相似，不同之处是症状出现快、症状较轻且恢复较快。氨基甲酸酯类农药对胆碱酯酶的抑制是可逆的，其形成的络合物在适当的条件下容易分解，恢复胆碱酯酶的活力。

氨基甲酸酯类农药中毒后可出现流涎、口鼻分泌物增多、恶心、呕吐、肌束震颤等毒蕈碱样和烟碱样症状，但呕吐物无特殊气味，瞳孔缩小可不明显。重度中毒导致昏迷、呼吸困难，死于呼吸衰竭。

尸检可见尸僵出现早，器官为淤血、水肿表现。氨基甲酸酯在体内吸收、代谢快，应尽快进行血液、尿液和胃内容物的毒物分析。

【实验材料】

1. 实验动物　SD 大鼠，体重 220～250g 左右，雌雄不限，分为实验组和对照组，实验动物数量根据学生人数和分组情况而定。

2. 实验器材　大鼠笼、台秤、灌胃器、棉手套、25L 静式染毒柜、滤纸、通风橱、解剖器械一套、全自动病理切片机。

3. 实验试剂　10% 中性甲醛溶液、灭多威（万灵）、脱毛剂。

【实验步骤】

1. 动物实验前禁食 12 小时。随机分成 4 组。灭多威用吐温 -80 研磨加入蒸馏水配制为混悬液。

2. A 组经口染毒　大鼠空腹灌胃，灭多威 46.4mg/kg。灌胃器吸入药物后，左手抓住大鼠背部及颈部皮肤固定，右手持灌胃器，将针插入大鼠口中，沿咽后壁缓缓插入食道约 4～6cm。进针时应无阻力，若动物挣扎应立即停止并将针拔出，以免损伤食道或误入气管。

3. B 组经皮肤染毒　用剪刀剪去大鼠背部拟染毒区域的被毛，不能损伤皮肤。在背部中线两侧，用脱毛剂脱毛，面积占体表面积 10%，约 3cm×4cm，3～5 分钟后，用细玻璃棒拨去脱掉的毛发，蘸水擦洗去脱毛剂。大鼠俯卧固定，将灭多威涂覆于脱毛区，涂抹需薄而均匀。用纱布覆盖固定。染毒 2 小时后，用清水洗净染毒区皮肤，清除药物。观察动物的中毒表现及涂药局部的皮肤刺激反应。

4. C 组吸入染毒　将大鼠笼放入染毒柜中，在柜内风扇旁挂上滤纸，将灭多威混悬液滴在滤纸上，浓度为 0.4g/L，接通电源使其挥发，一次性吸入染毒 2 小时。

5. 对照组不染毒。

6. 实验期间观察 3 组大鼠中毒表现、死亡时间及死亡只数，并记录。凡中毒死亡的大鼠应及时解剖，检查器官改变，对有变化的脏器做组织病理学检查。实验结束处死存活大鼠，进行大体解剖，必要时做组织病理学检查。

【结果观察】

按表 7-2 观察并记录实验结果。

1. 分析实验中观察到的氨基甲酸酯类农药中毒症状，判断死亡主要原因，阐明氨基甲酸酯类农药中毒的毒理机制。

2. 比较经口、皮肤、吸入染毒后中毒症状出现的时间、程度、死亡率等，总结不同途径中毒的特点。

3. 结合氨基甲酸酯中毒症状、死亡后的尸检、组织病理学检查的特征，与有机磷农药比较，归纳法医学鉴定要点。

表 7-2　不同途径氨基甲酸酯类农药中毒观察结果

分组	体重	自主运动	唾液分泌	呕吐	呼吸（次/分）	瞳孔（mm）	大小便	肌震颤	惊厥	体表颜色	尸检	组织病理学改变
对照组												
A 组												
B 组												
C 组												

【注意事项】

1. 为使药物吸收完全，经口染毒时要求动物处于空腹状态，避免食物影响药物的灌入和吸收，大鼠灌胃最大量为 4～5ml。

2. 涂覆药物应尽量薄而均匀，涂药部位需覆盖，防止药物脱落和动物舔舐药物。

3. 染毒柜需密封性良好，防止泄漏后污染周围环境及实验人员。染毒结束后，需在保持通风良好的情况下开启染毒柜取出动物。

【思考题】

1. 试述氨基甲酸酯类农药中毒的毒理作用。

2. 比较经口、皮肤、吸入氨基甲酸酯类农药中毒症状的改变，总结不同途径中毒的特点。

3. 比较氨基甲酸酯类农药中毒和有机磷酸酯类中毒的毒理作用、中毒症状、尸检、组织病理学检查的差异，归纳法医学鉴定要点。

三、急性百草枯中毒动物实验

【实验目的】

1. 观察百草枯急性中毒的症状，掌握中毒的毒理作用机制，了解尿液中百草枯的简易定性测量方法。

2. 观察百草枯中毒死亡后的尸检征象，掌握法医学鉴定要点。

【毒理作用】

百草枯（paraquat）为一种电子受体，通过细胞电子传递系统产生过氧化氢和过氧游离基等氧自由基，诱导脂质过氧化损伤细胞膜，使膜流动性降低，通透性增大，导致多器官损害。百草枯能被肺泡细胞主动摄取并抑制肺表面活性物质的产生，对肺脏损害最为严重，称为百草枯肺（paraquat lung）。中毒后以呼吸道症状为主，出现咳嗽、咳痰、呼吸困难，肺水肿，严重者死于呼吸窘迫综合征。尸检可见肺泡上皮细胞弥漫性变性、坏死、脱落，中性粒细胞浸润，肺泡透明膜形成等。可取血液和肺脏作为检材进行毒物分析。

【实验材料】

1. 实验动物　成年实验用家兔，体重 1.5～2.5kg 左右，雄性，实验动物用量根据学生人数和分组情况确定，至少每组 2 只兔子。

2. 实验器材　婴儿台秤、开口器、导尿管、病理切片机。

3. 实验试剂　20% 百草枯水溶液、1% 连二亚硫酸钠、10% 中性甲醛溶液。

【实验步骤】

1. 将实验动物分为实验组和对照组，分别称重后观察给药前一般状态。

2. 口服百草枯急性中毒模型的制备　实验组兔垂直固定后，把开口器插入兔上下颌之间，将导尿管经开口器中央孔穿过，沿食道慢慢插入 15～18cm。导尿管外口端放入清水杯中，观察有无气泡逸出。注射器抽取 20% 百草枯由导尿管外口端注入，剂量为 200mg/kg，捏闭导尿管并抽出。对照组兔灌服同样体积的生理盐水。

3. 观察实验组兔呼吸、心率、肌肉活动，用听诊器听肺部有无湿啰音出现，记录肺水肿出现的时间，观察有无粉红色泡沫样痰咳出。

4. 收集尿液　2% 戊巴比妥钠 40mg/kg 麻醉，将家兔仰卧位固定于兔台。将涂有石蜡油的导尿管从家兔尿道插入向下缓慢推进，一般插入 8～10cm 即可进入膀胱，收集约 1ml 尿液。

5. 尿液中百草枯的快速定性　取尿液 1ml 加入试管中，滴入 5% 氢氧化钠溶液 1 滴，加入少许连二亚硫酸钠粉末，缓慢倒转 3 次（勿剧烈摇晃，以免氧化褪色），5 分钟后观察颜色变化。目测并与比色卡对照。无色或淡黄色判定为阴性，淡蓝色、蓝色、深蓝色、蓝黑色判定为阳性。

6. 对实验组和对照组动物尸体进行解剖，取肺脏、心脏、肝脏、肾脏、小肠、胃，肉眼观察组织的大体改变，计算脏器指数。切开肺脏，观察切面的改变。制作肺组织病理切片后显微镜下观察。

【结果观察】

按表 7-3 观察并记录实验结果。

1. 分析实验中观察到的百草枯中毒症状，判断死亡主要原因，阐明百草枯中毒的毒理机制。

2. 结合百草枯中毒症状、死亡后的尸检征象、尿液定性检查，归纳法医学鉴定要点。

表 7-3　百草枯急性中毒观察项目

编号	体重	一般状态	呼吸（次 / 分）	发绀	心率（次 / 分）	肺水肿	尿检	组织肉眼改变	组织病理改变
对照组									
实验组									

【注意事项】

1. 家兔灌胃时需固定稳妥，避免挣扎时将导尿管插入气管造成窒息。
2. 尽量选择雄性家兔，了解尿道的生理结构，手术操作应轻柔，以免损伤尿道。

【思考题】

1. 试述百草枯中毒的症状和毒理机制。
2. 什么是百草枯肺？试述百草枯中毒的主要病理改变。
3. 试述百草枯中毒的法医学鉴定要点。

实验十三　大体标本、组织病理学图片观察和案例分析

【实验目的】

1. 掌握农药中毒的毒理作用。
2. 掌握农药中毒的大体和显微镜下病理形态学改变。

一、大体标本

【案例 1】（图 7-1～图 7-5）

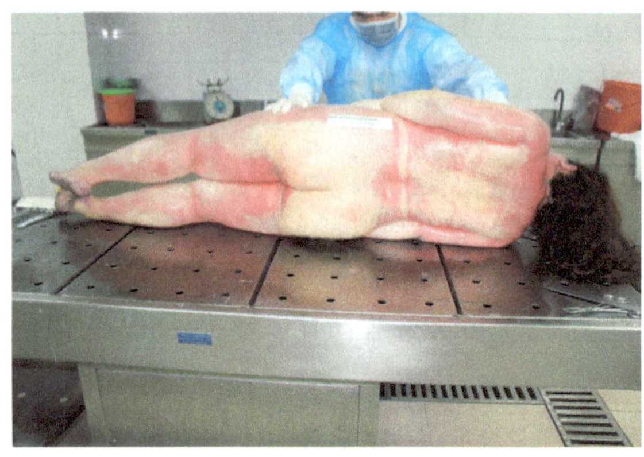

图 7-1　尸僵强，尸斑暗红色

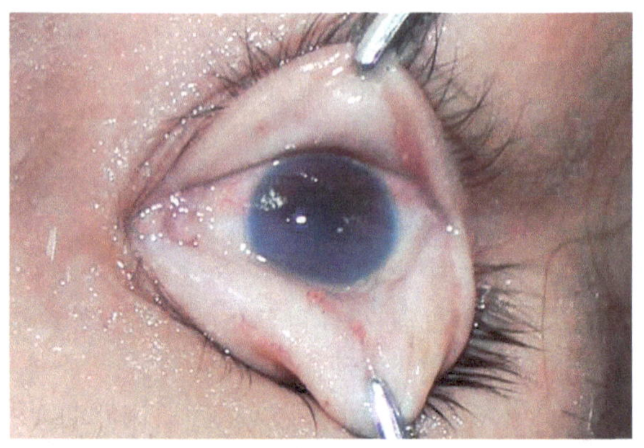

图 7-2　中毒者瞳孔缩小

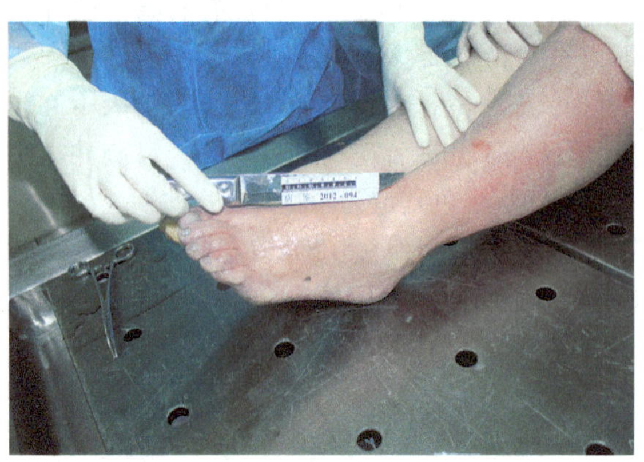

图 7-3　双脚呈痉挛状、脚甲床发绀

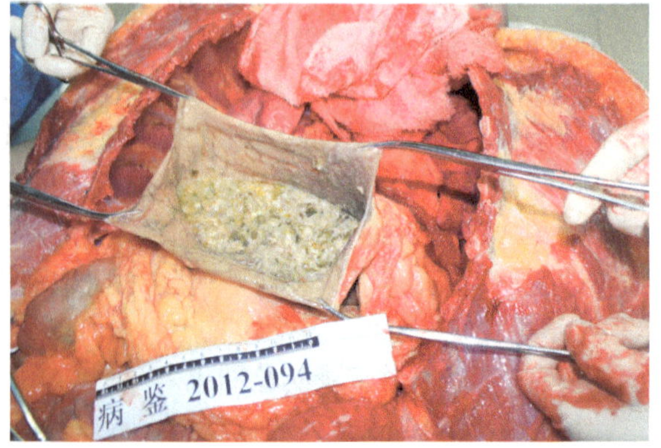

图 7-4　胃内有黄色油状液体悬浮

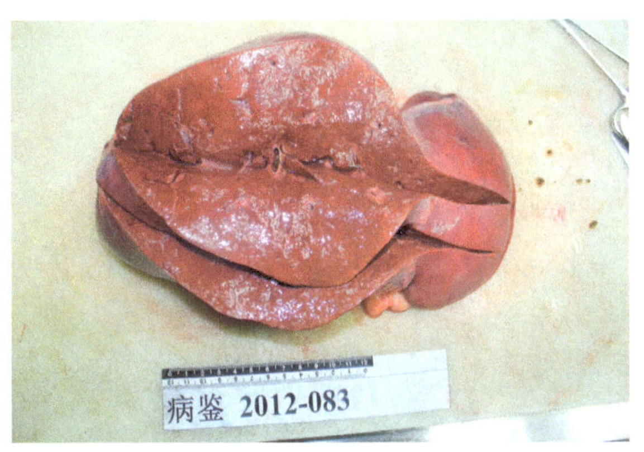

图 7-5　肝脏淤血、水肿

1. 案情摘要　110 指挥中心接报案称，在一出租屋内有人服药自杀，民警立即赶赴现场，经 120 医生检查已死亡。经查死者为女性，24 岁。现场发现瓶盖已经打开标有“敌敌畏”字样的农药瓶。

2. 观察要点　①尸僵强，尸斑暗红色；②双眼睑及球结膜淤血，角膜轻度混浊，双侧瞳孔缩小，直径 3mm；③双脚呈痉挛状，左脚甲床发绀，右脚甲床苍白；④胃内有黄绿色固形食物，表面有黄色油状液体悬浮；⑤肝脏表面暗红色，切面淤血、水肿。

3. 诊断　有机磷农药中毒

（本案例由南方医科大学提供）

【案例 2】（图 7-6）

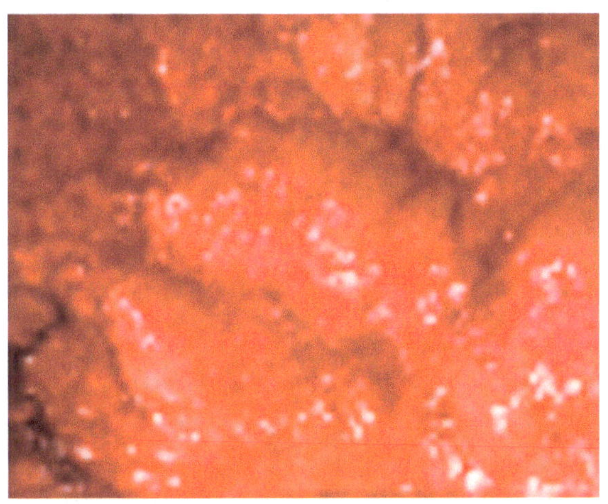

图 7-6　胃黏膜表层坏死，充血、水肿

1. 案情摘要　死者蔡某，男，43 岁。某日，嫌疑人许某进入蔡某家厨房，将甲拌磷倒入约 100ml 醪糟中摇匀，后借故离开。当晚蔡某吃晚饭时，开始喝这些醪糟，虽然感到味道有些苦，但其认为是存放时间较长的缘故，还是全部喝完。几分钟后，出现视物不清、呼吸困难、大汗，随后昏迷。送往医院时发现已死亡。

2. 观察要点　胃黏膜表层坏死、点状出血，黏膜下充血、水肿。

3. 诊断　有机磷农药中毒。

【案例 3】（图 7-7～图 7-9）

1. 案情摘要　死者王某，男，30 岁。因感情纠纷被人下毒，服用含灭多威的食物 30 分钟后死亡。

2. 观察要点　①胃黏膜下广泛出血；②脑组织水肿；③肾脏间质小血管扩张、淤血。

3. 诊断　氨基甲酸酯类农药中毒。

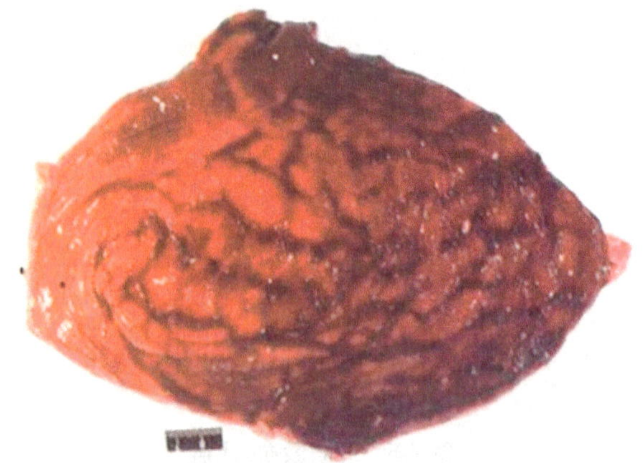

图 7-7 胃黏膜下广泛出血

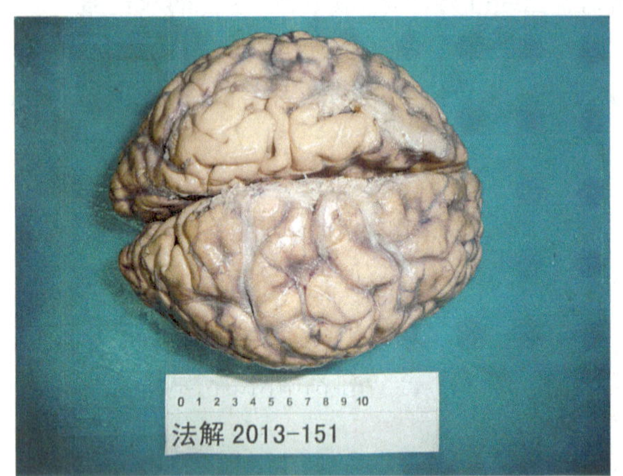

图 7-8 脑组织水肿

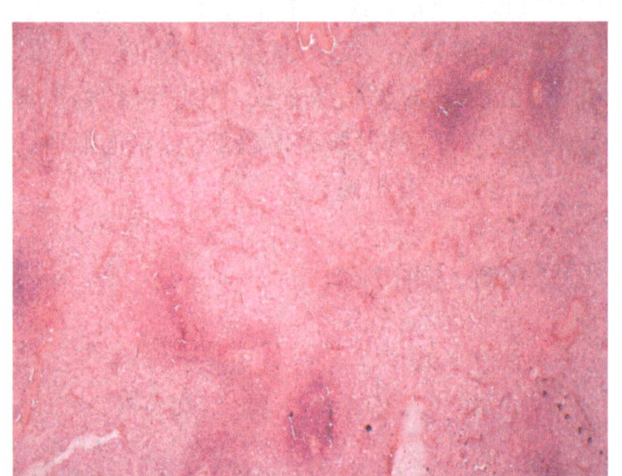

图 7-9 肾脏间质内小血管扩张、淤血

【案例 4】(图 7-10)

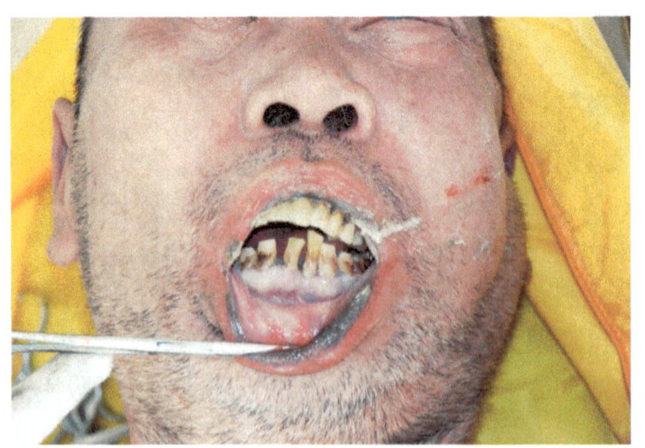

图 7-10 口腔内泡沫样液体

1. 案情摘要 老年男性，因债务纠纷服百草枯自杀身亡。
2. 观察要点 口腔内泡沫样液体。
3. 诊断 百草枯中毒。

(本案例由河南科技大学法医学院提供)

【案例5】(图7-11)

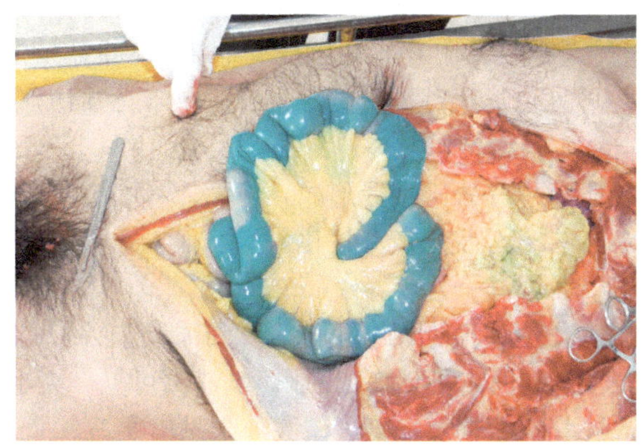

图7-11 小肠呈蓝绿色

1. 案情摘要 郭某,女,30岁。在路边昏倒后被送至医院,抢救无效死亡。据调查郭某因感情纠葛,于当天在农药店购买百草枯(20%水剂,180g)1瓶。

2. 观察要点 肠管呈蓝绿色。

3. 诊断 百草枯中毒。

二、组织学图片(图7-12、图7-13)

1. 案情摘要 王某,女,25岁,因与家人争吵后自服百草枯15ml,20分钟后被家人发现送医院救治,但抢救无效死亡。

2. 观察要点 肺组织水肿,灶性出血、纤维素及白细胞渗出。

3. 诊断 百草枯中毒。

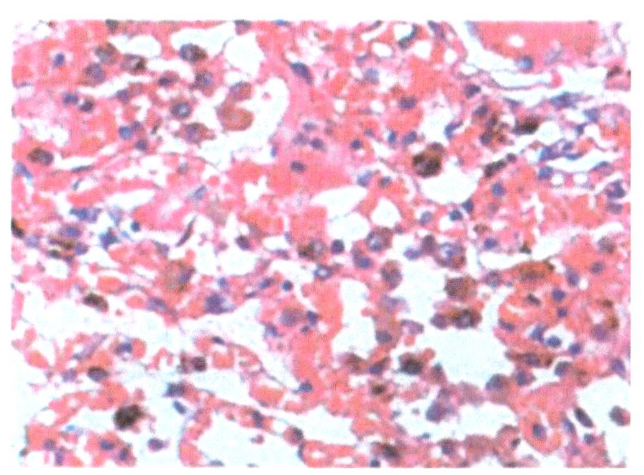

图7-12 百草枯中毒的肺(1)

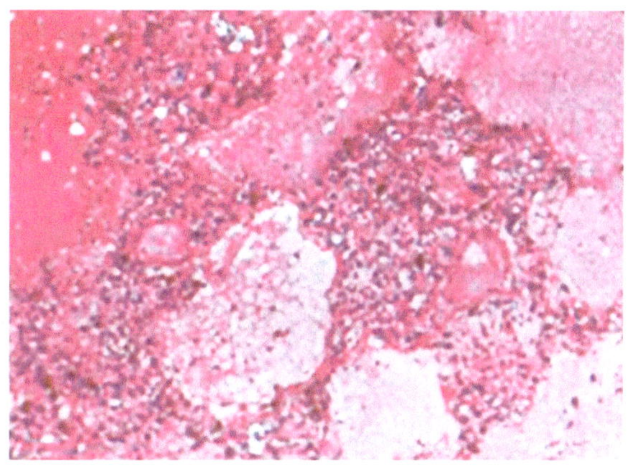

图7-13 百草枯中毒的肺(2)

三、案例分析

【案例1】

1. 案情摘要 死者男,58岁。某日被发现在其租住的房屋内不明原因死亡。

2. 法医学检查

(1)尸表检查

一般情况:老年男性尸体,尸长176cm,发育正常,营养一般。皮肤呈淡黄色,尸斑呈褐色,分布于颈项、躯干及四肢背侧未受压处,指压不褪色。肩肘关节尸僵缓解,双手指间关节尸僵存在。颈部、肩部、双下肢腐败静脉网形成。腹部尸绿形成。

头颈部：顶部头发稀疏，略呈秃顶样；花白头发，发长5cm。双侧眼球塌陷，角膜及部分巩膜表面可见片状霉斑附着，角膜高度浑浊，双侧瞳孔不可透视。双侧睑结膜苍白，双睑游离缘干燥，局部皮革样化。鼻翼至左口角处可见黄绿色黏附物。口唇皮革样化，口腔黏膜无损伤，舌尖部表面可见霉斑形成。双侧耳廓、外耳道均可见点片状霉斑附着。颈部皮肤未见损伤，气管居中，颈部淋巴结未触及肿大。

躯干及四肢：胸部未触及骨擦感。腹部尸绿形成。阴囊、会阴未见损伤；肛周可见大便附着。十指甲床发绀，双手及双足指（趾）端部分皮肤皮革样化。

（2）解剖检查

颅腔解剖：头皮无损伤，帽状腱膜下无出血，颅骨无骨折，硬膜外、硬膜下无出血。脑组织腐败，表面呈灰红色，脑重1350g，表面、切面未见损伤、出血。颅前窝可见一大小为4cm×3.5cm的塌陷区，塌陷区可见数条不规则骨折线，骨折断端及塌陷区硬膜外未见出血。

颈部解剖：颈部皮下、肌肉无出血。甲状软骨、舌骨无骨折。喉头、气管未见损伤。

胸腔解剖：切开胸腹壁，胸腔可见少量淡红色血性液体。左肺大小30.0cm×17.0cm×3.0cm，重860g；表面与纵隔、胸壁有陈旧性纤维性粘连，切面淤血。右肺大小30.0cm×17.0cm×9.0cm，重960g，切面淤血。心包腔有少量淡红色冰碴，心脏重420g；左、右冠状动脉开口正常。心脏各瓣膜周径：三尖瓣14.0cm，肺动脉瓣9.5cm，二尖瓣11.0cm，主动脉瓣8.0cm。左心室壁厚1.3cm，右心室壁厚0.2cm。

腹、盆腔解剖：腹壁皮下脂肪厚0.8cm。大网膜、肠系膜位置、形态正常。腹腔内见少量淡红色血性液体。膈肌高度：左侧平第5肋间，右侧平第5肋。肝脏大小28.0cm×17.0cm×5.0cm，重1530g，表面与膈面有陈旧性纤维性粘连，切面未见损伤。胆囊未见异常。脾脏大小12.0cm×9.0cm×2.5cm，重150g，被膜皱缩，切面淤血。左、右肾重均为180g，双肾表面、切面未见损伤。胰腺表面呈粉红色、切面灰红色。膀胱内空虚。阑尾呈盆位，形态正常。

（3）组织病理学检查

心脏：心肌纤维自溶，心外膜下灶性淋巴细胞浸润。肺：肺淤血、水肿，局灶性出血。肝、脾、肾、胰细胞自溶；脾小动脉管壁增厚；部分肾小球纤维化，肾髓质灶性淋巴细胞浸润。肾上腺自溶，皮质细胞类脂缺失。肠黏膜上皮细胞自溶，黏膜下小血管扩张、淤血。脑：脑膜血管扩张、淤血，脑组织水肿。

（4）毒物分析：提取死者心血100ml，胃及胃内容物238g，进行常规毒物分析，在胃内容物中检出敌敌畏，在心血中也检出敌敌畏。

3. 分析讨论题

（1）有机磷中毒主要的尸检征象是什么？

（2）农药中毒者，如何判断是生前还是死后灌服农药？

（本案例由河南科技大学法医学院提供）

【案例2】

1. 案情摘要

死者张某，男，40岁。口服百草枯后经治疗无效于4日后死亡。

病历摘录：因“服用百草枯后3天，气紧3天”入院。于3天前服用百草枯，具体量不详（估计10～50ml），服用后30分钟于当地医院洗胃治疗，现因气紧、呼吸困难症状加重，急诊入院。入院体格检查：P 76次/分，R 21次/分，BP 102/62mmHg，SPO_2 88%。神志清醒，对答准确切题，双瞳等大等圆，光反射灵敏，呼吸平稳，口唇红润，咽部不充血，扁桃不肿大，心律齐，心脏各瓣膜区无杂音，心音正常，双侧肺呼吸音对称，双肺呼吸音清，未闻及干湿啰音，全腹柔软，无压痛及反跳痛。肝、脾肋下未触及，肠鸣音活跃，双下肢不肿。CT检查显示双肺多发间质性炎性改变，左肺上叶前段结节。入院后因发生呼吸困难进行性加重，明显发绀，经抢救无效死亡。

2. 法医学检查

（1）尸表检验：死者尸长175cm，发育正常，尸僵位于全身各大、小关节，尸斑呈暗红色，位于尸体背侧未受压处。

头（面）部：颜面部未见损伤，眼睑充血，角膜混浊，结膜充血，双侧瞳孔直径均为 0.5cm，外耳道未见出血，口、鼻腔内未见出血，口唇发绀，颊黏膜无损伤。右额顶部见一长 17cm 弧形陈旧性瘢痕，其中面部段瘢痕长约 4.5cm。

颈（项）部、躯干及四肢：颈部、躯干皮肤完整，未见损伤出血。腰背部及会阴部未见异常。右下腹部皮肤见一大小 3.5cm × 0.3cm 陈旧性瘢痕。左肘部见 17cm 长纵行陈旧性瘢痕。左髂前上棘见 7cm 长斜行陈旧性瘢痕，左臀部见 9cm 长斜行陈旧性瘢痕，左大腿外侧见 23cm 纵行陈旧性瘢痕，其上段外侧见 1.5cm 陈旧性瘢痕，左胫前见 23cm 长纵行陈旧性瘢痕，右大腿外侧见长 23cm 纵行陈旧性瘢痕。双手指甲床发绀，双足趾甲苍白。

（2）解剖检查

头部：头皮未见出血，右额部见陈旧性骨折，硬膜外、硬膜下及蛛网膜下腔均未见出血。脑重 1500g，脑表面及切面未见出血。颈部：颈部肌肉及皮下未见出血，会咽部滤泡增生，扁桃体Ⅰ～Ⅱ度肿大。胸腹部：双侧胸腔均见约 70ml 左右淡红色液体，左胸壁胸膜有局灶性粘连。纵隔内未见出血及气肿。气管及支气管内见液体。左肺重 950g，右肺重 1100g，左上肺见 1.5cm × 0.8cm × 1.5cm 灰白色灶，左上肺邻近肺门处局部区域内见散在点状灰白色改变，直径从 0.1cm 至 0.6cm 不等。双肺表面呈红褐色，切面有暗红色液体。心包腔内见约 10ml 淡黄色液体，心包膜未见粘连。心脏重 500g，三尖瓣周径 10cm，肺动脉瓣周径 8cm，主动脉瓣周径 5.5cm，二尖瓣周径 7.5cm，左室壁厚 1.2cm，右室壁厚 0.4cm，左、右冠状动脉开口正常，各分支未见狭窄。腹壁脂肪厚 2.4cm，腹腔内见约 10ml 淡黄色液体，回盲部局部粘连，阑尾已切除。胃内见约 100ml 食糜，呈褐色，胃黏膜无明显出血改变。肝脏重 1400g，肝脏表面呈红褐色，切面淤血。脾脏重 120g，切面呈红褐色。胰腺重 200g，未见出血改变。左侧肾脏重 200g，右侧肾脏重 120g，双肾切面皮、髓质分界清晰。膀胱呈充盈状。

（3）组织病理学检验

脑：蛛网膜下腔血管扩张充血，脑实质内小血管扩张、充血，脑内小血管周间隙及神经细胞周间隙增宽。肺：双肺弥漫性肺泡水肿，多灶性肺透明膜形成，广泛性肺出血，部分肺泡腔内见纤维素渗出，有的肺泡腔内见巨噬细胞、淋巴细胞，部分区域间肺萎陷，灶性肺气肿，肺泡间隔广泛性增宽伴纤维组织增生；肺间质呈纤维化改变，其内小血管扩张、淤血，有的间质内见散在灶性粉尘沉积，左下肺肺泡腔内见中性粒细胞为主的炎细胞渗出，右上肺有的细小支气管壁及周围肺泡内见嗜中性粒细胞等炎细胞渗出。左上肺灰白色灶，镜下为片灶状纤维化包绕的均质坏死区，边缘见散在灶性淋巴细胞浸润，周围见多发性结核结节。左上肺邻近肺门处局部区域散在点状灰白色改变，镜下为多灶性结核结节，结核结节由朗格汉斯细胞、类上皮细胞、淋巴细胞、纤维细胞构成。心：心外膜及心肌间质血管扩张、淤血，心肌纤维呈波浪状改变。胃：胃黏膜及黏膜下层血管扩张、淤血。肝：肝小叶中央带细胞固缩、坏死，坏死区有散在灶性中性粒细胞浸润，肝窦扩张、淤血，汇管区炎细胞略增多。脾：脾窦扩张、淤血。肾：肾间质内小血管扩张、淤血，肾小球囊腔内见散在细粒状红染物，有的肾小球固缩，肾近曲小管上皮细胞水变性，肾曲小管腔内见透明管型。肾上腺：肾上腺皮质类脂质脱失，肾髓质淤血。甲状腺：甲状腺小血管淤血，间质内灶性淋巴细胞浸润。胰腺：胰腺组织轻度自溶，间质小血管轻度扩张、淤血。胆囊：胆囊黏膜层自溶，黏膜下层散在淋巴细胞浸润。

（4）毒物分析：心血、尿液、部分肺组织三份送检，检材均检出百草枯。

3．分析讨论题

（1）百草枯肺的主要临床表现和组织病理学改变有哪些？

（2）百草枯中毒主要的死亡原因是什么？

（本案例由四川大学基础医学与法医学院提供）

（周　静）

第八章　杀鼠剂中毒

实验十四　杀鼠剂中毒动物实验

一、急性毒鼠强中毒

【实验目的】

1. 掌握急性毒鼠强中毒的中毒症状及主要脏器改变。

2. 熟悉如何提取适当检材供毒物分析使用。

3. 掌握如何对急性毒鼠强中毒案件进行法医学鉴定。

【毒理作用】

毒鼠强(tetramine)的纯品为白色粉末，无刺激性气味。毒鼠强是一种剧毒杀鼠剂，进入机体后往往导致人体立即死亡。由于其性质稳定，不易降解而易造成环境污染和二次中毒，是国家禁止制造、运输、买卖、使用和持有的剧毒杀鼠剂。由于毒鼠强的中毒死亡率极高，故也被用于服毒自杀或投毒他杀。毒鼠强的中毒机制，主要是对中枢神经系统有强烈的兴奋作用，导致机体强直性痉挛。

毒鼠强经胃肠吸收快。可分布于各组织器官中，肝中浓度最高，占中毒剂量的1%，脑组织中占0.23%。毒鼠强对中枢神经系统有强烈的兴奋作用，但对周围神经、神经肌肉接头及骨骼肌无作用。毒鼠强是中枢神经系统抑制性神经递质γ-氨基丁酸(GABA)的拮抗剂，它能阻断GABA对神经元的抑制作用，使神经元过度兴奋，导致强直性痉挛和惊厥；同时抑制体内某些酶的活性，如单胺氧化酶和儿茶酚胺氧位甲基移位酶，使其失去灭活肾上腺素和去肾上腺素的作用，导致中枢神经系统功能紊乱，兴奋性增强。另外，毒鼠强本身还有类似酪氨酸衍生物的生物胺类作用，能导致肾上腺素作用剧增。

【实验材料】

1. 实验动物　SD大鼠，体重220～250g，雌雄不限。实验动物数量根据学生人数和分组情况领取。

2. 实验器材　按每个学生分组准备以下用具：常规解剖器械4套、2ml注射器4支、灌胃针头4个、实验方盘4个、记号笔4支、防护手套数双。

3. 实验试剂　制成毒鼠强灌胃溶液。课时由实验室教师配制，并迅速使用。上述溶液配制方法：按照每只大鼠体重及毒鼠强大鼠半数致死量(LD_{50}=0.25mg/kg)，计算出每只大鼠的毒鼠强粉末用量。然后，将其溶解在2ml生理盐水中充分搅拌调匀(考虑到大鼠的胃容积，每只大鼠的灌胃液体积不应超过2ml)，制成毒鼠强灌胃液。

【实验步骤】

1. 学生分组　将学生分为4个实验组，进行实验操作和实验观察。

2. 动物分组　将实验动物随机分为实验组和对照组，每组4只。

3. 动物观察　实验前首先观察每组大鼠的正常生理活动情况，包括消化系统反应(如恶心、呕吐及呕吐物等情况)、意识情况、皮毛状态、瞳孔大小、呼吸频率、口唇色泽、肌肉张力、肢体灵活性等，并分别进行记录。

4. 动物灌胃　按照大鼠体重分别用注射器抽取前述相应体积的毒鼠强灌胃液进行灌胃，对照组灌入与实验组同体积的生理盐水。为能观察实验动物的中毒症状，将灌胃液进行 2～3 次灌胃。灌胃方法是，抓住大鼠颈背部皮肤并将之固定，使其身体尤其是颈部保持伸直体位。先将套有灌胃针头的注射器沿咽后壁正中缓缓插入食管，同时观察沿途有无气泡溢出；若无气泡产生则继续将灌胃针插至胃部，迅速将注射器内的毒鼠强溶液及生理盐水分别注入实验组动物及对照组动物胃内，并开始记录时间。

5. 实验观察　观察并记录实验组动物的中毒症状，注意记录开始出现中毒症状的时间及动物死亡的时间。同时观察对照组动物是否出现中毒症状，是否发生死亡。

6. 动物解剖　观察实验组及对照组的大鼠尸表改变后，对两组动物分别进行解剖检验，观察脏器的主要改变，并提取胃及胃内容物，以及肝脏、心血等毒物检材供毒物分析检验。

7. 撰写报告　实验完成后，由学生进行实验报告的撰写。实验报告的撰写应着重描述动物的中毒症状、死亡经过和主要解剖所见，并分析中毒机制和死亡原因。

【结果观察】

人体口服毒鼠强中毒者，在毒物口服即刻就可出现急性中毒症状，死亡多发生在中毒后半小时到 3 小时内。典型的中毒症状是突发性强直和阵发性抽搐，类似“癫痫大发作”，每次抽搐时间从两分钟到十余分钟不等。中毒较重者抽搐间隔时间较短，发作也越来越频繁；中毒稍轻者抽搐间隔时间相对较长，发作次数也相对较少；可出现唇舌咬伤情况。毒鼠强中毒可出现意识模糊、谵妄、昏迷等意识障碍症状，同时出现恶心呕吐、呼吸困难、口吐白沫、瞳孔散大等全身表现，最终可因急性呼吸衰竭死亡。尸体检查所见，毒鼠强死亡者主要表现为急性死亡的病理变化和明显的窒息征象，表现为尸斑显著、尸僵强硬，皮肤、黏膜点状出血；双眼睑、球结膜点状出血，内脏被膜点状出血；脑水肿及神经细胞变性改变明显，蛛网膜下腔漏出性出血；肺淤血、肺水肿明显，内脏淤血、水肿改变，以及多脏器实质细胞变质性改变。部分可见唇舌咬伤、骨骼肌及心肌的变性改变。

复习人体口服毒鼠强中毒的死前症状、临床表现和组织器官病理学改变，同时观察实验动物毒鼠强中毒的症状和表现，将观察结果填入表 8-1 中。

表 8-1　毒鼠强急性中毒动物实验

器官系统	观察指标	实验组	对照组
1. 呼吸系统	呼吸速率		
	鼻翼扇动		
2. 循环系统	心率快慢		
	黏膜色泽		
3. 皮肤黏膜	皮肤竖毛		
	体表温度		
4. 运动系统	肌肉张力		
	肢体痉挛		
5. 神经系统	动作行为		
	疼痛反应		
	意识情况		
6. 胃肠改变	大便性状		
	二便失禁		

续表

器官系统	观察指标	实验组	对照组
7. 眼部改变	角膜反射		
	瞳孔大小		
8. 尸体改变	一般改变		
	特殊改变		

【注意事项】

1. 本类毒物毒性极大，易于造成实验人员的意外中毒情况。因此，本实验操作时应格外当心！本实验也可设计为教师示教实验，由教师操作，学生观摩。

2. 对于毒鼠强中毒死者检材的提取，除剩余饭菜和呕吐物外，口服中毒者因胃及胃内容中毒物含量最高，故必须提取胃及胃内容物检材，其他如血液、尿、肝、肾、心、肺等也是较好的检材。

3. 法医学鉴定要点中应当注意　①临床特征：以突发性的强直性痉挛和反复出现的阵发性癫痫样抽搐为特征。②鉴别诊断：排外癫痫发作的可能性（尤在唇舌咬伤时）；需与其他痉挛性毒物（氟乙酰胺、士的宁、异烟肼等）中毒相鉴别；出血者需与外伤性出血、出血性疾病及高血压或动脉硬化破裂出血相鉴别。

【思考题】

1. 急性毒鼠强中毒的中毒症状有哪些？主要尸体改变有哪些？内脏器官改变如何？

2. 如何提取适当检材供毒物分析使用？

3. 如何对急性毒鼠强中毒的案件进行法医学鉴定？

二、急性氟乙酰胺中毒

【实验目的】

1. 掌握氟乙酰胺中毒的中毒症状及主要脏器改变。

2. 掌握如何对氟乙酰胺中毒的案件进行法医学鉴定。

3. 熟悉如何提取适当检材供毒物分析使用。

【毒理作用】

氟乙酰胺（fluoroacetamide）是一种高效杀螨剂，也常用于杀鼠。氟乙酰胺纯品为白色针状结晶，无臭、无味；易溶于水中呈无色、无味的透明水溶液，化学性质稳定。由于毒性剧烈，二次中毒严重，同样被国家禁止生产和使用。由于氟乙酰胺的外形与食糖或食盐相似，极易发生误食中毒，也易被用于投毒他杀或服毒自杀。

氟乙酰胺的中毒机制，主要是阻断三羧酸循环导致能量代谢障碍，同时还能直接刺激神经系统导致神经应激性增加而引发痉挛，并对心肌细胞产生明显的损害。从生物化学的角度来看，氟乙酰胺中毒机制主要为“致死合成”。氟乙酰胺在胃酸作用下分解为氟乙酸，氟乙酸吸收入血后进入组织细胞，在细胞内与线粒体的辅酶A结合，生成氟乙酰胺辅酶A，再与草酰乙酸缩合生成氟柠檬酸。氟柠檬酸能与乌头酸酶牢固结合而使酶失活，阻断三羧酸循环中柠檬酸的氧化，使柠檬酸在组织中大量积聚，从而引起机体代谢障碍。由于氟柠檬酸与乌头酸酶的结合是不可逆的，故称这一过程是“致死合成”。“致死合成”致使组织内氟柠檬酸蓄积，ATP生成受阻，能量供应不足及机体代谢障碍，这种作用可发生在机体所有的细胞，但对脑和心脏影响最为严重，短时间内使呼吸抑制、循环衰竭而死亡。因此，中枢神经和心脏为氟乙酰胺主要作用靶器官，强直性、痉挛性抽搐和心律失常是氟乙酰胺中毒死亡的主要原因。

氟乙酰胺除阻断三羧酸循环导致能量代谢障碍之外，氟乙酰胺及其含氟代谢产物氟乙酸、氟柠檬酸能直接刺激神经系统，并对心肌细胞产生明显损害；氟离子具有亲钙性，致使血钙下降，神经系统应激性增加而易于发生痉挛，柠檬酸对肌肉的直接刺激也为发生肌痉挛的原因之一；氟与血红蛋白结合生成氟血红蛋白，引起缺氧、发绀、呼吸困难，引起消化系统、心血管系统、呼吸系统、神经系统等一系列中毒症状。

【实验材料】

1. 实验动物　SD 大鼠，体重 220～250g，雌雄不限，实验动物数量根据学生人数和分组情况领取。

2. 实验器材　按每个学生分组准备以下用具：常规解剖器械 4 套、2ml 注射器 4 支、灌胃针头 4 个、实验方盘 4 个、记号笔 4 支、防护手套数双。

3. 实验试剂　制成氟乙酰胺灌胃溶液。课时由实验室教师配制，并迅速使用。上述溶液配制方法：按照每只大鼠体重及氟乙酰胺大鼠半数致死量（$LD_{50}=5～10mg/kg$），计算出每只大鼠的氟乙酰胺粉末用量。然后，将其溶解在 2ml 生理盐水中充分搅拌调匀（考虑到大鼠的胃容积，每只大鼠的灌胃液体积不应超过 2ml），制成氟乙酰胺灌胃液。

【实验步骤】

1. 学生分组　将学生分为 4 个实验组，进行实验操作和实验观察。

2. 动物分组　将实验动物随机分为实验组和对照组，每组 4 只。

3. 动物观察　实验前首先观察每组大鼠的正常生理活动情况，包括消化系统反应（如恶心、呕吐及呕吐物等情况）、意识情况、皮毛状态、瞳孔大小、呼吸频率、口唇色泽、肌肉张力、肢体灵活性等，并分别进行记录。

4. 动物灌胃　按照大鼠体重分别用注射器抽取前述相应体积的氟乙酰胺灌胃液进行灌胃，对照组灌入与实验组同体积的生理盐水。为能观察实验动物的中毒症状，将灌胃液进行 2～3 次灌胃。灌胃方法是，抓住大鼠颈背部皮肤并将之固定，使其身体尤其是颈部保持伸直体位。先将套有灌胃针头的注射器沿咽后壁正中缓缓插入食管，同时观察沿途有无气泡逸出；若无气泡产生则继续将灌胃针插至胃部，迅速将注射器内的氟乙酰胺溶液及生理盐水各 2.0ml 分别注入实验组动物及对照组动物胃内，并开始记录时间。

5. 实验观察　观察并记录实验组动物的中毒症状，注意记录开始出现中毒症状的时间及动物死亡的时间。同时观察对照组动物是否出现中毒症状，是否发生死亡。

6. 动物解剖　观察实验组及对照组的大鼠尸表改变后，对两组动物分别进行解剖检验，观察脏器的主要改变，并提取胃及胃内容物，以及肝脏、心血等毒物检材供毒物分析检验。

7. 撰写报告　实验完成后，由学生进行实验报告的撰写。实验报告的撰写应着重描述动物的中毒症状、死亡经过和主要解剖所见，并分析中毒机制和死亡原因。

【结果观察】

人体口服氟乙酰胺致急性中毒和死亡，多发生在 2～4 小时之内。氟乙酰胺中毒时，痉挛性抽搐和心律失常是致死的主要原因。由于抽搐反复发作并进行性加重，终因急性呼吸衰竭或窒息导致死亡。氟乙酰胺中毒在神经系统、循环系统、呼吸系统和消化系统均有症状表现，轻度中毒表现为恶心、呕吐、头痛、头晕、口渴、视力模糊、复视、上腹部有烧灼感。重症患者疼痛加剧，烦躁不安，视力丧失，阵发性抽搐、颈强直，有的可出现四肢软瘫。此后可出现呼吸抑制、皮肤发绀、血压下降、昏迷、大小便失禁。尸体检查主要发现尸斑、尸僵显著，窒息征象明显（脑水肿及神经细胞变性改变、皮肤黏膜点状出血、肺淤血、内脏淤血水肿）。也可见唇舌咬伤或咬痕，以及骨骼肌及心肌的变性改变。多脏器实质细胞变性改变，部分出现胃肠道等多部位出血性改变。

复习人体口服氟乙酰胺中毒的死前症状、临床表现和组织器官病理学改变，同时观察实验动物氟乙酰胺中毒的症状和表现，将观察结果填入表 8-2 中。

表 8-2　氟乙酰胺急性中毒动物实验

器官系统	观察指标	实验组	对照组
1. 呼吸系统	呼吸速率		
	鼻翼扇动		
2. 循环系统	心率快慢		
	黏膜色泽		
3. 皮肤黏膜	皮肤竖毛		
	体表温度		
4. 运动系统	肌肉张力		
	肢体痉挛		
5. 神经系统	动作行为		
	疼痛反应		
	意识情况		
6. 胃肠改变	大便性状		
	二便失禁		
7. 眼部改变	角膜反射		
	瞳孔大小		
8. 尸体改变	一般改变		
	特殊改变		

【注意事项】

1. 本类毒物毒性极大，易于造成实验人员的意外中毒情况。因此，本实验操作时应格外当心！本实验也可设计为教师示教实验，由教师操作，学生观摩。

2. 检材提取应以呕吐物、胃内容物、吃剩的食物或饮料为最好，其次是血液、肝、肾和尿。由于氟乙酰胺易分解，故除检验内脏和血液中的氟乙酰胺外，还应检验其代谢产物。

3. 法医学鉴定要点中应当注意　①临床特征：神经型氟乙酰胺中毒以痉挛性抽搐为特征。②鉴别诊断：排外癫痫发作的可能性（尤其在唇舌咬伤时）；需与其他痉挛性毒物（毒鼠强、士的宁、异烟肼等）中毒相鉴别；心脏型氟乙酰胺中毒需与心脏疾病相鉴别。

【思考题】

1. 急性氟乙酰胺中毒的中毒症状有哪些？主要尸体改变有哪些？内脏器官改变如何？

2. 如何提取适当检材供毒物分析使用？

3. 如何对急性氟乙酰胺中毒的案件进行法医学鉴定？

三、急性磷化锌中毒

【实验目的】

1. 掌握磷化锌中毒的中毒症状及主要脏器改变。

2. 掌握如何对磷化锌中毒的案件进行法医学鉴定。

3. 熟悉如何提取适当检材供毒物分析使用。

【毒理作用】

磷化锌（zine phosphide）是一种曾被广泛使用的杀鼠剂。它由锌粉与红磷（3∶1）混合后在灼热惰性气体中制成，杀鼠效果好。市售磷化锌呈黑色粉末状，有电石臭味。在干燥和避光的情况下性质稳定，遇水、遇酸或见光情况下能分解产生有蒜臭味的剧毒气体磷化氢。本品毒性强，可产生二次中毒。磷化锌常以食物拌和成毒饵用于杀鼠，儿童误服中毒多见，也可见于自杀，投毒他杀相对少见。磷化锌的中毒，主要由磷化锌经口进入胃内与胃酸作用产生的磷化氢气体所导致。

磷化锌中毒主要是磷化氢的毒性作用。磷化氢被吸收后，迅速经血液分布至全身，主要作用于中枢神经系统、心血管系统、肝和肾等实质性器官。其中又以中枢神经系统损害最严重，并引起相应的中毒症状。由于磷化氢进入细胞内可抑制细胞色素氧化酶，影响细胞代谢过程，造成细胞内窒息，从而使细胞代谢发生障碍，引起细胞变性坏死。急性中毒严重者常发生致死性休克和重度紫癜型出血。如中毒病程迁延，则可引起心、肝、肾等实质器官的损害。磷化锌对胃肠道黏膜有强烈的刺激与腐蚀作用，可导致胃肠道炎症、充血、溃疡、出血。吸入磷化氢气体中毒者，其呼吸系统及神经系统的症状出现较快，可有肺水肿、肺充血及明显的心肌损害，也可引起中枢神经系统病变，且在肝及心血管的基础上发生全身广泛性出血。

【实验材料】

1. 实验动物　SD 大鼠，体重 220～250g，雌雄不限。实验动物数量根据学生人数和分组情况领取。

2. 实验器材　按每个学生分组准备以下用具：常规解剖器械 4 套、实验方盘 4 个、记号笔 4 支、防护手套数双。

3. 实验试剂　磷化锌纯品粉剂，与黄豆面或花生粉混合配成毒诱饵，课前由实验室教师配制。

【实验步骤】

1. 学生分组　将学生分为 4 个实验组，进行实验操作和实验观察。

2. 动物分组　将实验动物随机分为实验组和对照组，每组 4 只。

3. 动物观察　实验前首先观察每组 SD 大鼠的正常生理活动情况，包括消化系统反应（如恶心、呕吐及呕吐物等情况）、意识情况、皮毛状态、瞳孔大小、呼吸频率、口唇色泽、肌肉张力、肢体灵活性等，并分别进行记录。

4. 动物喂食　将饥饿的大鼠进行引诱喂食，开始记录时间。

5. 实验观察　观察并记录实验组动物的中毒症状，注意记录开始出现中毒症状的时间及动物死亡的时间。同时观察对照组动物是否出现中毒症状，是否发生死亡。值得注意的是，与毒性极大的毒鼠强及氟乙酰胺相比，磷化锌的中毒及致死时间相对较长，它对鼠的平均致死时间为 3～10 小时，最短 1 小时，最长 2 天。

6. 动物解剖　在观察大鼠尸表情况后，对其进行解剖检验，观察脏器的主要病理形态学改变，并学习提取胃及胃内容物，以及肝脏、心血等毒物检材供毒物分析检验。

7. 撰写报告　实验完成后，由学生进行实验报告的撰写。实验报告的撰写应着重描述动物的中毒症状、死亡经过和主要解剖所见，并分析中毒机制和死亡原因。

【结果观察】

磷化锌主要作用于中枢神经系统、心血管系统和肝肾系统，其中对中枢神经系统的损害最为严重。磷化氢在细胞内因抑制细胞色素氧化酶而影响细胞代谢，造成细胞代谢障碍与细胞内窒息，引起细胞死亡。因此，磷化锌的主要毒性在于磷化氢的毒性作用。人在口服磷化锌中毒后 15 分钟至 2 小时内出现中毒症状，可出现剧烈呕吐、腹痛腹泻，呕吐物为黑色并可嗅及磷化氢特有的电石气臭味。急性中毒者以中枢神经系统症状多见，迁延性中毒者肝、肾、心损害较重。磷化锌中毒死者胃黏膜皱襞间可发现黑色磷化锌粉末或颗粒（比重大）、胃肠黏膜刺激性改变及电石气臭味，胃腔常有大量液体（生前烦渴饮水）。迁延性中毒者肝、肾等实质器官组织细胞变性、坏死、出血，尤以肝脏改变为甚（肝大或肝萎缩，巩膜黄染）。

复习人体口服磷化锌中毒的死亡前表现和内脏器官改变，同时观察实验组动物急性磷化锌中毒的症状表现和尸体改变，将观察结果填入表 8-3 中。

表 8-3 磷化锌急性中毒动物实验

器官系统	观察指标	实验组	对照组
1. 呼吸系统	呼吸速率		
	鼻翼扇动		
2. 循环系统	心率快慢		
	黏膜色泽		
3. 皮肤黏膜	皮肤竖毛		
	体表温度		
4. 运动系统	肌肉张力		
	肢体痉挛		
5. 神经系统	动作行为		
	疼痛反应		
	意识情况		
6. 胃肠改变	大便性状		
	二便失禁		
7. 眼部改变	角膜反射		
	瞳孔大小		
8. 尸体改变	一般改变		
	特殊改变		

【注意事项】

如果在本实验当时实验动物未发生迅速死亡，应适当延长实验观察时间。

【思考题】

1. 磷化锌中毒的毒理病理学变化有哪些？
2. 如何进行磷化锌中毒的毒物检验取材及法医学鉴定？

四、溴敌隆中毒

【实验目的】

1. 掌握急性溴敌隆中毒的中毒症状及主要脏器改变。
2. 熟悉如何提取适当检材供毒物分析使用。
3. 掌握如何对急性溴敌隆中毒的案件进行法医学鉴定。

【毒理作用】

溴敌隆中毒机制主要为竞争性抑制维生素 K_1，阻止肝脏产生凝血酶原和凝血因子Ⅶ、Ⅸ、Ⅹ，从而导致机体凝血时间延长；其次，溴敌隆能够损伤红细胞，增加血管壁的通透性，引起皮肤和内脏出血，严重者可导致死亡。

【实验材料】

1. 实验动物　SD 大鼠，体重 220～250g，雌雄不限。实验动物数量根据学生人数和分组情况领取。

2. 实验器材　按每个学生分组准备以下用具：常规解剖器械 4 套、实验方盘 4 个、记号笔 4 支、防护手套数双。

3. 实验试剂　溴敌隆纯品粉剂，与黄豆面混合配成毒诱饵，课前由实验室教师配制。

【实验步骤】

1. 学生分组　将学生分为4个实验组，进行实验操作和实验观察。

2. 动物分组　将实验动物随机分为实验组和对照组，每组4只。

3. 动物观察　实验前首先观察每组SD大鼠的正常生理活动情况，包括消化系统反应（如恶心、呕吐及呕吐物等情况）、意识情况、皮毛状态、瞳孔大小、呼吸频率、口唇色泽、肌肉张力、肢体灵活性等，并分别进行记录。

4. 动物喂食　将饥饿的大鼠进行引诱喂食，开始记录时间。

5. 实验观察　观察并记录实验组动物的中毒症状，注意记录开始出现中毒症状的时间及动物死亡的时间。同时观察对照组动物是否出现中毒症状，是否发生死亡。值得注意的是，溴敌隆中毒出现症状及死亡的时间往往更长，一般在7～10天才发生死亡。

6. 动物解剖　在观察实验组和对照组的大鼠尸表改变后，对两组动物进行解剖检验，观察脏器的主要改变，并学习提取胃及胃内容物，以及肝脏、心血等毒物检材供毒物分析检验。

7. 撰写报告　实验完成后，由学生进行实验报告的撰写。实验报告的撰写应着重描述动物的溴敌隆中毒症状、死亡经过、死亡时间和主要解剖所见，并分析中毒机制和死亡原因。

【结果观察】

人体溴敌隆中毒主要表现为全身多器官的出血性改变，如鼻腔出血、牙龈出血、皮下出血、全程血尿及经期延长等，最终可发生死亡。

复习人体口服溴敌隆中毒的死亡前表现、尸表改变和内脏器官改变，观察实验组及对照组动物表现及尸体改变，将观察结果填入表8-4中。

表8-4　溴敌隆中毒动物实验

器官系统	观察指标	实验组	对照组
1. 呼吸系统	呼吸速率		
	鼻翼扇动		
2. 循环系统	心率快慢		
	黏膜色泽		
3. 皮肤黏膜	皮肤竖毛		
	体表温度		
4. 运动系统	肌肉张力		
	肢体痉挛		
5. 神经系统	动作行为		
	疼痛反应		
	意识情况		
6. 胃肠改变	大便性状		
	二便失禁		
7. 眼部改变	角膜反射		
	瞳孔大小		
8. 尸体改变	一般改变		
	特殊改变		

【注意事项】

溴敌隆中毒出现症状及死亡的时间往往较长，一般在7～10天才发生死亡。因此，需将本实验设计为长时间的动物毒性实验（课后一直饲养动物，直至中毒死亡）。

【思考题】

1. 溴敌隆中毒的毒理病理学变化有哪些？主要尸体表现如何？
2. 如何进行溴敌隆中毒的毒物检验取材及法医学鉴定？

实验十五 中毒案例分析

【案例1】

1. 案情摘要 某日，某村一家三口从地里劳作回家做晚饭。在吃饭时隔壁邻居听夫妻俩先后大吼一声并有倒地的声音。前来查看时见桌上米饭有粉末状物，地上有两处呕吐物。夫妻俩及5岁男童均倒在地上，口吐白沫、全身抽搐，随后迅速昏迷。将三人急送医院，医院检查时发现均已死亡。

2. 法医学检查

（1）尸表检验：手部、腓肠肌及足部均呈痉挛状（图8-1，图8-2）。

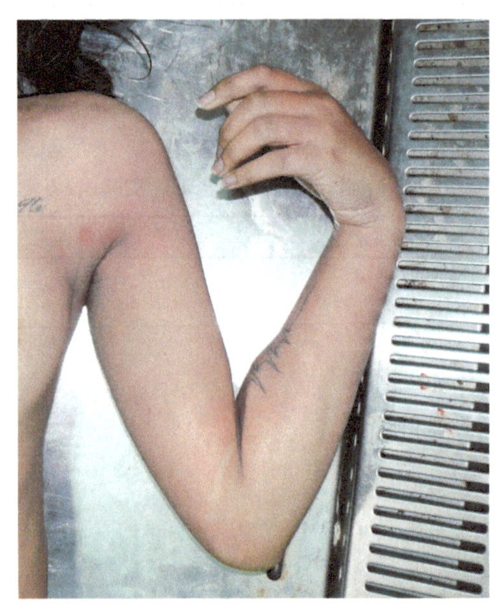

图8-1 毒鼠强中毒（手痉挛）

（2）解剖检查：男子胃中有500g米饭，女子胃中有300g米饭，男童胃中有100g米饭，三人食道及胃内米饭中均有褐色粉末状物（图8-3）。三具尸体胃黏膜广泛性充血及点状出血（图8-4），双肺表面均有点状出血（图8-5）。提取三人的胃内容物、心血及肝脏进行毒化检查，均检出毒鼠强成分。家中剩余米饭及呕吐物中，也检出了毒鼠强。

3. 分析讨论题

（1）你认为最大可能的死亡原因是什么？怎样提取法医学毒物鉴定所需检材？

（2）怎样进行死因和死亡性质分析？

（3）本例死因诊断时的鉴别诊断情况有哪些？

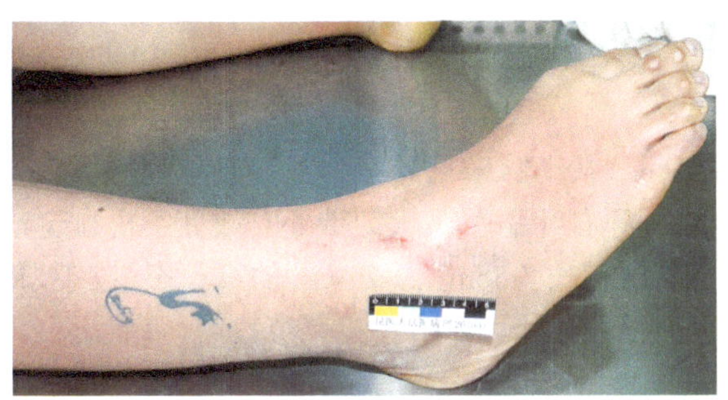

图 8-2　毒鼠强中毒(足痉挛)

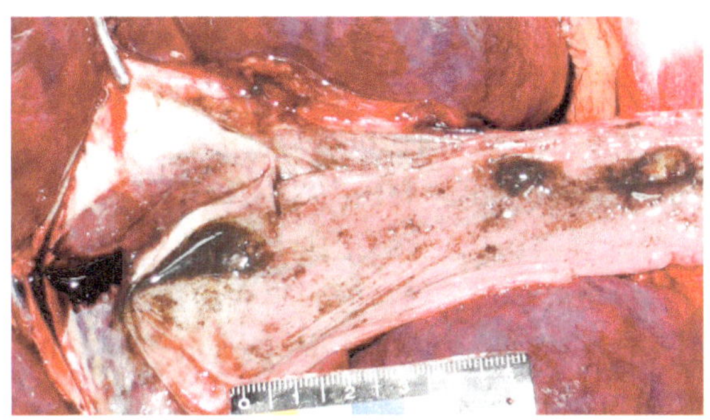

图 8-3　毒鼠强中毒(食管内褐色粉末状物质)

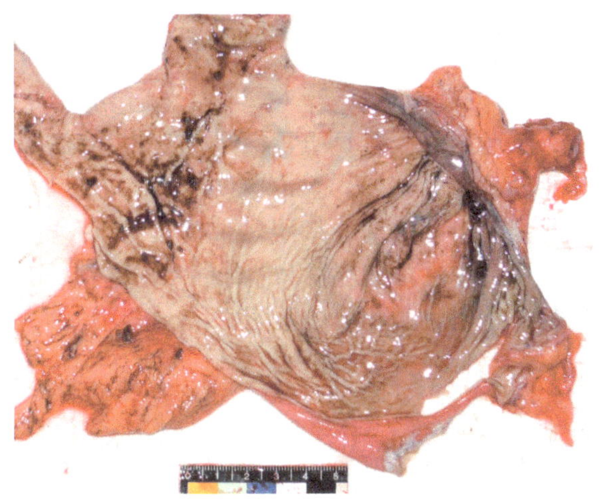

图 8-4　毒鼠强中毒(胃黏膜点状出血)

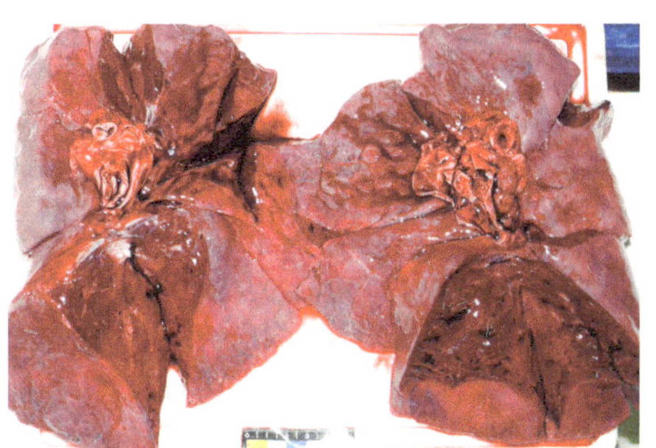

图 8-5　毒鼠强中毒(肺表面点状出血)

【案例 2】

1. 案情摘要　死者吴某，女，33 岁，某机关办事员。某日上午自感不适，请假在家休息。吴某对其母说想吃蒸肉，其母上街买回半斤肉，中午蒸给她吃了。饭后不久，吴某感腹痛，并出现恶心、呕吐和口干症状，先后喝了约两热水瓶的水。当日下午吴某对其母说恐怕是原有的“胃病”发了，拿出柜子内“以前未吃完的治胃病中药”，让其母喂给她喝(该药已有轻度发霉)。当日晚 7 时左右，即吴某喝中药后不久便出现恶心、呕吐并不断加剧。次日凌晨 6 时许其母见吴某病情愈来愈重，嘱由其弟背去医院治疗。医院门诊检查：急性病容，神志清楚，体温 37.1℃，呼吸 30 次 / 分，血压 40/10mmHg，心率 143 次 / 分，律齐，无杂音，两肺呼吸音粗，腹平软，上腹有轻度压痛，无反跳痛和腹水征，肝肋下 1.5cm，质中等，脾未触及，四肢冷。初步诊断为“急性胃肠炎伴休克”，经门诊静脉推注高渗葡萄糖及升压药后收入院治疗。入院后病情短暂好转后又突然恶化，面色苍白，口唇发绀，血压 0/0mmHg，脉搏摸不到。立即给静脉推注低分子右旋糖酐、升压药间羟胺和抗生素等药物处理，并行人工呼吸和胸外心脏按压抢救。急救持续约半小时后，终因抢救无效死亡。临床诊断为“急性沙门菌中毒伴中毒性休克死亡”。

据调查，死者吴某的爱人在外地工作，夫妻关系好，有一个 9 岁男孩随吴某一起生活。吴某既往除有“胃病”史外，身体健康。工作表现和群众关系均好，但平时少言寡语。两个月前曾向领导提出工作调动申请未准，怀疑有人整她。其母反映近来吴某有时背着人哭泣，其爱人十天前曾收到吴某发给他的两份电报，前一封说“家有急事请速回”，第二封说“家事平安请勿回”。吴某在给他的信中也提及有人在迫害她。近半年来吴某因“胃痛”经常服中药。吴某的亲属对吴某的死因有怀疑，要求进行尸体解剖查明死因。

2．法医学检查

(1) 尸表检查：尸体检验于死后5天进行。尸斑色淡，眼结合膜苍白。除左胸部检见一注射针眼外，全身外表未发现损伤即其他异常。

(2) 解剖检查：心包内约有100ml淡红色液体，心肌和冠状动脉未见异常。左、右胸腔内共有血性液体约250ml。腹腔积血1950ml，并检见大量凝血块。肝右叶膈面镰状韧带处有数处小出血斑，肝底面方叶周围出血。肝固定后切开，见右叶穹隆部实质内有长4.5cm，深2.5cm的纵行裂口，裂口下端连于方叶边缘的凹沟内，该处肝包膜有0.6cm长的小裂口一处。胃壁黏膜有少数点、片状出血。腹腔内其他脏器未见异常。

(3) 病理组织学检查：慢性支气管炎；肺淤血、水肿；外伤性肝破裂；急性坏死性病毒性肝炎；肾和心肌间质淤血。

(4) 毒物检验：经初步化验，未检出可导致死亡的常见毒物。

(5) 鉴定结论（初次鉴定）："外伤性肝破裂致急性失血性休克死亡"。

3．复查检验及最终鉴定结论

由于初次鉴定结论与实际情况不符，本案进行了复查检验。经反复调查，吴某死亡前没有腹部和其他部位外伤史。现场重新勘查时，在其床下发现半包杀鼠药磷化锌。胃内容物经复查化验，检出磷化锌成分。病理切片复查见肝细胞广泛性脂肪变性，肝小叶周边区肝细胞呈带状坏死，坏死区内有大量红细胞和少量中性粒细胞。肝组织破裂口两侧无明显中性粒细胞浸润。最终考虑本例肝脏变性、坏死应为急性中毒性肝病改变。结合毒物检验结果，考虑急性磷化锌中毒死亡。

4．分析讨论题

(1) 本例死亡原因是什么？本例休克的原因是什么？

(2) 本例肝破裂最大的可能是什么？与死因的关系如何？

(3) 本例究竟属自杀、他杀，还是意外死亡？

【案例3】

1．案情摘要　死者刘某，男性，4岁。某日喝酸奶后迅速出现意识丧失，经医院抢救无效死亡。因医院多次遇到类似死亡案例，怀疑他人系列投毒，要求公安部门派员勘验现场。

2．法医学检查

(1) 尸表检验：衣着检验未见异常。尸长103cm，发育良好，营养中等。尸斑呈暗红色，位于背侧未受压部位，指压褪色，尸僵强，存在于全身大关节。双眼角膜透亮，双侧瞳孔等大、圆，直径0.7cm，双眼睑球结膜苍白，外耳道内无异物，鼻腔、口腔内未见异常。剃去头发检查，头皮未见异常。项部有一7.1cm×2.7cm条片状表皮剥脱，呈皮革样化改变。胸腹部未见损伤及异常，背臀部未见损伤及异常。左、右手各有一新鲜针眼，针眼周围青紫。

(2) 解剖检验：头部冠状面切开头皮，右侧颞部肌肉有一1.0cm×1.0cm出血，左侧颞肌及头皮下软组织未见异常；颅骨未见骨折。锯开颅骨，硬脑膜外未见异常，硬脑膜下及蛛网膜下腔亦未见异常。大脑、小脑及脑干未见异常。颅底未见骨折。颈项部肌肉未见异常，舌骨、甲状软骨及环状软骨无骨折，颈部动、静脉未见异常。剪开食管见少量白色物，剪开气管及支气管见管腔内壁有少量白色黏液附着。切开项部表皮剥脱处皮肤、皮下软组织及肌肉未见出血，颈椎未见骨折。胸壁未见骨折。剪开心包，心包内有约10ml血性渗出液，心底面见少许点状出血点。左、右胸腔内未见异常，左肺肺底部见一5cm×3cm出血斑。胃充盈，胃内约有200克乳白色食糜，可分辨的有韭菜、白菜叶等。腹腔内肝脏、胰腺、脾脏及双肾等器官未见异常。盆腔未检见异常。

(3) 毒物检验：提取死者心血5ml，肝脏、胃及胃内容物各100g备做毒化检验。送检胃及胃内容物中、肝脏及心血中均检出杀鼠剂毒鼠强。

3．分析讨论题

(1) 本例的死亡原因是什么？

（2）本例的死亡性质是什么？

【案例4】

1. 案情摘要　王某，男，59岁。因“被他人用扁担打伤头部伴伤口流血”急送医院治疗，入院诊断为“头部外伤”。入院后行“头皮清创缝合”及支持治疗，至病情明显好转出院。出院后王某每天到当地医院门诊换药，日常生活及家居活动未见异常。5天后的17时许，王某被家属发现“趴在地上，已经死亡”。

2. 法医学检查

（1）尸表检验：尸体由白底格子床单包裹，头部对应处床单上检见大片红色腐败液体附着。头左顶枕部检见长7.0cm缝合7针的头皮创口，已愈合。左顶枕部的头皮创口对应处检见大小为2.0cm×2.0cm的帽状腱膜破口伴周围软组织大片状出血，范围为5.0cm×1.5cm。左顶部检见大小为2.4cm×2.2cm的帽状腱膜下出血。

（2）解剖检查：脑表面血管检见扩张、淤血，基底动脉检见节段性粥样硬化斑块。会厌部检见红色黏液。气管腔内及左、右主支气管检见红色黏液。双肺表面及切面均见淤血。

（3）组织病理学检验：肺泡间隔明显增宽，毛细血管扩张、充血。肾小管上皮细胞不同程度水变性，肾间质内小血管扩张、淤血。肝细胞弥漫性水样变性，局部可见肝细胞小灶状坏死，汇管区可见少量以淋巴细胞为主的炎细胞浸润。胃、肠黏膜层呈自溶性改变。扁桃体淋巴组织增生，隐窝内可见多量中性粒细胞浸润及变性坏死物质。提取死者胃组织及胃内容物、肝脏组织进行毒物分析，均检出鼠药毒鼠强成分。

3. 分析讨论题

（1）怎样正确提取法医学毒物鉴定所需检材？

（2）怎样进行本例的死亡原因和死亡性质分析？

（3）本例应进行鉴别诊断的情况有哪些？

（李　桢）

第九章　有毒动物中毒

有毒动物引起人体中毒的原因主要包括以下几种情况：误食、意外、药用过量等。在怀疑有毒动物中毒案件的检验过程中，除进行细致尸体解剖、提取必要检材外，还应注意了解其生前中毒症状，并采取可疑样本进行品种识别及动物实验。本章中选用三种较为常见的有毒动物进行实验，并分别采用口服、皮肤接触及肌内注射三种不同染毒方式进行。

实验十六　河豚中毒动物实验

【实验目的】

1. 掌握河豚中毒的中毒机制、中毒症状、中毒病变及尸体现象。

2. 掌握河豚中毒的法医学鉴定要点。

【毒理作用】

河豚毒素（tetrodotoxin，TTX），分子式 $C_{11}H_{17}N_3O_8$，相对分子质量（分子量）为 319，无色棱柱状晶体，是一种能麻痹神经的剧毒，中毒后会因神经麻痹而窒息而死，其中毒素直接进入血液中毒死亡速度最快。河豚毒素的口服半数致死量（LD_{50}）是 6～7μg/kg。TTX 对热不稳定。难溶于水，可溶于弱酸性水溶液，在碱性水溶液中，其结构迅速受到破坏，毒性很快就会消失。TTX 是一种电压敏感的钠离子通道（voltage gated sodium channels，VGSC）外口特异性阻滞剂，其作用机制为选择性地抑制钠离子通过神经细胞膜，允许钾离子通过，并具有高度专一性，从而阻滞神经细胞的兴奋与传导。

我国河豚中毒，主要见于服用新鲜河豚制品或者河豚鱼干制品；TTX 中毒的主要临床表现为知觉麻痹、运动障碍、头晕头痛、恶心呕吐、血压下降、呼吸困难，严重者因呼吸衰竭而死亡。

【实验材料】

1. 实验动物　成年 SPF 昆明小鼠（重约 20g），雌雄不限，分为实验组和对照组，实验动物数量根据学生人数和分组情况而定。

2. 实验器材　1ml 注射器及灌胃器材一套；实验动物解剖器械一套（手术刀一把，止血钳两把，剪刀一把，无齿镊两把）；一次性手套若干。

3. 实验试剂　TTX 溶液（0.1% 醋酸溶液配制），浓度 0.5μg/ml，生理盐水。

【实验步骤】

1. 小鼠称重，观察其活动情况（反射、呼吸等）并记录。

2. 用 TTX 溶液给实验组鼠按 0.2ml 灌胃，释放小鼠，观察中毒症状及活动情况，记录染毒开始至死亡时间。对照组用生理盐水灌胃。

3. 断颈处死并解剖小鼠，与对照组进行比较，观察实验组小鼠内脏器官病变。

【结果观察】

按表 9-1 观察并记录中毒症状，症状出现时间、死亡时间以及尸体上有无特殊形态学改变。结合理论课所学知识，分析 TTX 中毒的毒理作用及死亡机制，并完成实验报告的书写。

表 9-1　河豚中毒观察指标

	行为	动作	心率	瞳孔	角膜反射	呼吸	分泌物	内脏器官变化
实验组								
对照组								

【思考题】

1. 试述河豚中毒的毒理作用、中毒症状。

2. 河豚中毒的法医学鉴定要点和注意事项有哪些？

实验十七　斑蝥中毒动物实验

【实验目的】

1. 掌握斑蝥经腹腔注射中毒的中毒机制、中毒症状、中毒病理形态学改变；

2. 掌握斑蝥中毒的法医学鉴定要点。

【毒理作用】

斑蝥，别名斑蚝、花斑毛、斑猫、芫菁、花壳虫、章瓦、黄豆虫等，俗称西班牙苍蝇；斑蝥素（cantharidin），分子式为 $C_{10}H_{12}O_4$，斑蝥素对皮肤、黏膜及胃肠道均有较强的刺激作用，可造成皮肤红斑、水疱甚至坏死；重症病例可产生周围循环衰竭；迁延病例可发生中毒性肾病，导致急性肾衰竭。

【实验材料】

1. 实验动物　SD 大鼠，体重 220～250g 左右，雌雄不限，实验动物数量根据学生人数和分组情况而定。

2. 实验器材　实验动物解剖器械一套（手术刀一把，止血钳两把，剪刀一把，无齿镊两把）；一次性手套，注射器。

3. 实验试剂　斑蝥素（LD_{50}= 1.86mg/kg）生理盐水。

【实验步骤】

1. 小鼠分组　随机将小鼠分为实验组和对照组，并且对小鼠称重。

2. 实验前将斑蝥素用 0.9% 生理盐水超声溶解，并配成 100μg/ml 斑蝥素试液。

3. 腹腔注射　实验组小鼠注射斑蝥素试液 0.4ml/20g，对照组小鼠腹腔注射生理盐水 0.4ml/20g。

4. 将实验组和对照组小鼠断颈处死。

【结果观察】

按表 9-2 指标观察。

1. 记录小鼠症状出现的时间，中毒症状及死亡时间。

2. 记录小鼠死后尸表变化，解剖后观察内脏变化，并将实验组与对照组进行比较。

表 9-2　小鼠观察指标

分组	行为	动作	反应	皮肤颜色	尿量	性器官	组织肉眼改变	组织病理学改变
实验组								
对照组								

【思考题】

1. 试述斑蝥中毒的毒理作用、中毒症状。

2. 试述斑蝥中毒的法医学鉴定要点和注意事项。

实验十八　蛇毒中毒动物实验

【实验目的】

1. 掌握蛇毒(银环蛇)中毒的中毒机制、中毒症状、中毒病变及尸体现象;

2. 掌握蛇毒(银环蛇)中毒的法医学鉴定要点。

【毒理作用】

银环蛇属前沟牙类毒蛇,被银环蛇咬伤的主要症状为伤口疼痛、局部肿胀、嗜睡、运动神经失调、眼睑下垂、瞳孔散大、局部无力、腭咽麻痹、口吃、垂涎、恶心、呕吐、昏迷、呼吸困难、呼吸衰竭,一般8～72小时内死亡。银环蛇毒素的主要成分为蛋白质和多肽,包括α-银环蛇毒素、β-银环蛇毒素、κ-银环蛇毒素、γ-银环蛇毒素和磷脂酶A等酶类。α-BGT与运动终板乙酰胆碱受体结合,从而抑制了乙酰胆碱对横纹肌细胞膜的去极化作用,导致神经传导阻断,引起横纹肌松弛。α-BGT并不影响神经末梢乙酰胆碱的释放。β-BGT作用于运动神经突触前膜产生一种三相变化,首先是传出递质数量的迅速降低,其次是释放增加,随后是进一步抑制,从而阻断突触间神经冲动传递,使骨骼肌不能兴奋收缩而转入持续性麻痹。

【实验材料】

1. 实验动物　成年SPF昆明小鼠(重约20克),雌雄不限,分为实验组和对照组,实验动物数量根据学生人数和分组情况而定。

2. 实验器材　1ml注射器一套;实验动物解剖器械一套(手术刀一把,止血钳两把,剪刀一把,无齿镊两把);一次性手套。

3. 实验试剂　银环蛇毒溶液(生理盐水配制),浓度5mg/ml,生理盐水。

【实验步骤】

1. 小鼠称重,观察其活动情况(反射、呼吸等)并记录。

2. 实验组每鼠按银环蛇毒溶液0.2ml肌内注射(注射部位为右后肢);释放小鼠,观察中毒症状及活动情况,记录染毒开始至死亡时间。

3. 对照组小鼠以0.2ml生理盐水肌内注射(注射部位为右后肢);实验结束后断颈处死。

4. 解剖小鼠,观察注射局部皮肤、肌肉及内脏器官病变。

【结果观察】

观察银环蛇中毒的症状、症状出现时间、死亡时间以及尸体上有无特殊病理形态学改变。观察指标见表9-3。

表9-3　观察指标

	行为	动作	心率	瞳孔	角膜反射	呼吸	肌张力	内脏形态学变化
实验组								
对照组								

【思考题】

1. 试述银环蛇中毒的毒理作用、中毒症状。

2. 试述银环蛇中毒的法医学鉴定要点和注意事项。

实验十九 常见有毒动物标本及中毒案例分析

一、有毒动物标本(图 9-1～图 9-4)

图 9-1 河豚照片

图 9-2 河豚鱼干

图 9-3 斑蝥

图 9-4 银环蛇

二、案例分析

【案例 1】

1. 案情摘要 死者李某，男，38 岁。某日因身体不适至一游医处看病，之后游医为李某配制药酒材料(含蜈蚣、全蝎、红花等)，由李某浸泡成药酒饮用。某日中午 12 时许李某因误将药酒当成饮料服用过量，导致身体不适，经送医院抢救无效死亡。

2. 法医学检查

(1) 尸表检验：成年男性尸体，尸身长 173cm；尸斑暗红色，分布于颈项部、腰背部、臀部及四肢低下部位未受压处，指压不褪色；尸僵已缓解。口腔及鼻腔见血性液体。人中处见擦挫伤，大小 1.5cm×0.5cm。左侧颈前见擦挫伤，大小 7cm×3cm。腹部尸绿形成。双手指甲发绀，双手皮肤呈黑色；右肘屈侧见二处注射针孔，周围见皮下青紫，右前臂中段内侧见注射针孔伴周围皮下青紫，左肘屈侧见注射针孔伴皮下青紫，左手腕背侧见注射针孔。会阴及肛门未见明显异常。

（2）解剖检查：常规打开胸腹腔及颈部。颈部肌肉未见出血，舌骨、甲状软骨未见骨折，喉头无明显水肿。右胸第3、4、5肋骨及左胸第5肋骨锁骨中线处骨折，周围软组织见出血，两侧胸腔内无积液；心包腔无积液。腹部皮下脂肪厚1.5cm，腹腔未见积液。头皮及帽状腱膜未见出血；颅骨未及骨折；硬膜外、硬膜下未见出血。双肺呈膨隆状；右肺重1300g，大小33cm×16cm×5cm；左肺重1150g，大小30cm×17cm×6cm。两肺切面淤血。左肺上下叶间粘连。气管、支气管腔内未见异常。肝重1290g；包膜未见异常，肝实质质地中等，切面未见异常。脾重200g，大小12cm×9.5cm×2.8cm。包膜未见皱缩，脾实质质地中等，切面暗红。左肾重250g，大小14cm×7.5cm×3cm；右肾重130g，大小9cm×6cm×2.5cm。两肾包膜易剥离，切面皮髓质分界清晰，皮质厚为0.6cm，右肾表面局部可见凹陷性瘢痕（图9-5）。胃及胃内容物重400g，内容物未闻及异味。

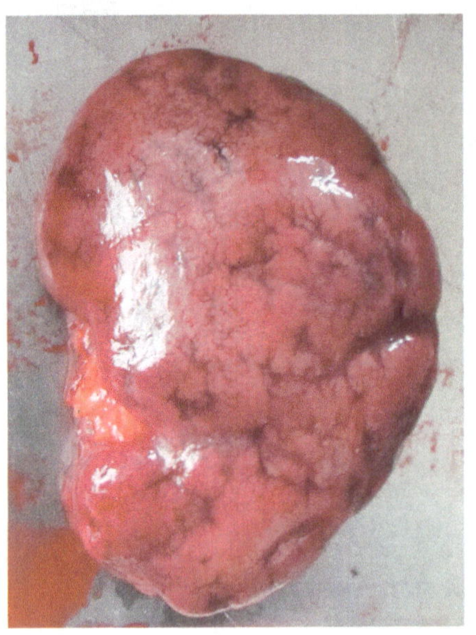

图9-5　右侧肾脏表面凹凸不平

（3）组织病理检验：肝被膜增厚，被膜下可见灶性大量淋巴细胞；肝细胞呈条索状排列，局部可见灶性肝细胞坏死伴淋巴细胞浸润，部分区域见桥接样及碎片状肝细胞坏死伴淋巴细胞浸润；可见散在灶性红细胞聚集，汇管区可见大量淋巴细胞浸润（图9-6）。肾自溶；包膜未见明显增厚；肾小球毛细血管扩张淤血，偶见肾小球玻璃样变，部分区域肾小管腔可见蛋白管型，部分肾小管腔内可见草酸钙结晶；间质可见散在灶性及片状纤维组织增生伴肾小管萎缩（图9-7），周围偶见少量白细胞浸润，部分肾小管上皮细胞空泡变性及脱落，部分脱落的上皮细胞细胞核固缩；肾髓质小血管淤血，间质见灶性淋巴细胞聚集；部分肾内小动脉内膜增厚，玻璃样变。

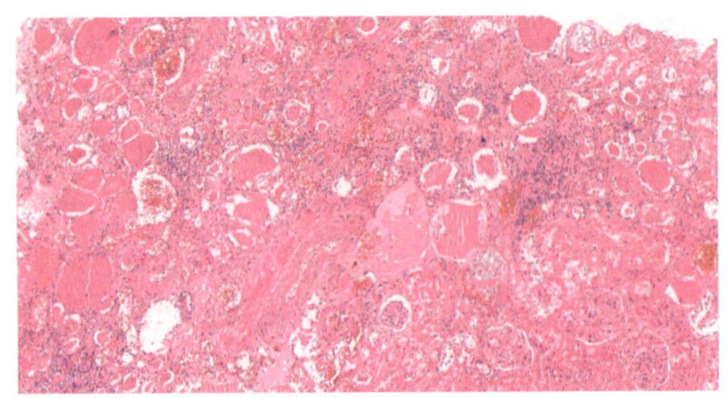

图9-6　肝细胞灶性坏死伴淋巴细胞浸润，部分区域见桥接样及碎片状坏死伴淋巴细胞浸润及出血

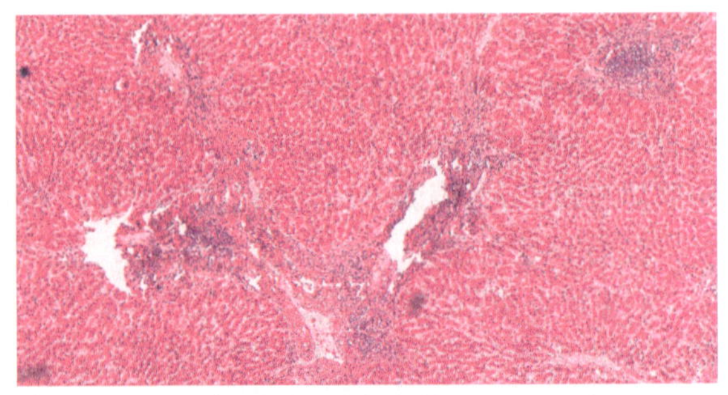

图9-7　右肾肾曲小管腔内见伊红色蛋白管型，部分肾小管腔内可见草酸钙结晶；肾髓质可见灶性及片状纤维组织增生，有的肾小管萎缩

3. 分析讨论题

根据案情及病理形态学变化，分析本例死亡原因。

（贺　盟）

第十章　有毒植物中毒

我国幅员辽阔，植物种类繁多，其中有相当一部分是对人体有毒性作用的，在日常生产、生活中，人们容易因误食或使用不当，或故意投毒发生中毒，甚至死亡的案件时有发生，因此，应掌握常见有毒植物的形态、其有毒成分的化学性质、中毒症状和毒理病理学特点。

实验二十　有毒植物中毒动物实验

一、急性乌头中毒

【实验目的】

1. 掌握乌头中毒的动物实验方法，了解乌头中毒的临床表现。

2. 熟悉常见乌头中毒的中毒机制及法医学鉴定要点。

【毒理作用】

乌头中以乌头碱的毒性最大，含量最高，乌头碱主要作用于神经系统和心脏。乌头碱对心脏的毒性作用主要是使心肌细胞膜上的 Na^+ 通道开放，加速 Na^+ 内流，促进细胞膜去极化，产生高频异位节律，出现室性心动过速。严重心律失常是乌头碱中毒死亡的常见原因。

乌头中毒主要是由于用药过量或者用量不规范或者用法不当。乌头宜先煎、久煎（2 小时以上），使乌头碱属毒性成分降低，内服更安全。也有服毒自杀或者投毒他杀案例。

【实验材料】

1. 实验动物　SD 大鼠，体重 220～250g 左右，雌雄不限，随机分为 2 个实验组和对照组，实验动物数量根据学生人数和分组情况而定。

2. 实验器材　动物手术解剖器械数套（手术刀一把，止血钳两把，剪刀一把，无齿镊两把），婴儿秤，灌胃器，注射器 6 支（5ml/10ml 各 3 支），一次性手套若干。

3. 实验试剂　生理盐水，乙醇溶液（50%），乌头（约 50g）

【实验步骤】

1. 准备生理盐水 50ml，乌头（10 克）研磨后 + 生理盐水 50ml，乌头（10g）研磨后 + 乙醇溶液 50ml 备用。

2. 对照组用生理盐水灌胃，实验组第一组用生理盐水浸泡的乌头粉灌胃，第二组用酒精浸泡的乌头粉灌胃，观察三组动物的中毒表现。

3. 将三组动物断颈处死，观察尸体改变和组织器官形态学改变。

【结果观察】

按表 10-1 观察项目记录实验结果。

【思考题】

1. 乌头碱中毒的中毒症状有哪些？

2. 乌头碱中毒的病理形态学改变有哪些？

表 10-1　乌头中毒动物实验

分组	行为	血压	呼吸	流涎	尸表改变	组织病理学改变
对照组						
实验组(1)						
实验组(2)						

二、制马钱子粉急性中毒

【实验目的】

1. 掌握马钱子的毒理作用。

2. 掌握马钱子的中毒表现。

3. 掌握马钱子中毒尸体检验的观察要点。

【毒理作用】

马钱子中含有生物碱类、醇类、有机酸类等，其中以生物碱为主要成分。士的宁约占总碱的35%～50%，毒性较大，其次为马钱子碱。马钱子作用的靶器官主要为神经系统、消化系统和心血管系统。士的宁对整个中枢系统都有兴奋作用，士的宁作用于脊髓，兴奋其反射功能，出现强直性惊厥；大剂量的士的宁在短暂提高兴奋后即发生抑制现象。同时，士的宁可以阻止胆碱酯酶破坏乙酰胆碱的作用。马钱子碱对感觉神经末梢有麻痹作用，极大剂量时，可阻断神经肌肉传导，呈箭毒样作用。

【实验材料】

1. 实验动物　昆明小鼠，18～22g，雌雄各半，分为实验组和对照组，实验动物数量根据学生人数和分组情况而定。

2. 实验器材　医用乳胶手套、大鼠灌胃针头，5或10ml玻璃注射器、100ml玻璃量杯每组一个、解剖器械[每套包括手术刀柄及刀片1副、剪刀1把、镊子2把，白瓷盘1个，动物固定板1个(可选)]。

3. 制马钱子粉的制备　从药店购买经砂烫法炮制的马钱子，置超微粉碎机中，粉碎10分钟，药物粉末过200目筛，用高效液相色谱仪测定马钱子碱和士的宁的浓度，含量大约马钱子碱为4.79mg/g，士的宁为14.43mg/g。

4. 实验试剂　制马钱子粉，蒸馏水，生理盐水。

【实验步骤】

1. 学生4～6人一组，并进行小组内分工；小鼠分为实验组和对照组；马钱子粉配制成混悬液。

2. 实验前观察小鼠的呼吸频率、心率、行为和意识等。

3. 灌胃　固定小鼠，保存颈部伸直体位。分别用注射器吸取制马钱子粉混悬液及生理盐水溶液给实验动物灌胃。

4. 经多次灌胃，计算制马钱子粉的最小致死量。实验组动物按1.5倍最小致死量灌胃致动物死亡。对照组灌等量生理盐水。

5. 观察并记录给药后小鼠中毒症状、症状出现时间及死亡时间。对照组断颈处死。

6. 对实验组和对照组小鼠进行解剖检验，观察其脏器变化，有条件时进行组织病理学检查，并提取检材进行毒物分析检验。

【结果观察】

实验组在灌胃给药后约20秒即出现中毒症状，主要表现为烦躁、呼吸增强、心跳加速、全身抖动、痉挛、抽搐，直到呼吸停止而死亡；死亡状态为两下肢直伸、两上肢屈曲性强直、尾僵直。解剖后对实验动物脑、心、肝、脾、肺等组织器官进行取材，石蜡包埋后，HE染色，观察组织器官病理形态学改变并与对照组进行比较。

【注意事项】

1. 灌胃时，将小鼠固定良好很重要，避免刺入呼吸道或者发生呛咳。

2. 灌胃前将灌胃针头在清水中冲洗，以免灌胃针表面附着的混悬液刺激小鼠，引起挣扎反抗，增加小鼠痛苦和操作难度。

【思考题】

1. 实验动物马钱子中毒症状与人类中毒症状有何区别？
2. 急性马钱子中毒形态学变化有哪些？

实验二十一　有毒植物标本、中毒案例图片观察和案例分析

【实验目的】

1. 通过标本的观察，熟悉我国常见有毒植物的种类，能进行常见有毒植物的识别。
2. 了解常见有毒植物中毒的特点及法医学鉴定要点。

一、有毒植物标本（图 10-1～图 10-6）

图 10-1　毒蕈

图 10-2　雷公藤（左为叶、花，右为根茎）

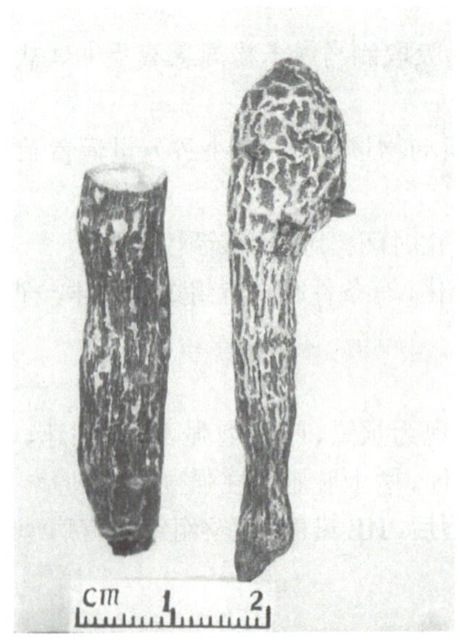

图 10-3　乌头（川乌、草乌的根茎）

图 10-4　关木通（为马兜铃科植物木通马兜铃的茎藤）

图 10-5　苍耳子

图 10-6　夹竹桃

二、中毒案例图片

【案例 1】

1. 案情摘要　某女，57 岁，食用野生鲜菌后 8 小时发生中毒，第 7 天死亡。
2. 观察要点　肝脏体积缩小，肝细胞广泛脂肪变性、坏死并发出血，呈急性红色肝萎缩（图 10-7）。
3. 法医病理诊断　中毒性肝病，急性红色肝萎缩。

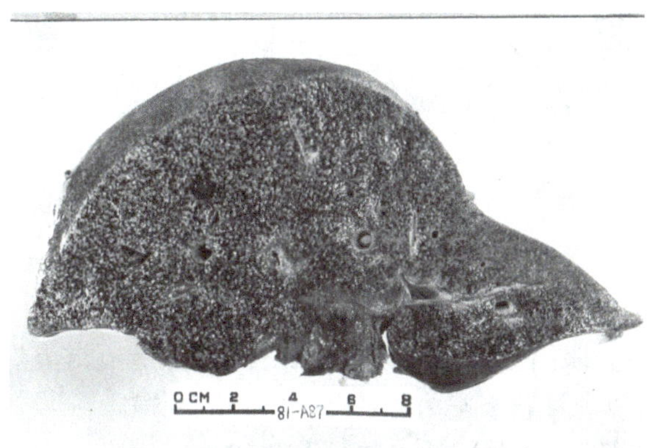

图 10-7　误服毒菌致死的肝脏（黄光照供图）

【案例 2】

1. 案情摘要　某女，将栝楼塞入阴道企图堕胎而死亡。

2. 观察要点　阴道壁广泛凝固坏死，子宫颈出血坏死，妊娠肥大子宫及子宫内膜出血。大脑水平切面，见弥漫性出血坏死灶（图 10-8）。

3. 法医病理诊断　阴道壁及子宫颈出血坏死，大脑弥漫性出血。

【案例 3】

1. 案情摘要　某男，52 岁，被人用雷公藤干根约 50g 煎煮成浓缩液约 250ml 投毒致死。
2. 观察要点　多发性肾乳头坏死，坏死乳头与锥体交界处见环形出血带（图 10-9）。
3. 法医病理诊断　急性中毒性肾病。

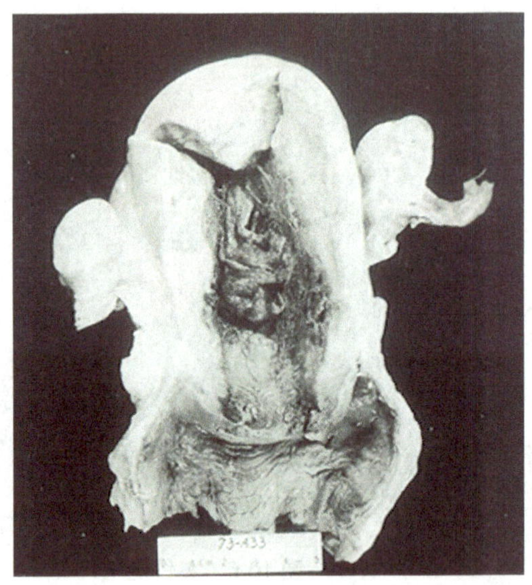

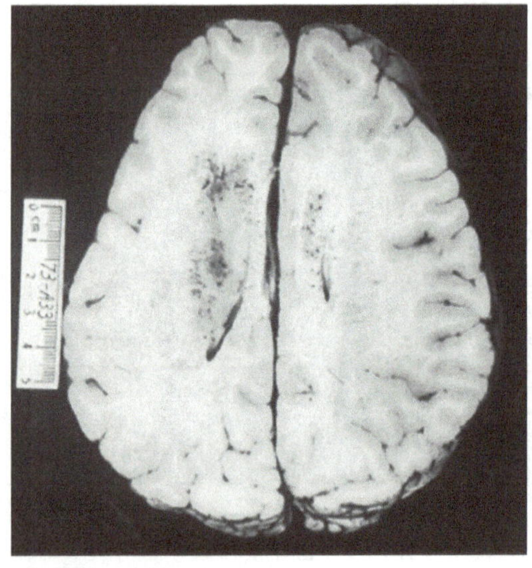

图 10-8　**栝楼中毒**（黄光照供图）

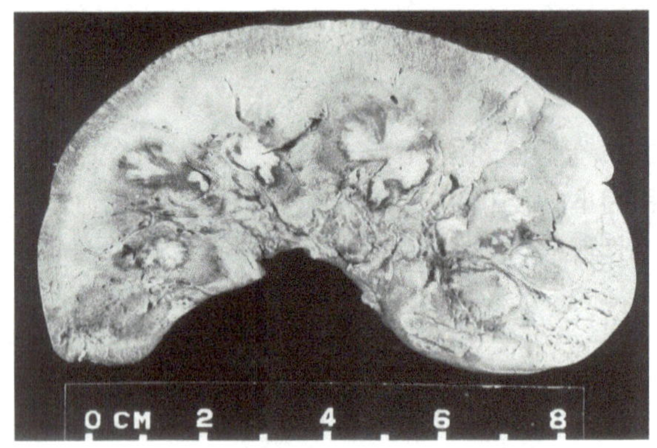

图 10-9　**急性雷公藤中毒**（急性中毒性肾病　黄光照供图）

三、组织学图片

【案例 1】

1. 案情摘要　男，41 岁。服用以关木通为主要成分的"分清五淋丸"长达 20 天，出现肾功能损害症状，在服药 40 天后死于以急性肾衰竭为主的多器官功能衰竭。

2. 观察要点　急性肾小管坏死，肾间质水肿（图 10-10）。

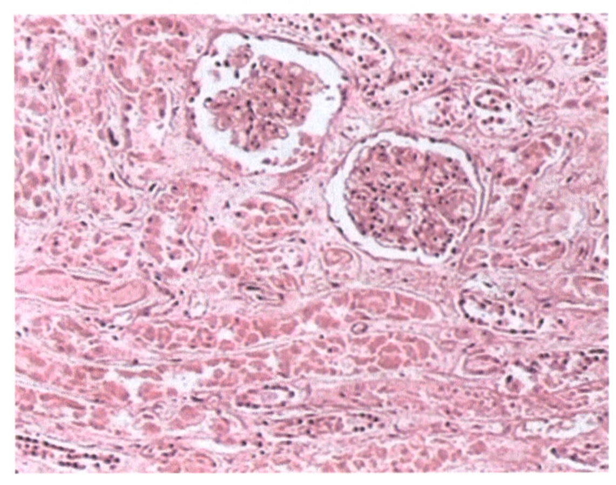

图 10-10　**急性关木通中毒的肾**（黄光照供图）

3. 法医病理鉴定　中毒性肾病。

【案例2】

1. 案情摘要　某女，57岁。食用野生鲜菌后8小时发生中毒，第7天死亡。

2. 观察要点　肝细胞广泛脂肪变性及坏死，仅汇管区周围尚存少数较完好的肝细胞（图10-11）。

3. 法医病理诊断　中毒性肝病。

【案例3】

1. 案情摘要　实验性家兔急性苍耳子中毒。

2. 观察要点　肝小叶中央区及中间带坏死，坏死区超过小叶的2/3，相邻的2个肝小叶之间出现相互连接的肝细胞坏死带，其中有较多肝细胞碎屑，仅汇管区周围残留少量较完好的肝细胞（图10-12）。

3. 法医病理诊断　中毒性肝病（家兔）。

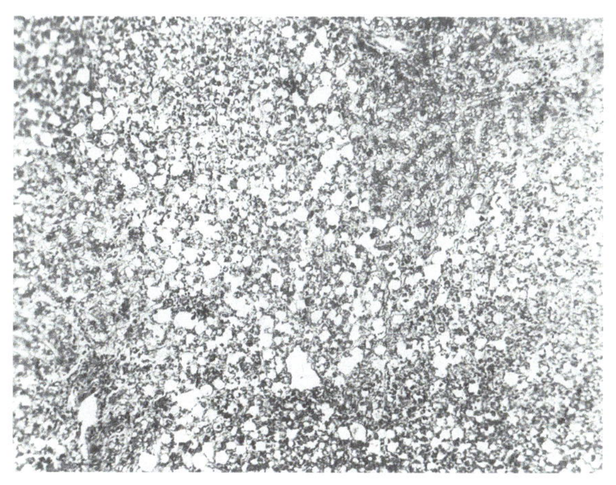

图10-11　中毒性肝病（黄光照供图）

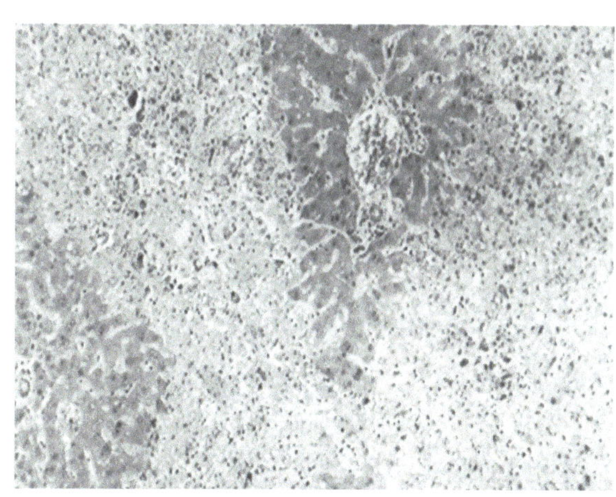

图10-12　家兔急性苍耳子中毒性肝病（黄光照供图）

【案例4】

1. 案情摘要　某男，52岁。被人用雷公藤干根约50g煎煮成浓缩液约250ml投毒致死。

2. 观察要点　左心室乳头肌收缩带状坏死，心肌肌浆凝聚呈唇状横带，嗜酸性增强，小带之间的肌浆则稀薄淡染，坏死区无炎细胞浸润（图10-13）。

3. 法医病理诊断　左心室乳头肌收缩带状坏死。

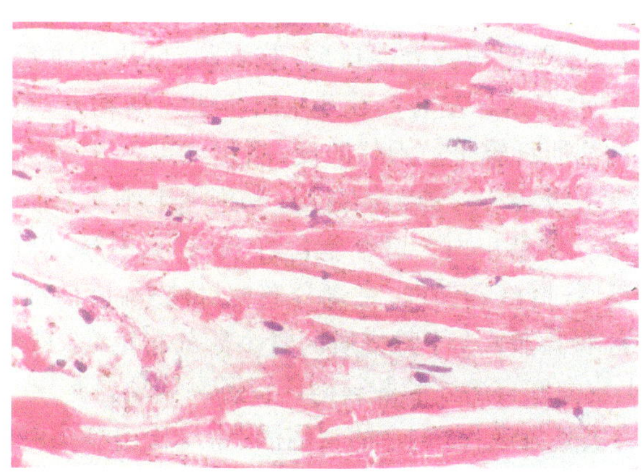

图10-13　雷公藤中毒　左心室乳头肌收缩带状坏死
（黄光照供图）

【案例5】

1. 案情摘要　同上。

2. 观察要点 脾小结生发中心淋巴细胞轻度坏死，可见坏死，核碎屑(图10-14)。

3. 法医病理鉴定 脾小结生发中心淋巴细胞坏死(雷公藤中毒)。

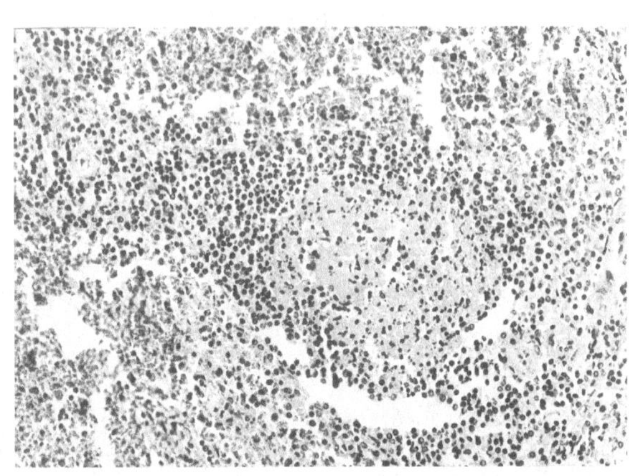

图10-14 雷公藤中毒的脾(黄光照供图)

四、案例分析

【案例1】

1. 案情摘要 洪某，男，53岁。某日晚上与其妻刘某一起“喝酒”。次日晨5时洪某因呕吐被家人送往医院救治，于当日8时许抢救无效死亡，刘某也于次日晨7时许因不适被送往医院，经抢救恢复。某市公安局法医对死者洪某的尸体进行法医解剖检查后提取其部分器官组织标本、心血和“剩余的饮用酒”送检，要求查明死因。

2. 法医学检查

(1) 解剖检查：全脑重1161g，部分脑组织已腐败，常规切开脑组织，大脑、小脑、脑干切面未见出血及坏死灶。心脏重377g，沿血流方向剪开心脏，左心室壁厚1.9cm，右心室壁厚0.7cm，室间隔厚1.0cm，二尖瓣周径9.0cm，三尖瓣周径12.5cm，主动脉瓣周径7.0cm，肺动脉瓣周径8.0cm。冠状动脉左前降支管腔见Ⅰ～Ⅱ级狭窄。左肺重685g，右肺重907g，表面呈暗红色，质实，挤压切面见少量泡沫状液体溢出。肝脏重915g，色浅淡，质韧，表面光滑，切面未见异常。脾脏重137g，色暗，被膜皱缩，切面无异常。双肾共重216g，表面光滑，包膜易剥离；切面皮、髓质分界清晰，肾盂不扩大。胰腺重40g，表面及切面未见异常。

(2) 组织病理学检查：大、小脑组织弥漫性自溶，脑水肿，脑内小血管扩张、淤血，多数脑神经元呈缺氧性改变，脑干及小脑轻度自溶。左心室及乳头肌心肌纤维肥大，乳头肌纤维断裂。右心室壁见脂肪组织浸润，左心室有的心肌纤维呈波浪状改变，嗜伊红染色增强，心肌间质见少量结缔组织增生，冠状动脉左前降支管腔见Ⅱ级狭窄。肺组织自溶，肺泡壁毛细血管扩张、淤血，肺泡腔内充满大量红染的水肿液，肺组织灶性气肿及出血。肝细胞自溶，肝被膜不厚，肝内纤维组织增生，“假小叶”形成。脾组织自溶，脾被膜不厚，脾红髓淤血，白髓分布相对减少，脾内细小动脉管壁轻度增厚，有的见玻璃样变性。肾组织自溶，肾被膜不厚，肾皮质区肾小球分布正常，部分肾小球玻璃样变性，髓质水肿、血管淤血，肾曲小管上皮细胞自溶。胰腺自溶。胃肠黏膜层自溶。

(3) 毒物化验检查：死者洪某血液和“剩余的饮用酒”中均检出乌头碱成分。

3. 分析讨论题

(1) 法医病理学诊断应该是什么？

(2) 对本案例进行死因分析。

【案例2】

1. 案例摘要 死者王某，男，23岁，某村村民。某日晚因腰酸痛到一个体游医朱某的家中就诊，朱某让王某用高粱酒冲服切碎的约 2cm 长，中指粗中草药一节。服药后约半小时王某出现牙齿根发麻、口苦、四肢发麻、恶心等症状，随后出现频繁呕吐，呕吐为胃内容物，经送当地卫生所抢救无效，于次日凌晨死亡。

2. 法医学检查

（1）首次尸检：见全身无外伤，颜面部发绀明显，各脏器淤血明显。

（2）再次尸检：一个月后，送心肺组织切片，并送未冷藏保存的胃内容物、呕吐物及生药，要求进行法医病理学检查及法医毒物化学检验，以查明死因。病理切片复查：①心脏：心肌间质明显淤血，少许点状出血；②肺：灶性淤血、水肿，点灶性出血。

（3）生药检查：在所送生药中，发现一约中指头大小的药物（重约 3g），经咀嚼试验，所有试验者的舌部均出现有麻木的感觉，且持续时间较久（约 2～3 小时）。

3. 分析讨论题

（1）本例死因考虑什么？疾病或中毒死？

（2）根据死者死前表现及生药检查，如考虑中毒，可能系什么毒物中毒？

（3）毒物化学检验的检材应如何收集、保存？化验应注意什么问题？

（4）本例的毒物化验结果可能会出现什么结果？如何解释？

【思考题】

1. 我国常见有毒植物有哪些？其中毒原因是什么？

2. 试述乌头中毒的中毒症状、尸体检查所见及法医学鉴定要点。

（张志湘）

第十一章　突发性、群体性中毒

实验二十二　急性硫化氢中毒实验

经呼吸道吸入是环境中气体毒物进入机体的常见接触途径，也是法医毒理学实验重要的染毒方式。吸入毒性实验分静式染毒和动式染毒，染毒方法包括口鼻接触和全身置于染毒柜中两种方式。静式染毒设备简单，使用方便，便于在教学实验室内完成。本实验利用自行制备硫化氢（H_2S）作为染毒物，采用静式染毒法进行实验。

【实验目的】

1. 掌握急性群体性毒性实验设计原则。
2. 掌握硫化氢中毒死亡尸体解剖检查所见和检材提取。
3. 熟悉呼吸道静式染毒方法。
4. 了解硫化氢中毒症状。

【实验原理】

H_2S 在体内能与氧化型细胞色素氧化酶中的 Fe^{3+} 结合，抑制细胞中电子传递和分子氧的利用，引起细胞窒息或内窒息；极高浓度作用下，直接刺激颈动脉窦、主动脉体化学感受器，立即或数秒钟内反射性呼吸抑制，或直接作用于呼吸和血管运动中枢，使得呼吸麻痹，致电击样死亡。将实验动物置于具有固定体积的染毒柜内，导入一定体积的 H_2S 气体，形成所需的 H_2S 空气浓度（根据文献 H_2S 浓度与中毒症状的关系计算），实验动物通过呼吸道途径吸入硫化氢气体，观察动物的中毒反应、解剖检验中毒死亡动物表现。

【实验材料】

1. 实验动物　健康成年 SD 大鼠，重 220～250g 左右，雌雄各半，随机分为实验组和对照组，实验动物数量根据学生人数和分组情况而定，实验前动物在实验环境中适应 3～5 天。

2. 实验器材　静式吸入染毒柜（体积应能满足实验期间动物最低需气量的需求），通风橱，铁架台（带铁圈）、分液漏斗、烧瓶、玻璃管、胶塞，动物解剖器械。

3. 实验试剂　稀硫酸、硫化亚铁（用于制备硫化氢）、氢氧化钠（用于处理 H_2S 残气），饱和苦味酸溶液（用于标记实验动物）。

【实验步骤】

1. 选择健康实验动物，称重，编号。设对照组和实验组，空白对照组一只小鼠脱臼处死，解剖检验。

2. 剂量设计　根据 H_2S 浓度与中毒症状的关系，确定 H_2S 的染毒浓度为 1400mg/L，H_2S 的密度为 1.19g/L。染毒柜的容积满足每只小鼠每小时染毒不少于 3L，结合在上述浓度下小鼠立即～30 分钟内死亡评估计算，10L 染毒柜可以满足 3 只小鼠一次性集体染毒，选取染毒柜的规格为 360mm×270mm，体积（V）为 10L（可以根据实验需要选择染毒柜）。计算需产气量 a（ml），$a=(c \cdot v)/d \cdot 10^{-3}$（a 为产气量、c 为染毒浓度、v 为染毒柜体积、d 为染毒物密度）可计算需 H_2S 产气量 a（ml）。进而根据化学反应计算稀硫酸量和硫化亚铁量（按照 1.2 倍实验量准备）。氢氧化钠 30ml 用于残余气体处置。

3. H_2S 气体的制备准备　在分液漏斗内加入 62% 稀硫酸 32ml，在烧瓶内加入硫化亚铁 48g，连接好装置（图 11-1），通过玻璃管胶塞连接染毒柜通风口。

化学方程式：$H_2SO_4 + FeS = FeSO_4 + H_2S\uparrow$

4. 染毒　将 3 只小鼠装入鼠笼中一并放入染毒柜内，加盖，导入制备的 H_2S 气体进行染毒（图 11-2）。

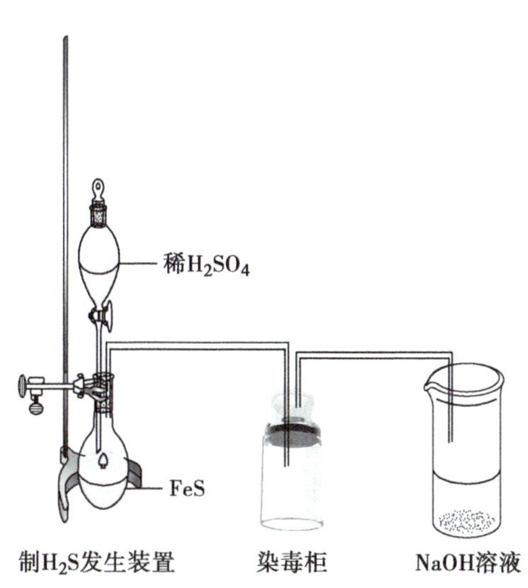

图 11-1　H_2S 气体发生、染毒、处理装置

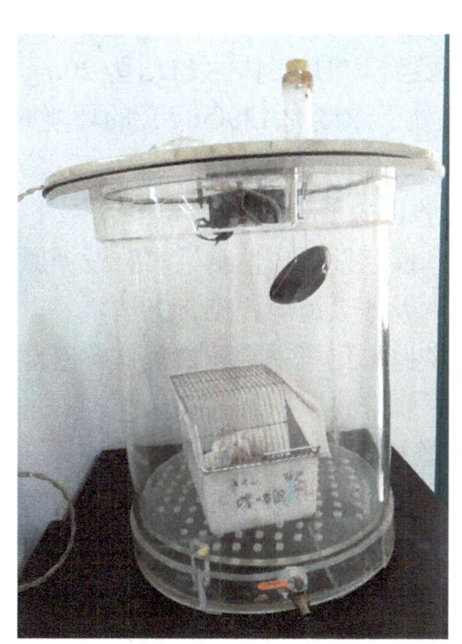

图 11-2　静式染毒柜图

5. 观察、记录实验结果　观察、记录实验动物的中毒表现。

6. 尸体解剖和标本提取　实验动物大体解剖应在其死亡或处死后立即进行，对照组小鼠脱臼处死，以免引起动物组织自溶和腐败，影响检查结果。解剖方法采取胸腔、腹腔脏器联合取出法。解剖时观察脏器的外形和表面情况、颜色、边界和大小、质地、切面。留取标本组织，标本应保持原有形态，将留取的组织标本放入 10 倍体积的 10% 甲醛液中固定，固定好后的组织经石蜡包埋、切片、脱蜡、HE 染色、脱水、透明、封片等常规过程制片。在光学显微镜下仔细观察并做出病理学诊断。

7. 提取肺、心血、尿液等检材，送毒物检测。

【结果观察】

按表 11-1 进行观察并记录。

表 11-1　主要脏器观察指标

编号	死亡时间	尸斑颜色	肺脏			心血颜色
			颜色	出血	水肿	
对照组						
实验组						

【注意事项】

1. 加入实验动物后，应立即将染毒柜密闭，防止 H_2S 逸出影响设定浓度及污染周围环境。

2. 染毒结束后，应在通风柜内或通风处开启染毒柜，开启前将染毒柜内残气连接装有氢氧化钠的烧杯，夹闭硫化氢导入，开启备用导入胶管导入空气，进行残气处理，防止污染环境。

【思考题】

1. 试述硫化氢中毒尸斑颜色及形成机制。

2. 人体硫化氢中毒常见于哪些情况？有何特点？

3. 试述人体硫化氢中毒法医学鉴定要点。

实验二十三 急性磷化氢中毒实验

磷化铝片剂为带有白色斑点的灰黑色固体，粉剂外观呈灰绿色。产品易吸收空气中的水分，分解放出高效剧毒磷化氢（PH_3）气体，每克磷化铝片剂能产生大约1克磷化氢气体：$AlP+3H_2O=Al(OH)_3\downarrow+PH_3\uparrow$。人经口$PH_3$气体的$LD_{50}$为20mg/kg，当人接触磷化氢浓度为409～846mg/L时，0.5～1小时致死；当人处于浓度为1390mg/L的环境时，可立即死亡。本实验利用自行制备磷化氢作为染毒物，采用静式染毒法进行实验。

【实验目的】

1. 掌握急性群体性毒性实验设计原则。
2. 掌握呼吸道静式染毒方法。
3. 掌握磷化氢中毒死亡尸体解剖检查所见和检材提取。
4. 了解磷化氢中毒症状。

【实验原理】

磷化氢在体内进入细胞抑制细胞色素氧化酶，引起细胞内窒息；极高浓度作用下，呼吸系统和中枢神经系统症状发生快，引起中枢神经系统病变，肺水肿、出血等，严重者发生致死性休克。将实验动物置于具有固定体积的染毒柜内，导入一定体积的PH_3气体，形成所需的PH_3空气浓度，实验动物通过呼吸道途径吸入磷化氢气体，观察动物的中毒反应、解剖检验中毒死亡动物表现。

【实验材料】

1. 实验动物　健康成年SD大鼠重220～250g左右，雌雄各半，随机分为实验组和对照组，实验动物数量根据学生人数和分组情况而定，实验前动物在实验环境中适应3～5天。

2. 实验试剂　水、磷化钙（用于制备磷化氢），饱和苦味酸溶液（用于标记实验动物）。

3. 实验器材　静式吸入染毒柜（体积应能满足实验期间动物最低需气量的需求），通风橱，铁架台（带铁圈）、分液漏斗、烧瓶、玻璃管、胶塞，动物解剖器械。

【实验步骤】

1. 实验动物称重，编号。

2. 剂量设计　根据PH_3浓度与中毒症状的关系，确定PH_3的染毒浓度为1390mg/L，PH_3的密度为1.379g/L（气态，25℃）。染毒柜的容积满足每只小鼠每小时染毒不少于3L，结合在上述浓度下小鼠立即～30分钟内死亡评估计算，10L染毒柜可以满足3只小鼠一次性集体染毒，选取染毒柜的规格为360mm×270mm，体积（V）为10L（可以根据实验需要选择染毒柜）。计算需产气量a（ml），$a=(c\cdot v)/d\cdot10^{-3}$（a为产气量、c为染毒浓度、v为染毒柜体积、d为染毒物密度）可计算需PH_3产气量a（ml）。进而根据化学反应计算Ca_3P_2和H_2O的用量（按照1.2倍实验量准备）。

3. PH_3气体的制备准备　在分液漏斗内加入水27ml，在烧瓶内加入磷化钙44g，连接好装置（图11-3），通过玻璃管胶塞连接染毒柜通风口。

化学方程式：$Ca_3P_2+6H_2O=2PH_3\uparrow+3Ca(OH)_2$

4. 染毒　将实验组大鼠装入鼠笼中一并放入染毒柜内，加盖，导入制备的PH_3气体进行染毒。

5. 观察、记录实验结果　观察、记录实验动物的中毒表现及死亡经过。

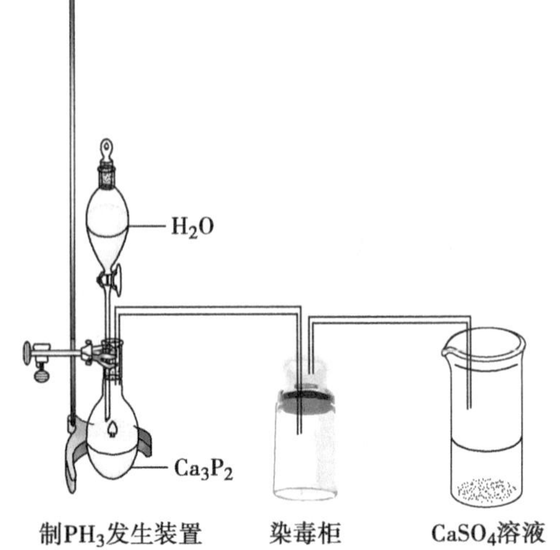

图11-3　PH_3气体发生、染毒装置

6. 尸体解剖和标本提取　实验动物解剖应在其死亡

立即进行，解剖可采用胸腔、腹腔脏器联合取出法；对照组动物断颈处死。解剖时对比观察两组动物脏器的外形和表面情况、颜色、边界和大小、质地、切面。

7. 提取肺、心血、脑等检材，送毒物检测。

【结果观察】

按表 11-2 观察并记录实验结果。

表 11-2　主要脏器观察结果按照下表记录

编号	死亡时间	脑水肿	肺脏			心血状态
			颜色	出血	水肿	
对照组						
实验组						

【注意事项】

1. 加入实验动物后，应立即将染毒柜密闭，防止 PH_3 逸出影响设定浓度及污染周围环境。

2. 染毒结束后，应在通风柜内或通风处开启染毒柜，防止污染实验室。

【思考题】

1. 磷化氢中毒肺脏表现有哪些？形成机制是什么？

2. 人体磷化氢中毒常见于哪些情况？检材提取有何要求？

3. 试述人体磷化氢中毒法医学鉴定组织学观察所见。

实验二十四　中毒案例分析

群体是人们以一定方式的共同活动为中介而组合成的人群集合体。群体规模，基于两人往往只能构成个人间的关系，不能体现群体的特征，故大多数主张“群”的下限应为不能少于三人。而群体性事件包括社会事件、政治事件、生物学事件、损伤事件等等，法医学专业主要研究损伤事件，作为损伤事件包括自然灾害事件、空难事件、火灾事件、重大交通事故事件、矿难事件、中毒事件等。群体性中毒事件即可定义为三人以上因某种毒物引起中毒出现脏器组织结构、功能破坏乃至死亡的情形。同一群体性中毒案件中个体中毒程度可以不等，损害后果可以不同，中毒发生的时间、空间可以不等；可以表现为急性和慢性中毒。此类中毒案件的特点是人群的数量大，合并某些群体存在心因性作用，时间影响客观检测和正确判断，加大了鉴定难度。而急性群体性中毒的重大事件，在短时间内难以尽早明确事件原因时，极易引起社会恐慌，法医鉴定自然成为焦点。

引起群体性中毒的物质包括化学性毒物、有毒动植物、真菌微生物、药物等，作为化学性毒物中毒，诸如毒品中毒、醇中毒、一氧化碳中毒、农药中毒、毒鼠强中毒等，作为有毒植物较为常见的为毒菌中毒。

毒物可以通过人为使用（食用、药用）、被动呼吸等方式侵入机体；引起中毒的途径包括消化道、呼吸道、肌内注射、静脉注射等，主要为消化道和呼吸道，毒物性状可以表现为气体、液体、固体。作为有毒气体，经呼吸道意外吸入引起中毒较为隐匿，往往存在现场勘验、检材采集的滞后而影响毒物的检测，出现开放性空间有毒气体检材定性检测不能或定量检测下降。

中毒性质包括意外、他杀、集体自杀以及他杀合并自杀。

本章节根据近年来实际突发性、群体性中毒案件发案情形和法医鉴定实践需要，选择介绍如下。

【实验目的】

本章节以突发性、群体性中毒案件法医学鉴定为学习重点，突发性、群体性中毒案件具有中毒人数多、案情调查复杂、中毒个体表现存在差异、法医学鉴定工作量大等特点，为了更好地理解突发性、群体性中毒，掌握常见突发性、群体性中毒案例临床表现和法医学鉴定要点。本实验通过实际案例分析，达到以下的认识和理解：

1. 突发性、群体性中毒法医学鉴定要点。

2. 死亡原因及案件性质分析。

【案例1】

1. 案情摘要

(1) 初步调查：某日中午某家庭母亲、女儿、儿子三人同在某市一酒店就餐，下午在自家休息，未见异常。在自家同用晚餐后，三人在家中休息，5小时后，儿子、女儿、母亲依次出现呕吐、腹痛等症状，疑似食物中毒，随后，母亲到附近诊所请医生出诊来家中给三人输液治疗。次日凌晨5时左右，三人症状加重，丈夫接电话回家后开车将三人送当地某人民医院急诊抢救。女儿、儿子抢救无效于入院后2小时左右相继死亡，母亲仍在抢救中(后历经42天抢救生还)，家属报警。经调查和审查未见家庭、邻里纠纷，未见有情感、经济等矛盾。

(2) 现场勘验：死者卧室位于一楼，毗邻邻居家一楼堂屋储存有大量大黄药材，邻居卧室位于二楼。现场发现有两只一次性纸质口杯，口杯内残留液体；女儿、儿子衣着上均黏附呕吐物。口杯及呕吐物四个检材分别提取后送检测机构行毒物化学检验。

(3) 后期调查：邻居多年从事大黄生药买卖，通常大黄生药储存处理方法：每天通风以防潮；每月一次用磷化铝药物熏蒸以防虫、杀虫，通常磷化铝撒在药袋上面，需盖上塑料布以防止药物气味逃逸。药物剂量根据大黄的多少凭经验使用。撒药后操作人员立刻离开现场，通常关上门熏蒸两三天，打开塑料布，此时磷化铝就从圆片状变成粉末状。熏蒸过程中释放的药物气味非常浓、刺鼻。事发期间内，住处一楼堂屋堆放大黄约十几吨，大黄用编织袋分装堆放，每袋四五十斤，使用了磷化铝(购自某镇)熏药，某日傍晚揭开塑料布后通风。

2. 法医学检查(摘录其中一具尸体检验记录)

(1) 尸表检验：移动尸位，全身赤裸。解冻男性尸体，尸长120cm，头发黑色，发长0.5cm。发育正常、营养中等。尸斑暗红色，位于尸体未受压处。尸僵稍强，存在于全身各大关节。头面部：眼睑闭合，双眼睑、巩膜未见明显出血点，角膜轻度混浊；口、鼻腔及双侧外耳道未见明显异常。颈部：皮肤未见损伤。胸腹背部、四肢、肛门及会阴部均未见明显损伤。

(2) 解剖检查：常规冠状位切开头皮，头皮无损伤，帽状腱膜下无出血，颅盖骨无骨折。硬脑膜外、下及蛛网膜下腔均未见出血，软脑膜透明。全脑重1504g，双侧大脑半球对称，脑沟变窄，脑回增宽，无脑疝形成，脑动脉血管壁无异常，基底动脉无出血，大脑连续冠状切面无出血，脑室正常，脑内结构双侧对称，脑干、小脑肉眼未见异常。脑脊液无混浊，脑垂体无异常，颅底未见骨折。常规切开颈胸腹部，颈部浅深肌群未见出血，甲状腺对称，切面无病灶。舌骨及甲状软骨无骨折。咽喉黏膜呈淡红色，气管内无异物。食道黏膜无异常。胸壁皮下组织未见损伤；胸骨及双侧肋骨未见明显损伤；横膈高度：左侧在第4肋，右侧在第4肋间；胸腔无积液；胸腺无异常。心包无破裂，心包腔无积液。心脏外观无异常，心脏重143g，左、右心室无肥大；各瓣膜均无异常，瓣膜周径分别为：三尖瓣8.0cm，肺动脉瓣6cm，二尖瓣5.5cm，主动脉瓣7.0cm。左心室壁厚0.9cm，右心室壁厚0.3cm；心肌切面未见梗死灶，心内膜无异常，左、右心室肌无出血，心腔无血栓形成；冠状动脉无栓塞及硬化。左肺重270g，右肺重332g，双肺脏层胸膜与胸壁无粘连，双肺未扪及结节，肺边缘略钝，双肺表面出血(图11-4)，切面正常肺纹理消失、深褐色，支气管内黏膜充血，肺门淋巴结未见明显肿大，肺动脉及分支无血栓栓塞。腹部皮下脂肪厚0.6cm。腹腔内无积液，大网膜位置正常。胃内容物为混浊液体，量约200ml，胃黏膜无出血，胃浆膜面光滑。肠管、系膜及阑尾均无异常。肝脏重703g，被膜完整，肝边缘锐，质地中等，肝表面无病灶损害，切面无结节。胆囊有少许胆汁，胆道外观无异常。胆管、肝总管与十二指肠通畅。脾重70g，包膜完整无皱缩。胰重80g，切面无出血，无脂肪坏死。双肾脏位置正常，左肾重64g，右肾重63g，肾脏包膜光滑易剥离，切面皮、髓质分界清晰，肾小动脉管壁无增厚，肾盂和肾盏正常。肾上腺无异常。左右输尿管通畅，膀胱未见异常。背部解剖：未见明显异常。

（3）组织病理学检验

脑：大、小脑及脑干病理改变基本一致，蛛网膜下腔血管及脑内小血管扩张、充血，神经细胞及血管周空隙增宽。神经细胞尼氏体模糊或消失，胶质细胞见增生，脑组织内未见出血及炎症细胞浸润（图 11-5）。

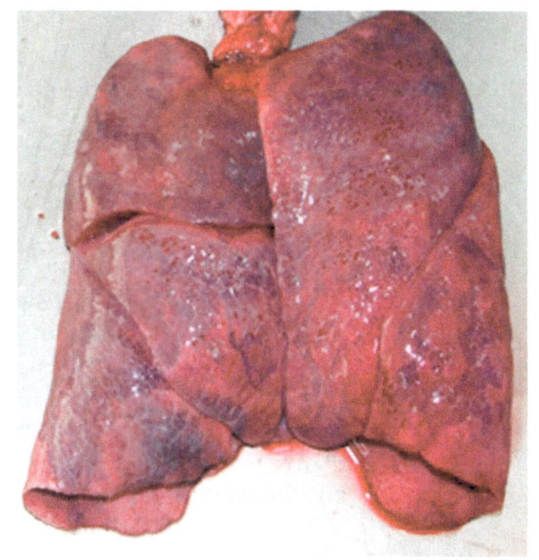

图 11-4　双肺表面出血、肺水肿

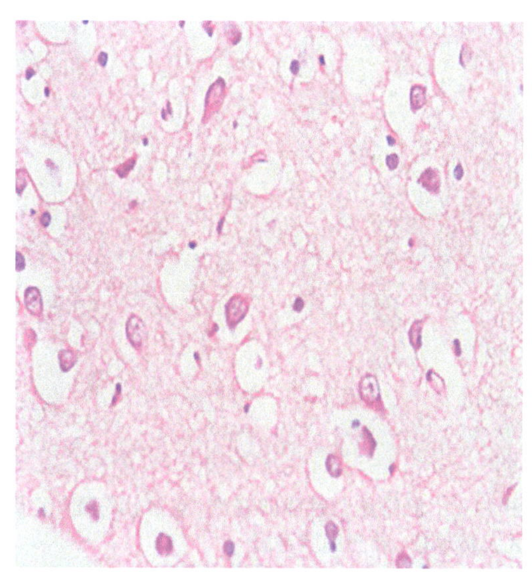

图 11-5　神经细胞、胶质细胞周围空隙增大

心：心肌纤维横纹不清，左心室见局灶性心肌纤维变性、坏死，间质内小血管扩张、充血（图 11-6），有的心肌间质内见散在炎性细胞浸润；窦房结、房室结及浦肯野纤维未见异常，室间隔未见异常。

肺：支气管黏膜上皮细胞部分脱落，有的细支气管壁平滑肌层收缩，管腔呈花边样改变，双肺肺泡壁增厚，毛细血管扩张、充血。肺组织弥漫性水肿，灶性出血（图 11-7）。

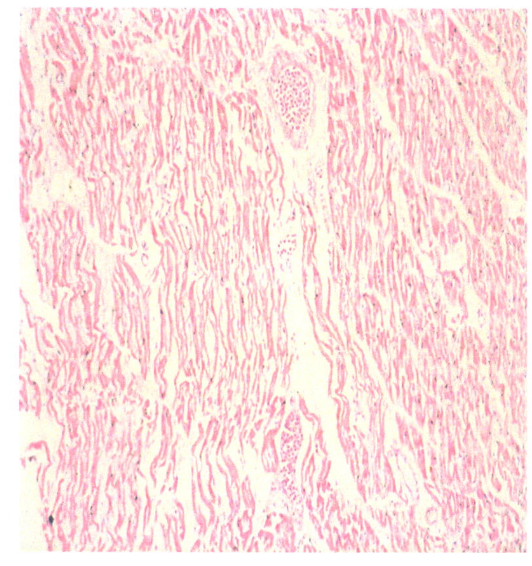

图 11-6　局灶性心肌纤维变性、坏死

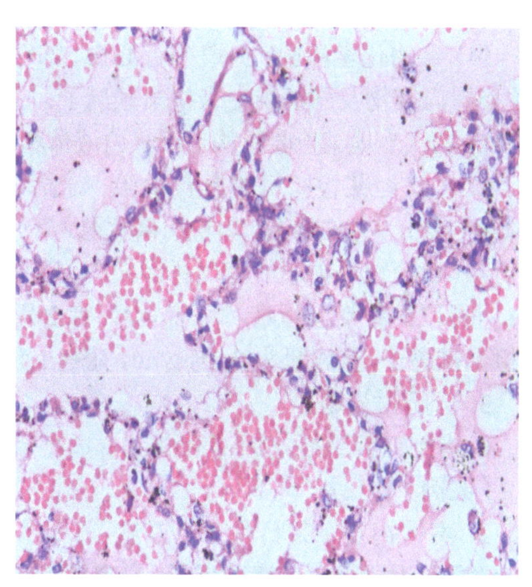

图 11-7　肺组织弥漫性水肿、灶性出血

肝：肝小叶结构可辨，肝细胞索排列紊乱，肝细胞灶性脂肪变性，点灶状肝细胞坏死，肝窦扩张、充血；汇管区可见大量单核、淋巴细胞浸润（图 11-8）。

肾：肾小球毛细血管扩张、淤血，肾近曲肾小管上皮细胞自溶（图 11-9），肾间质血管扩张、淤血，部分区域见少量慢性炎性细胞浸润。

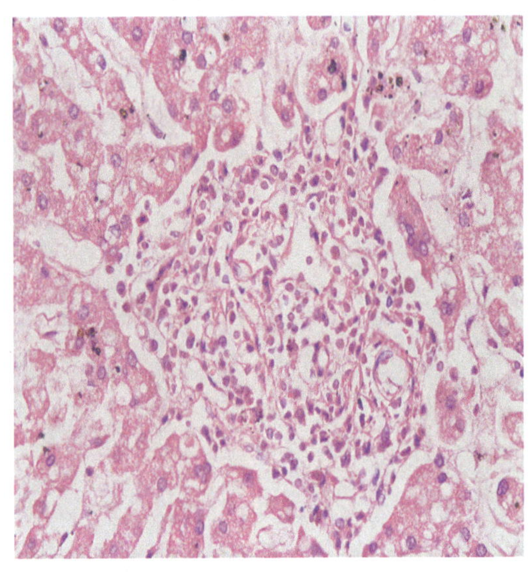

图 11-8 肝细胞灶性脂肪变性，点灶状坏死，汇管区大量单核、淋巴细胞浸润

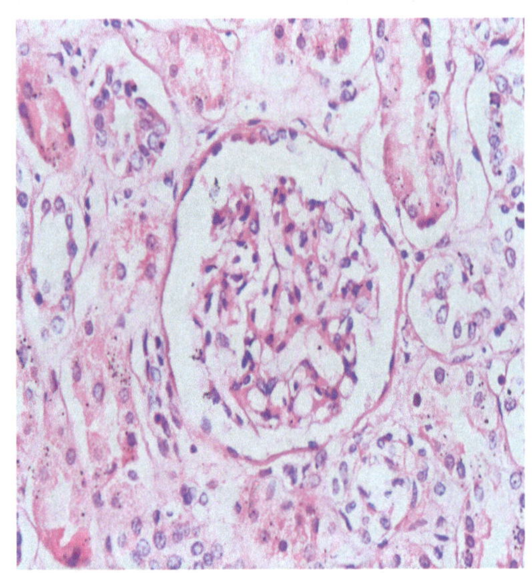

图 11-9 肾小球毛细血管扩张、淤血

脾：脾小体及脾髓结构可辨，脾窦淤血；中央动脉无异常。

胃、肠：黏膜上皮部分脱落，黏膜下层小血管扩张、淤血，肌层及浆膜层未见异常。

胰：腺体结构正常，腺细胞灶性自溶，未见出血及坏死。

甲状腺：滤泡结构正常，滤泡腔内充满胶质成分，间质内血管扩张、充血。

肾上腺：皮质未见异常，髓质小血管扩张、充血。

喉头：咽喉黏膜上皮细胞部分脱落，黏膜下少量淋巴细胞浸润。

膀胱：未见异常。

(4) 毒物化学检验：提取死者心血、部分胃组织及胃内容物、部分肝脏进行毒物化学检验，在胃组织、胃内容物及肝组织中未检出氰离子；心血中检出磷化氢，其含量为 1.6μg/ml，未检出氰离子。

1) 初次当地某检验机构对纸杯内液体和衣着上呕吐物进行检测，报告检出氰离子成分 0.01μg/ml；

2) 再次经某检验机构复核检验：对提取的死者 1、死者 2 心血应用 IFSC 03-03-012011、IFSC 03-07-04-2011 方法检验，均检出磷化氢，其含量分别为 1.6μg/ml 和 6.5μg/ml，两份检材中均未检出氰离子；对后期现场提取的空气样品（广口瓶包装），采用 IFSC 03-03-01-2011 方法检验，均未检出磷化氢；对提取的存活者胃液和死者 1、死者 2 胃内容物采用 IFSC 03-07-04-2011 方法检验，存活者胃液中检出氰离子，其含量为 0.01μg/ml，死者 1 和死者 2 胃内容物中均未检出氰离子。

3. 分析讨论题

对本例死因进行分析讨论。

【案例 2】

1. 案情摘要　某日晚十点左右，一私人作坊（室内堆放大量易燃物：纸质、化纤原材料）发生火灾，经历 2 小时灭火后清理现场，发现四具烧焦的尸体，另一名严重烧伤的成年男性系参加灭火的抢险者，该男子因严重烧伤送医院后持续昏迷，抢救二日后发生死亡。具体火灾发生原因，经现场勘验和消防专业鉴定为电器使用不当引发火灾。

2. 法医学检查

（1）尸表检验：四具尸体衣着烧毁，口舌表面覆盖炭尘，体表皮肤硬化或炭化，黑色，肢体呈屈曲状，体表毁损严重，颜面部、颈部、胸部、腹部、四肢均有不同程度烧伤，个别尸体局部见骨外露（图 11-10A～E）。

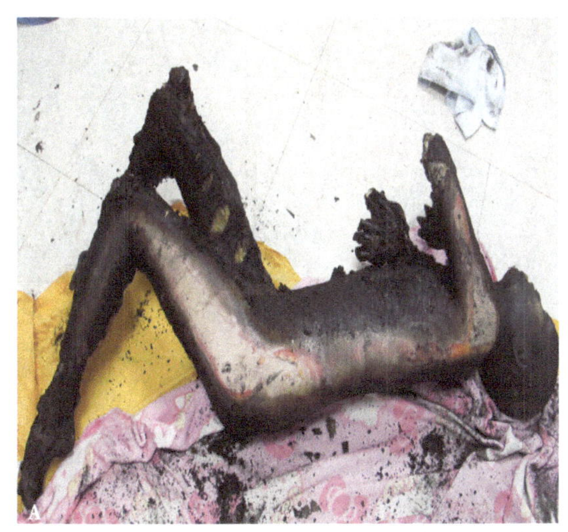
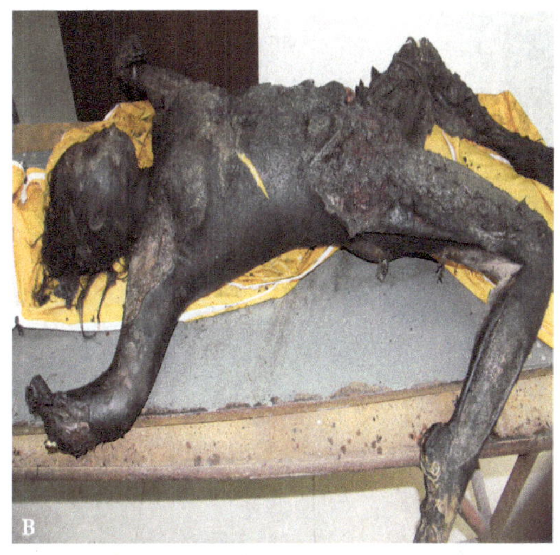
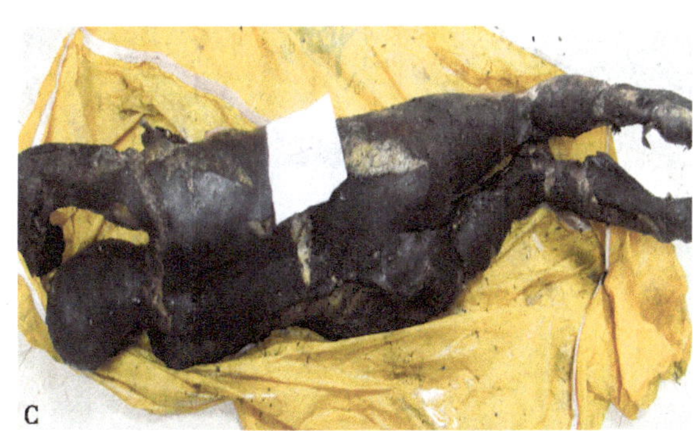
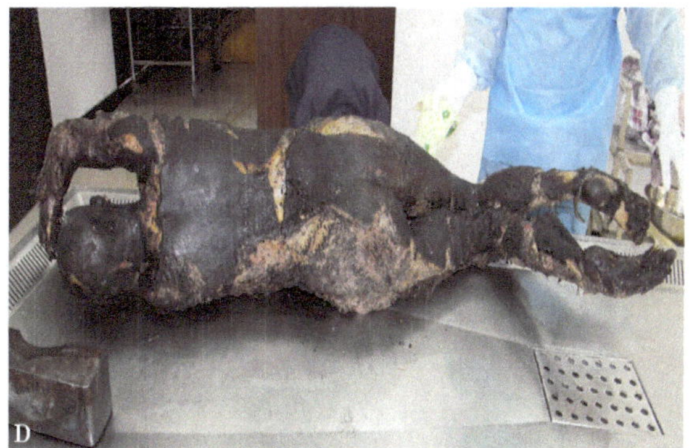
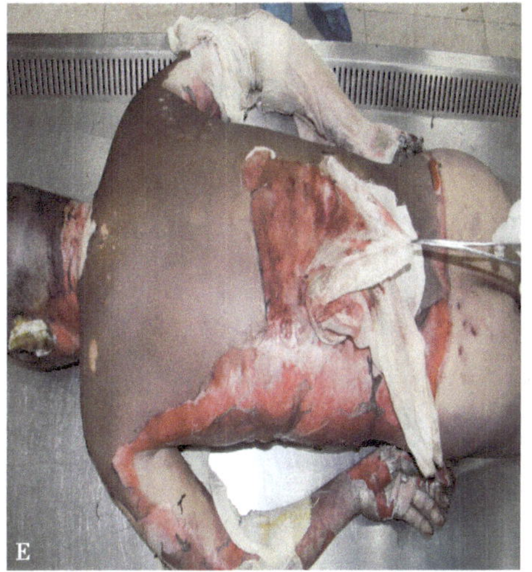

图 11-10　A～E 体表不同烧伤、毁损

(2) 解剖检查：切开颈部皮下脂肪、肌肉层，残存软组织内未见出血、可见热作用效应等（图 11-11A～E）；

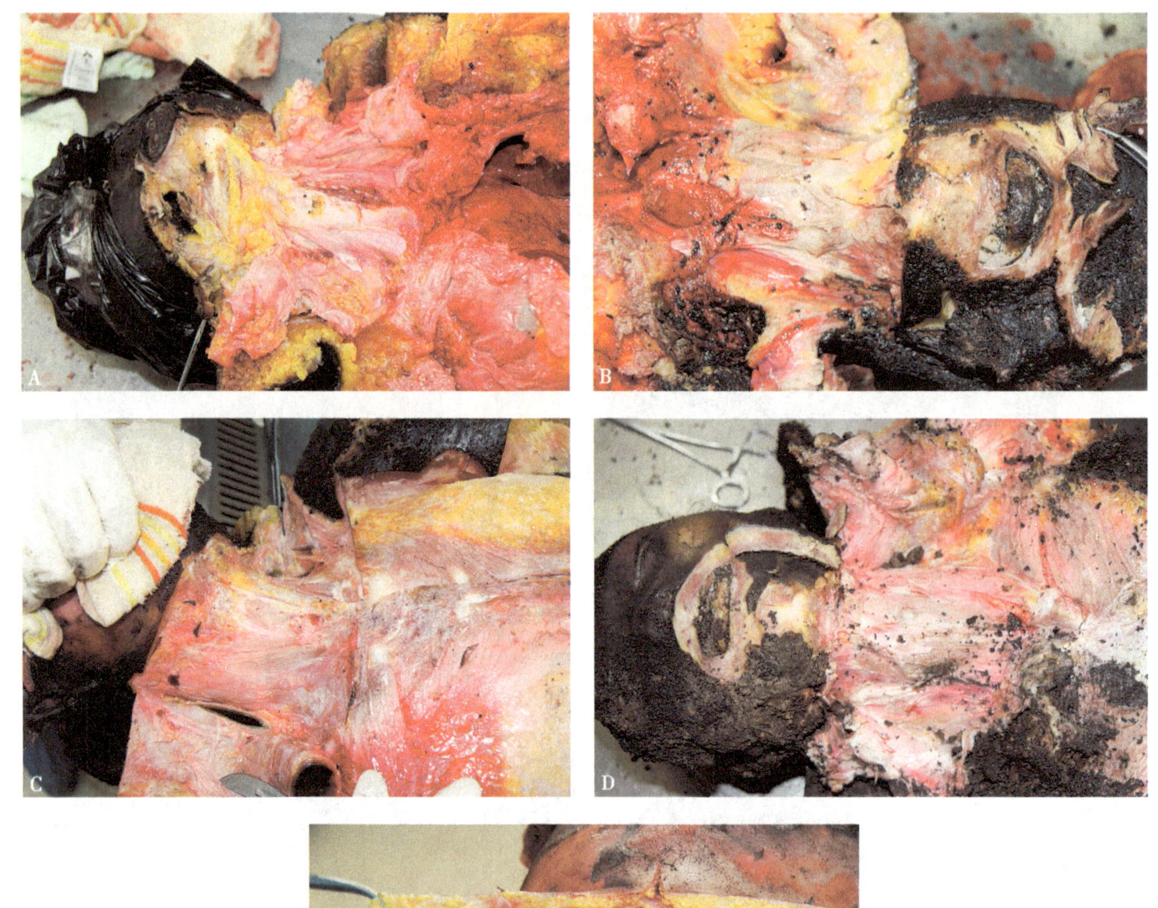

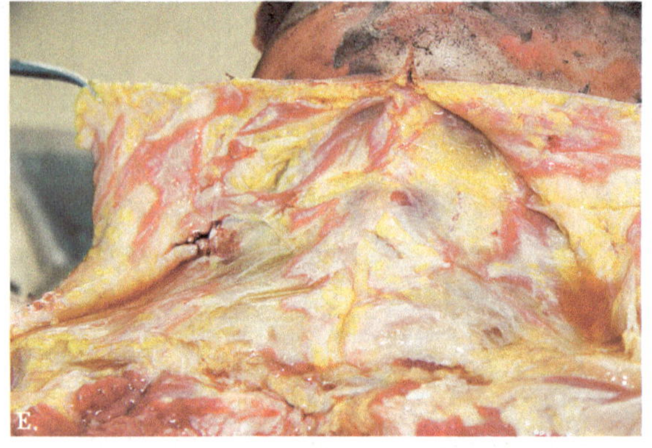

图 11-11　A～E 颈部等软组织均未见出血

舌骨、甲状软骨未见骨折；咽喉部、气管内均可见多少不等的炭灰（图 11-12A～E）；

血液呈流动状、颜色为樱桃红色，心尖部外膜下有点状出血（图 11-13A～E）；

肺脏表面见点片状出血，其中有三例双肺呈樱桃红色（图 11-14A～E），肺水肿。

脑组织存在热作用等，脑回宽，三例脑表面呈不同程度樱桃红色（图 11-15A～E）。

一例烧伤 40% Ⅲ度以上者，咽喉部、气管内见少量灰色粉末，支气管黏膜充血、水肿，肺水肿、出血。

(3) 毒化检验：提取心血 / 外周血进行毒物化学检测，其中三例结果报告为 HbCO 59.3%、HbCO 59.1% 和 HbCO 58.2%（检出结果见表 11-3），余未见常见毒物。

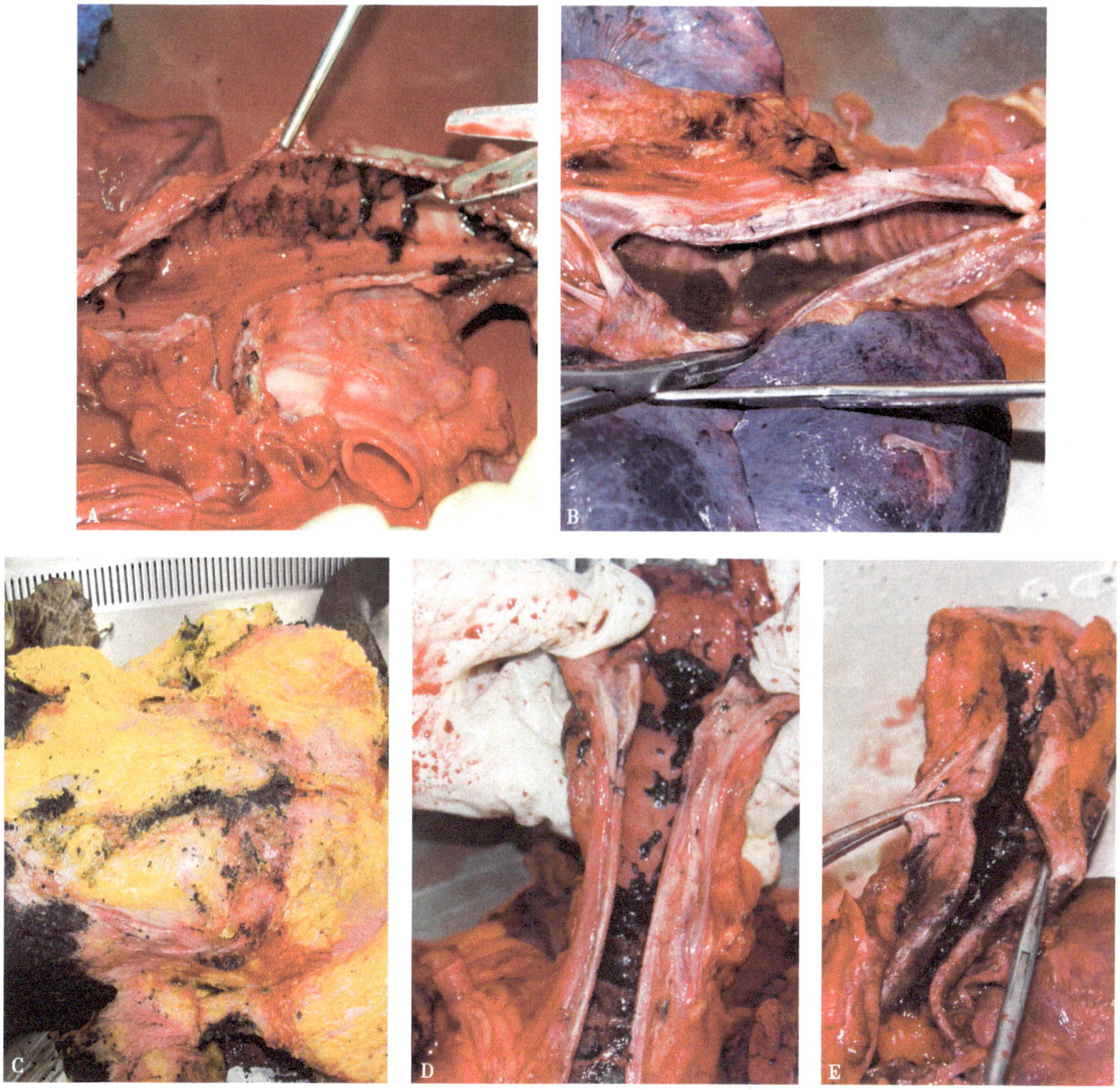

图 11-12　A～E 咽喉部、气管内均可见多少不等的炭尘

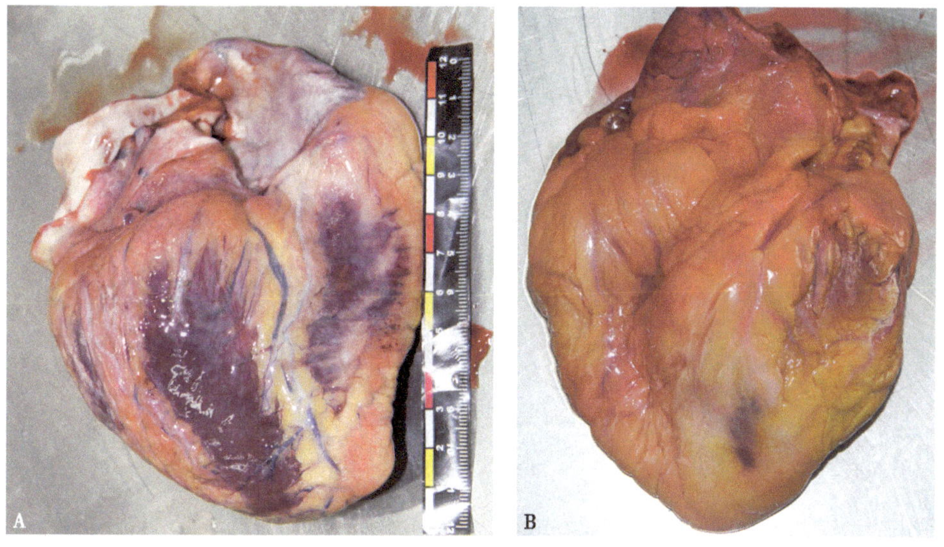

图 11-13　A～E 血液颜色及心包膜外观

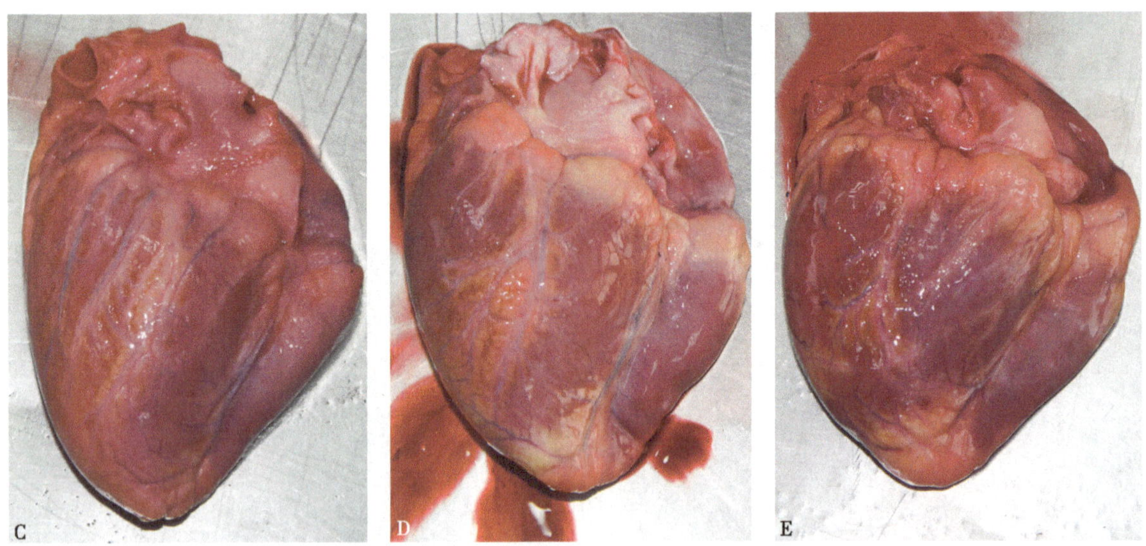

图 11-13　A～E 血液颜色及心包膜外观（续）

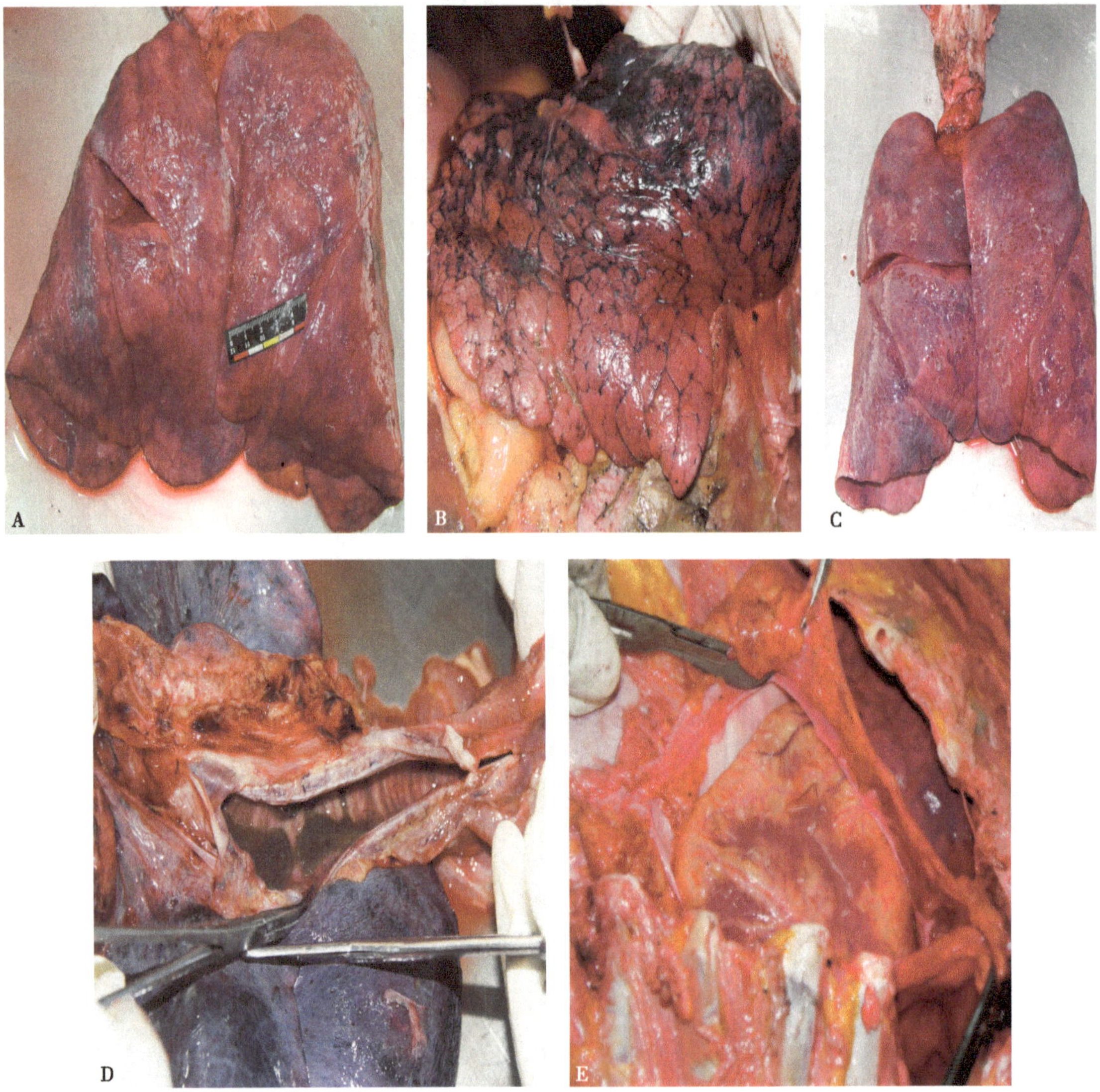

图 11-14　A～E 肺脏颜色

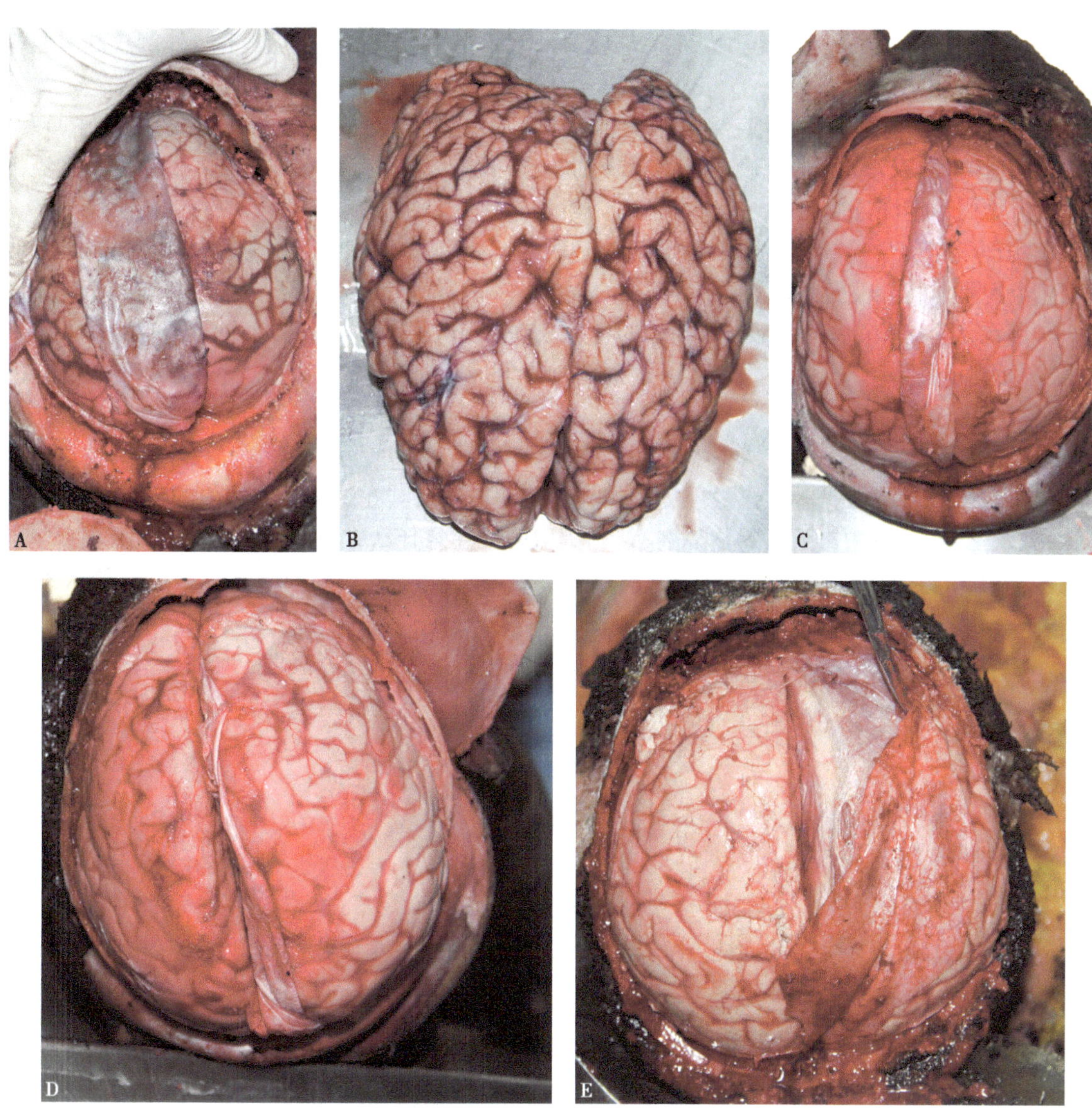

图 11-15　A～E 脑表面形态

表 11-3　血液 HbCO 检测结果

编号	标本	HbCO（%）
1	心血	59.3
2	心血	59.1
3	心血	58.2
4	心血	18
5	外周血	12

3. 分析讨论题

根据案情、毒物分析结果及法医病理学检查所见分析本例五位死者死因。

【案例 3】

1. 案情摘要　某日，六人被发现死亡，现场为一排污水渠旁，经勘验排污水渠当日曾经被挖掘机清理过。

2. 法医学检查

（1）尸表检验：尸斑呈蓝褐色青紫，指压不褪色；颜面部皮肤及口唇黏膜、牙龈黏膜呈蓝褐色青紫；

双眼球结膜充血，睑结膜见点状出血；双手掌皮肤及双手指甲呈蓝褐色青紫；下肢外侧皮肤呈蓝褐色青紫；双趾甲呈蓝褐色青紫。

（2）解剖检查：内脏略呈蓝绿色；血液呈流动状；脑水肿；气管有出血点；双肺淤血水肿，双肺叶间见大量点状出血及渗出；心脏表面见点状出血。部分体表局部有浅表擦挫伤；鼻腔见白色溢出泡沫，气管内见白色泡沫。

（3）病理学组织学检验：部分脑组织存在点状出血、坏死、软化灶；肺水肿、灶性肺出血；心肌变性坏死；个别呈非特异性窒息征象。

（4）毒物化学检验：水闸底部 H_2S 气体的含量 600mg/m^3，肺组织、血液中均检出 H_2S 成分。

3．分析讨论题

请对本案例进行死因分析。

【思考题】

1．如何评价突发性、群体性事故现场气体样本检测结果及其在法医学鉴定中的价值？

2．突发性、群体性中毒死亡尸体解剖、检材提取时应注意什么？

（胡永良）

第十二章　综合、设计性实验

第一节　毒物代谢动力学及死后再分布实验

法医毒物动力学或毒物代谢动力学是通过研究观察毒物在人体或动物体内吸收、分布、代谢和排泄的过程与特点，探讨毒物发挥毒性作用发生和发展的规律性，从而为毒物毒性、安全性评价和中毒的法医学鉴定提供科学依据。根据药（毒）物动力学原理和生理学研究基础，常把毒物动力学模型分为隔室模型、生理药（毒）物动力学模型和药（毒）动学与药（毒）效学链式模型。在法医毒理学研究中最常用的是隔室模型，尤其是一室模型和二室模型较常用。毒物动力学研究的实验方法有生物效应法和体内药物浓度法，可以对单一毒物或联合毒物进行动力学研究。

毒物死后再分布主要是观察毒物在人体或动物尸体器官组织内浓度的变化过程，特别是心血中毒物浓度的死后变化。死后再分布的机制较复杂，目前研究认为与顺浓度梯度扩散（弥散）、死后血液流动、生前吸收分布不均、毒物的降解和破坏、微生物的作用以及各种毒物之间的相互影响作用等机制有关。

在法医毒理学研究中，常把毒物动力学试验与毒物死后再分布试验联合进行，先观察毒物在实验动物体内吸收、分布、代谢和排泄，探讨毒物的代谢动力学规律，处死试验动物后再观察毒物在动物尸体内死后再分布情况，以便指导毒物分析检材提取和分析检验。

实验二十五　苯巴比妥代谢动力学实验

苯巴比妥为长效巴比妥类镇静催眠药，临床应用广泛，用量超过“临界点”就会引起严重不良反应或中毒死亡，法医学实践中有许多自杀、他杀和滥用的案例报道。

【实验目的】

1. 掌握观察苯巴比妥在大鼠体内的毒物（代谢）动力学、动态分布的方法与结果。

2. 熟悉常见生物检材中苯巴比妥药物提取、气相色谱和气相色谱/质谱检测方法。

3. 了解苯巴比妥代谢动力学为临床苯巴比妥中毒诊断和苯巴比妥中毒死亡的法医学检验鉴定的意义。

【毒理作用】

苯巴比妥能抑制丙酮酸氧化酶系统，对中枢神经系统具有广泛的抑制作用，与酒精、吗啡或非巴比妥类催眠镇静剂均有协同作用。苯巴比妥口服易从肠黏膜吸收，入血后与血浆蛋白结合，迅速分布于全身组织和体液中，也能通过胎盘进入胎儿体内。苯巴比妥代谢主要经肝药酶氧化代谢。苯巴比妥分析检测方法有HPLC法、HPLC/MS、电位双点滴定法、二次微分简易示波伏安法和GC法等，但生物组织中苯巴比妥的检测方法报道较少。

【实验材料】

1. 实验动物　SD大鼠，体重220～250g左右，雌雄不限，分为实验组和对照组，实验组大鼠染毒，对照组大鼠不染毒。

2. 实验器材　微量固相萃取系统、气相色谱仪、气相色谱 / 质谱联用仪（GC-MS）。

3. 实验试剂　苯巴比妥纯品、酸性乙醚、10% 盐酸溶液、丙烯巴比妥（内标液）配制成 1.0mg/ml 的乙醇储备液等。

【实验步骤】

1. 标准曲线制作　取未染毒对照组大鼠心肌、肝、脾、肺、肾、脑等组织固体检材 1g 或血 1ml，加蒸馏水 1ml，加入内标液 20μl，振荡，固体检材超声细胞粉碎、匀浆 3 分钟，10% HCl 调 pH 2～3，振荡摇匀，加入 5ml 乙醚，振荡 15 分钟，1800r/min 离心 10 分钟，将上清液移入另 1 支干净、干燥试管中，重复萃取 1 次。40℃恒温水浴中挥干，20μl 无水乙醇定容，取 1μl 进样检测，保留时间定性，内标法和工作曲线法定量[气相色谱 - 质谱联机分析，选择离子模式检测（SIM），质谱图、质量色谱图定性，气相色谱检测，内标法定量]。

2. 气相色谱 - 质谱联用仪定性检测　气相色谱 - 质谱联用仪（Finnigan）条件：DB-5 毛细管柱（30m × 0.25mm × 0.25μm），EI 源 70ev；质量范围：50～650，柱温 130℃，1 分钟，→10℃/min→240℃，2 分钟：离子源温度：200℃，传输线温度：250℃，载气：氦气，1.5ml/min。

3. 气相色谱定量测定　气相色谱（Finnigan）条件：DB-5 毛细管柱（30m × 0.25mm × 0.25μm），柱温 130℃，1 分钟→10℃/min→240℃，2 分钟；检测器：300℃，空气 60kPa，氢气 2.3kPa，载气：氮气，1.5ml/min，NPD 检测器。分流进样，进样量 1μl。

4. 动物实验　对染毒的实验组大鼠观察：染毒前禁食 24 小时，不禁水，经灌胃匀速注入 1/2 LD_{50} 苯巴比妥（330mg/kg），给药后观察大鼠的中毒症状，分别于给药后 1 小时、5 小时、10 小时、15 小时、20 小时、30 小时、48 小时、72 小时、96 小时分别处死 6 只，并迅速解剖大鼠尸体，提取血液、心肌、肝、脾、肺、肾、脑等组织，按上述方法和试验条件提取、测定其中苯巴比妥含量。

5. 采用统计软件处理数据，结果以均数 ± 标准差表示，t 检验，以 $P<0.05$ 差异有统计学意义。

【结果观察】

1. 制作步骤曲线，分别得出大鼠血液、心肌、肝、脾、肺、肾、脑等组织中苯巴比妥气相色谱检测的回归方程、线性检测范围、相关系数、回收率、最低检出浓度等参数。

2. 苯巴比妥毒物动力学　分析 1/2 LD_{50} 剂量苯巴比妥在大鼠体内的毒物（代谢）动力学规律，分析是否符合口服给药一级动力学一室开放模型过程，各器官组织中苯巴比妥的毒物动力学是否符合血管外给药一级动力学一室开放模型。

3. 苯巴比妥在大鼠体内的动态分布　动态检测大鼠血液、心肌、肝、脾、肺、肾、脑等组织中苯巴比妥达峰值时间和消除半衰期等参数。

【注意事项】

1. 通过预试验探索不同生物检材处理及萃取过程中，注意苯巴比妥的回收率。

2. 气相色谱 - 质谱法定性、气相色谱定量检测其中苯巴比妥的色谱条件和仪器的稳定性。

3. 苯巴比妥在大鼠血液和各器官组织内的毒物动力学与人血液和各器官组织内的毒物动力学的差异性，是否符合血管外给药一级动力学一室开放模型。

【思考题】

1. 通过本实验可以发现不同染毒时间苯巴比妥在大鼠血液和各器官组织内的分布规律（顺序）是怎样？

2. 对苯巴比妥中毒死亡案例的检材提取有何指导意义？

实验二十六　溴氰菊酯死后再分布实验

毒物死后再分布的发生机制和影响因素有多种，目前认为与顺浓度梯度扩散（弥散）、死后血液流动、生前吸收分布不均、毒物的降解和破坏、微生物的作用以及各种毒物之间的相互影响作用等有关，对法医学中毒检验取材和分析鉴定具有指导意义。

【实验目的】

1. 掌握溴氰菊酯在家兔胃中的死后扩散范围及规律。

2. 熟悉建立家兔处死后灌胃动物模型和溴氰菊酯液 - 液萃取、气相色谱检测方法。

3. 了解溴氰菊酯死后再分布对中毒致死案件的法医学鉴定的意义和影响因素。

【毒理作用】

溴氰菊酯农药毒理作用机制目前尚未完全清楚，主要影响神经电生理效应和中枢神经递质及受体。溴氰菊酯可通过皮肤、胃肠道进入机体，并迅速分布于全身各组织器官，以中枢神经系统含量最高，主要被肝脏的酯酶和微粒体混合功能氧化酶催化分解后，其代谢产物迅速排出。溴氰菊酯死后再分布的主要机制为顺浓度梯度扩散（弥散），通过建立对家兔处死后灌胃动物模型，观察溴氰菊酯在家兔胃中的死后扩散范围及规律，为溴氰菊酯中毒致死案件的法医学鉴定提供实验依据。

【实验材料】

1. 实验动物　成年实验用家兔，体重 1.5～2.5kg 左右，雌雄不限，实验动物用量根据学生人数和分组情况确定。

2. 实验器材　液 - 液萃取系统、气相色谱 - 电子捕获检测器（GC-ECD）。

3. 试剂　溴氰菊酯标准品、甲氰菊酯标准品、溴氰菊酯乳油，试剂均为色谱纯。

【实验步骤】

1. 实验家兔 12 只，随机分为 2 组，均采用窒息方式处死，处死 0.5 小时后分别经口给予 4 倍 LD_{50} 剂量（4×56.56mg/kg）的溴氰菊酯乳油（25g/L），室温条件下放置 24 小时和 48 小时，分别对家兔进行解剖，提取血液、股动脉血、尿液、胆汁、心肌、肝、脾、肺、肾、脑、左下肢肌肉等组织，−20℃保存，待检。对照组处死后不给予溴氰菊酯，其他同实验组动物。

2. 称取上述检材 1g 或血液 1ml，经剪碎或匀浆，液 - 液萃取，定容。

3. 取 1μl 进样，气相色谱 - 电子捕获检测器（GC-ECD）进行定性和定量分析。

4. 色谱条件　色谱柱 HP-5 毛细管柱（30m×0.25mm）；进样口温度 250℃，分流模式，分流比为 20∶1；载气：高纯氮气，恒流模式，流量 6ml/min；柱温采用程序升温：100℃ 1 分钟，35℃/min→260℃ 1 分钟，5℃/min→280℃ 5 分钟，总时间为 16 分钟。进样量 1μl。

5. 采用统计软件处理数据，结果以均数 ± 标准差表示，t 检验，以 $P<0.05$ 为差异有统计学意义。

【结果观察】

1. 分别灌胃后 24 小时和 48 小时，检测血液、股动脉血、尿液、胆汁、心肌、肝、脾、肺、肾、脑、左下肢肌肉等组织是否有溴氰菊酯及含量，了解胃内溴氰菊酯向周围及远端器官组织内弥散情况。

2. 比较灌胃后 24 小时和 48 小时家兔血液、股动脉血、尿液、胆汁、心肌、肝、脾、肺、肾、脑、左下肢肌肉等组织中溴氰菊酯的含量变化，分析其是否具有统计学意义，了解其弥散作用的动态变化。

【注意事项】

1. 毒物死后再分布机制复杂，影响因素较多（如死因、环境因素、机体组织腐败等），观察单一因素或多个因素对毒物死后再分布的影响时，应尽量避免其他因素的干扰，应设计全面对照实验，如阳性、阴性对照、自身对照等。

2. 尽量避免因提取检材时污染或不适当所造成的测定结果误差。

【思考题】

1. 通过本实验可以发现家兔胃内溴氰菊酯农药死后弥散的范围和时间顺序特点是什么？

2. 溴氰菊酯农药死后弥散对中毒死亡案例的检材提取和检验结果分析有何指导意义？

第二节　毒(药)物 LD_{50} 测定实验

LD_{50} 测定常用于毒(药)物毒性大小评估及新型毒(药)物研发，在法医学中毒案件鉴定中，常遇到一种毒物、两种或多种毒(药)物联合使用的情形，由于毒物之间发生协同作用，使毒物的中毒量和致死量减少，表现为 LD_{50} 降低。通过 LD_{50} 测定还可以探讨单一毒(药)物的毒性大小、多种毒物相互作用的规律，尤其是对于混合毒物或者目前尚无法进行定量测定的毒物，如毒蕈、混合中药成分等，可通过测定其提取物的 LD_{50} 判断毒物的毒性大小，为中毒鉴定和分析提供参考数据。LD_{50} 测定方法很多，如：目测概率单位法、加权概率单位法(Bliss 氏法)、寇氏法(Karber 氏法)及序贯法等，以改良寇氏法和计算机辅助 Bliss-Finney 法较常用。改良寇氏法计算方便，结果准确，可计算出较多相关参数，Bliss-Finney 法应用计算机程序，是目前公认最准确的测定方法，《新药临床前毒理学研究指导原则》规定，Bliss 法是作为新药 LD_{50} 测定评定必须采用的方法，尽管计算过程繁杂，借助于计算机软件分析则简便易行。

实验二十七　百草枯农药 LD_{50} 测定实验

百草枯是人类急性中毒死亡率最高的除草剂，国内、外均有死亡案例，在农村地区特别普遍。百草枯原药大白鼠中毒经口 LD_{50} 为 112～115mg/kg，家兔急性中毒经皮 LD_{50} 为 240mg/kg，也曾有小鼠急性中毒 LD_{50} 值的报道，但各研究报道的数据存在较大差异。通过本实验，建立百草枯急性中毒小鼠 LD_{50} 的测定方法，对百草枯的毒性进行准确评估。

【实验目的】

1. 掌握小鼠口服百草枯急性中毒 LD_{50} 的测定方法和计算。
2. 熟悉百草枯农药 LD_{50} 的测定意义及其毒性评价方法。
3. 了解通过计算机软件分析测定百草枯 LD_{50} 的方法。

【毒理作用】

百草枯可通过皮肤黏膜、胃肠道和呼吸道吸收，吸收后几乎不与血浆蛋白结合，在肺中浓度较高，主要通过细胞电子传递系统产生过氧化氢和氧自由基，形成多机制的肺泡细胞损害，进而造成肺纤维化。百草枯中毒 LD_{50} 值数据存在较大差异。通过建立小鼠口服百草枯 LD_{50} 测定实验，掌握 LD_{50} 测定的方法、步骤和毒性评估。

根据毒(药)物的剂量 - 效应曲线(对称 S 形曲线，见图 12-1)，毒(药)物剂量达 50% 时，毒物的中毒效应最敏感，剂量稍有变化，试验动物死亡率就有显著改变，因此，常用以引起半数试验动物死

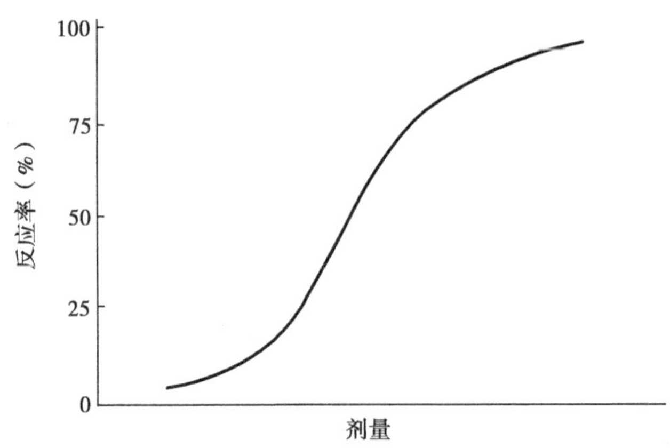

图 12-1　毒(药)物剂量 - 效应曲线(对称 S 形曲线)

亡（LD_{50}）或半数试验动物产生阳性效应（ED_{50}）的毒（药）物剂量作为衡量毒（药）物毒性或效应毒性的常用指标。

【实验材料】

1. 实验动物　昆明小鼠雌性不限，体重20～25g。
2. 实验器材　电子天平、注射器、灌胃针头等。
3. 实验试剂　百草枯标准品。

【实验步骤】

1. 根据相关文献资料和既往研究成果，确定百草枯中毒的效应指标（濒死期出现鼻翼扇动、张口呼吸、频率加快等）和观察手段。

2. 根据文献检索或既往工作经验，寻找百草枯的实验剂量，预估小鼠口服百草枯急性中毒的0%和100%死亡剂量（如80mg/kg和200mg/kg），得出上限、下限剂量（D_{max}和D_{min}）。

3. 预备实验　①一般先配制出毒（药）物最大浓度的药剂，然后按照等比（如2∶1）稀释成多个浓度，每个浓度组分别取4～10只小鼠，按照估计剂量给药，如果全死则降低剂量，全活则增加剂量，确定出最大（D_{max}）和最小（D_{min}）剂量（如84mg/kg和180mg/kg）；②确定组数（G）、计算各组剂量：组数一般为5～8组（如6组），各组剂量按照等比级数排列，可以按公式计算出公比r（图12-2）；③配制等比稀释药物溶液（如180mg/kg、153mg/kg、130mg/kg、110mg/kg、90mg/kg、84mg/kg）等。

$$r=(G-1)\sqrt{D_m/D_n}$$

图12-2　等比稀释毒物公比计算公式

4. 正式实验　①将试验小鼠（雌性不限）随机分为5～8组（6组），每组10只，染毒前12小时禁食、禁水饲养；②称取百草枯标准品加入生理盐水制成悬液，充分混匀（总体积不超过0.3ml），采用经口灌胃方式染毒；③百草枯浓度和剂量从最小（D_{min}）剂量开始给药，按实验分组逐渐增量，详细记录小鼠体重、用药剂量，观察小鼠中毒表现（效应指标）和死亡只数。依据经验公式或借助于计算机软件，计算LD_{50}、LD_{50}的标准误及95%可信区间。

【结果观察】

1. 记录小鼠体重、用药剂量、中毒表现（效应指标）和死亡只数计数。见表12-1

表12-1　结果记录表

组别	剂量（mg/kg）	动物只数（n）	死亡数（F）	死亡率（P）
1				
2				
3				
4				
5				

2. LD_{50}、LD_{50}的标准误及95%可信区间等参数的计算公式（图12-3），如小鼠口服急性百草枯中毒LD_{50}为104.72mg/kg，LD_{50}的95%可信限为94.26～116.32mg/kg。

$$LD_{50}=\log^{-1}[X_m-i(\sum p-\frac{3-P_m-P_n}{4})]$$

$$S_{X50}=i\sqrt{\sum\frac{pq}{n}}$$

图12-3　LD_{50}、LD_{50}的标准误计算公式

3．由于 LD_{50}、LD_{50} 的标准误及 95% 可信区间计算过程比较繁琐，也可以采用计算机软件（Bliss 法、SAS 法、SPSS）辅助计算 LD_{50}、LD_{50} 的标准误及 95% 可信区间等参数，输入百草枯使用剂量及小鼠存活情况等过程指标，经计算机分析，得出百草枯 LD_{50} 及 95% 可信区间。如 Bliss 法：①启动计算机，运行 BL-410 程序，进入其数据处理选项，再进入半数致死量选项；②依次输入各组小鼠体重、用药剂量、小鼠总数、小鼠死亡数等相关数据；③单击“计算”按钮，即可计算 LD_{50}、LD_{50} 的标准误及 95% 可信区间等参数。该方法有对剂量分组无严格要求，不需要剂量组有 0% 和 100% 死亡率，自动化程度高等特点。

【注意事项】

1．测定 LD_{50} 前，要进行预备实验，探索接近 0% 和 100% 死亡的毒（药）物剂量范围，在此范围内设 5～8 剂量组。各剂量组的组距一般以 0.65～0.85 之间为宜，可根据毒物的毒性及剂量范围而定。

2．实验分组应随机，可以采用抽签法或随机数字法进行分组。

3．LD_{50} 的测定的准确性（或其值大小）受很多因素的影响。如动物的体重、实验条件（温度、湿度、光照、饲养及卫生条件等）、药物的配制、给药途径和速度等，各组实验条件应基本相同。

4．世界动物权利保护组织一直批评以动物试验进行 LD_{50} 测试，特别是一些毒（药）物可能让试验动物在长时间痛苦后死去，应尽可能减少试验动物的痛苦。

【思考题】

1．通过本实验得出百草枯 LD_{50}、LD_{50} 的标准误及 95% 可信区间是多少？

2．根据百草枯 LD_{50} 评估百草枯的毒性分级怎样？

【思考题】

1．毒物动力学试验与毒物死后再分布的研究方法及法医毒理学意义有哪些？

2．毒（药）物 LD_{50} 的法医学意义及测定方法有几种？

（李　凡）

第十三章　细胞毒理学实验

细胞毒理学（cytotoxicology）是毒理学的一门分支学科，主要研究外来有害因素对细胞结构和功能的损伤效应及对靶细胞的毒性作用机制。研究内容为毒物对机体细胞毒性作用，包括急性、亚急性和慢性毒性作用，致突变、致癌效应，发育毒性与致畸作用及毒作用机制等。本实验主要介绍细胞毒理学研究中应用较广泛的方法，包括细胞计数方法、台盼蓝染色法、MTT 法、亲和免疫细胞化学法、流式细胞仪分析技术、TUNEL 原位末端标记法等研究方法。

实验二十八　细胞计数及台盼蓝染色法测定细胞成活率

【实验目的】

1. 了解血细胞计数板的基本构造和使用方法。
2. 熟悉贴壁细胞细胞悬液的制备方法，掌握利用血细胞计数板计数细胞悬液中细胞密度的方法。
3. 掌握台盼蓝染色法判断细胞存活的方法及显微镜形态学鉴定的基本操作。

【实验原理】

1. 利用血细胞计数板在显微镜下直接进行细胞计数，是一种常用的直观、快速的细胞计数方法。血细胞计数板载玻片与盖玻片之间的计数室中放入适当稀释的细胞悬液，显微镜下计数，计数室的容积是 $0.1mm^3$，可以根据在显微镜下观察到的细胞数目换算成单位体积内的细胞总数目。血细胞计数板的四个角上各有一个大格，每一个大格由 16 个小方格组成（图 13-1）。每一大格的体积为 $1mm \times 1mm \times 0.1mm = 0.1mm^3$，$1ml = 1000mm^3$，因此一大格细胞数 × 10 000 = 每毫升细胞悬液总细胞数，计数时如细胞压在格线上，则按“数上不数下，数左不数右”的计数规则计数。计数公式为：细胞密度 = 4 大格中细胞总数 ÷ 4 × 10^4= 每毫升细胞悬液的总细胞数。

2. 细胞成活率的测定（台盼蓝染色法）　受损或死亡的细胞的膜完整性受到破坏，通透性发生改

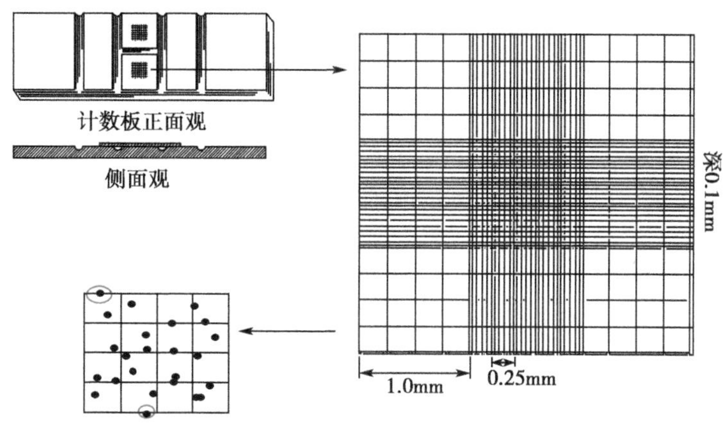

图 13-1　血细胞计数板

变，因此能被台盼蓝染料着色，镜下呈深蓝色的细胞，活细胞对染色有排斥作用，镜下呈无色透明状。细胞成活率 =（细胞总数 − 死细胞数）/ 细胞总数 × 100%。

【实验材料】

1. 检验材料 单层贴壁细胞。

2. 实验器材 倒置相差显微镜，CO_2 培养箱，离心机，载玻片，盖玻片，血细胞计数板，微量移液器，枪头，离心管。

3. 实验试剂 0.25% 的胰酶，细胞培养液，磷酸缓冲液（PBS），0.4%（质量分数）台盼蓝染液，细胞培养液（含 10% 小牛血清的 DMEM 培养液）。

【实验步骤】

1. 取一副血细胞计数板，水流冲洗后，用擦镜纸擦干净，将盖玻片盖在血细胞计数板的槽上，在低倍镜下观察细胞计数板的划线及清洁程度。

2. 细胞悬液的制备 取体外培养的单层贴壁细胞，弃去细胞培养液，加入 0.25% 的胰酶，在倒置相差显微镜下观察，待细胞大部分消化浮起后，倒弃胰酶，PBS 洗涤细胞一次，离心（800r/min，5 分钟）收集细胞，加入 3ml 细胞培养液重悬细胞。

3. 台盼蓝染色 取 1ml 细胞悬液放入一试管中，加入 1ml 0.4% 台盼蓝染液，染色 2～3 分钟。

4. 加样 滴一滴台盼蓝染色后的细胞悬液在盖玻片边缘的厚玻片上，细胞悬液自然流入计数室。

5. 细胞计数 分别计数总细胞数及蓝色细胞数，计数 2 次，取其平均值。

【结果观察】

记录总细胞数及蓝染细胞数，计算总细胞数及细胞成活率。

【注意事项】

1. 注意把握胰酶消化时间，避免消化时间过长导致细胞损伤。

2. 计数室不能有气泡，量不可过多或过少，不符合要求，必须重新擦片滴加。

【思考题】

1. 血细胞计数实验的关键步骤有哪些？

2. 如何减少细胞计数操作的误差？

实验二十九 MTT 法检验细胞代谢活力

【实验目的】

1. 了解体外培养单层贴壁细胞显微镜下形态学特征。

2. 掌握 MTT 比色法检测细胞代谢活力的原理和方法。

【实验原理】

活细胞线粒体中的琥珀酸脱氢酶能使外源性 3-（4，5- 二甲基噻唑 -2）-2，5- 二苯基四氮唑溴[3-（4，5）-dimethylthiahiazo（-z-y1）-3，5-diphenytetrazoliu-mromide，MTT]还原为水不溶性的蓝紫色结晶甲瓒并沉积在细胞中，而死细胞无此代谢功能。二甲基亚砜（dimethyl sulfoxide，DMSO）能溶解细胞中的甲瓒，用酶联免疫检测仪在 490nm 波长处测定其光吸收值，可间接反映活细胞数量。在一定细胞数范围内，MTT 结晶的形成量与细胞数成正比。

【实验材料】

1. 实验材料 单层贴壁细胞。

2. 实验器材 酶标仪，倒置相差显微镜，CO_2 培养箱，微量移液器，枪头，移液管。

3. 实验试剂 PBS，5mg/ml MTT 溶液（配制：PBS 溶解，4℃避光保存），二甲基亚砜（DMSO），细胞培养液（含 10% 小牛血清的 DMEM 培养液），33mmol/L 乙醇培养液（含 33mmol/L 乙醇的 DMEM 培养液）。

【实验步骤】

1. 在96孔板C02-C11及D02-D11孔中培养贴壁细胞。

2. B02-B11为调零孔，直接加200μl细胞培养液，C02-C11换200μl细胞培养液，D02-D11换200μl 33mmol/L乙醇培养液。继续培养24小时。96孔板四周加入200μl PBS溶液。如表13-1所示。

3. 在每孔200μl细胞培养液中加5mg/ml的MTT 20μl，然后将培养板放回含5% CO_2的37℃培养箱中继续培养4小时（表13-1）。

表13-1　96孔板示意图

PBS	PBS	PBS	PBS	PBS	PBS	PBS	PBS	PBS	PBS	PBS	PBS
PBS	B02 调零孔	B03 调零孔	B04 调零孔	B05 调零孔	B06 调零孔	B07 调零孔	B08 调零孔	B09 调零孔	B10 调零孔	B11 调零孔	PBS
PBS	C02 对照组	C03 对照组	C04 对照组	C05 对照组	C06 对照组	C07 对照组	C08 对照组	C09 对照组	C10 对照组	C11 对照组	PBS
PBS	D02 实验组	D03 实验组	D04 实验组	D05 实验组	D06 实验组	D07 实验组	D08 实验组	D09 实验组	D10 实验组	D11 实验组	PBS
PBS											PBS
PBS											PBS
PBS											PBS
PBS	PBS	PBS	PBS	PBS	PBS	PBS	PBS	PBS	PBS	PBS	PBS

4. 小心吸干上层的液体，每孔中加入DMSO 150μl，置于37℃恒温水浴摇床中振荡10分钟混匀。

5. 用酶标仪测定490nm下的吸光度（AD值），连续测3次。

【结果观察】

记录吸光度AD值，比较实验组、对照组细胞代谢活性。

【注意事项】

1. 选用浓度小于10%的胎牛血清培养液或无血清培养液，避免血清干扰。

2. 选择适当的细胞接种浓度，保持为每孔1000至10 000个。

【思考题】

1. 本实验的主要影响因素有哪些？

2. MTT比色法通过检测细胞代谢活力间接判断细胞的毒性作用，其与细胞死亡率的概念有什么区别？

实验三十　亲和免疫细胞化学法（ABC法）

【实验目的】

1. 了解亲和免疫细胞化学法的原理。

2. 熟悉亲和免疫细胞化学法的应用。

3. 掌握亲和免疫细胞化学法的操作步骤和方法。

【实验原理】

免疫细胞化学（immunocytochemistry，ICC）是利用免疫学抗原和抗体特异性结合的原理，用标记的特异性抗体（抗原）对组织和（或）细胞内的抗原（或抗体）或其他物质进行原位显示，在光镜或电镜下进行组织和细胞形态、生物学特征、病理改变等的观察与分析。常用的方法有：用荧光标记的免疫荧光细胞化学、酶标记的免疫酶细胞化学和生物素-亲和素标记的亲和组织化学（affinity cytochemistry）等。

抗体与抗原结合方式主要有2种：①直接法：用标记抗体与样品中相应抗原直接结合，操作简便，但灵敏度较差；②间接法：先用未标记的特异性第一抗体与样品中相应抗原结合，然后再以标记的第二抗体与特异性的第一抗体结合。通过这样的放大作用，使抗原分子上的标记物成倍增多，提高免疫细胞化学检测的灵敏度。对弱抗原常采用间接法，如PAP法、ABC法及PAP-ABC联合法等多层染色。为便于观察和拍照，常选择适当染料作对比染色（复染）。常用苏木素液染细胞核，亮绿液染细胞质。

亲和细胞化学是利用生物素（biotin）与亲和素或卵白素（avidin）之间的高度亲和能力而互相结合形成生物素-亲和素复合物。生物素与亲和素之间的亲和力比抗原-抗体的亲和力高100万倍，既能牢固结合又不影响彼此生物活性及与其复合物的活性。

亲和免疫细胞化学方法常用亲和素-生物素-过氧化物酶复合法（avidin-biotin-peroxidase complex technique，ABC法），ABC复合物是将过氧化物酶结合在生物素上，再将生物素-过氧化酶复合物与过量亲和素反应而形成。第一抗体为非标记抗体，与样本中的目的蛋白或抗原特异性结合；由亲和素分别连接生物素标记的第二抗体和生物素标记的酶，使生物素标记的第二抗体与ABC复合物相连接；最后进行显色反应定位。

【实验步骤】

1. 细胞按适宜密度接种于细胞培养瓶，按试验设计给予相应受试毒物处理。
2. 细胞染毒一定时间后，用冷丙酮固定10分钟，PBS振动洗涤3次，每次5分钟。
3. 滴加正常动物血清或白蛋白封闭非特异性抗原，室温孵育10分钟。
4. 滴加第一抗体（用抗体稀释液适当稀释，如1∶100），室温孵育15～60分钟，PBS洗3次，每次5分钟。
5. 滴加生物素标记的第二抗体，室温孵育15～60分钟，PBS洗3次，每次5分钟。
6. 滴加ABC复合物（临用前配制：取卵白素、生物素和过氧化物酶，按等量比例混合并稀释成1∶100后使用），室温孵育15～60分钟，PBS洗3次，每次5分钟。
7. 滴加100μl新鲜配制的DAB-H_2O_2溶液，显微镜下观察3～10分钟，以染色结果清晰、背景无非特异性染色为度，入水冲洗终止反应。
8. 必要时可用苏木素复染细胞核。
9. 乙醇脱水，二甲苯透明，中性树胶封固。

【结果观察】

1. 免疫细胞化学特异性着色物分布于特定的部位，如细胞质、细胞核或细胞膜，其数量色深浅，可作为定性、定位、定量的依据。
2. 免疫细胞化学结果的判断以阳性细胞数或阳性细胞率为标准进行定性分析，或以染色阳性强度和阳性细胞率相结合进行半定量分析。为避免出现人为误差，多采用计算机图像分析软件进行定量检测。

【注意事项】

1. 免疫细胞化学实验条件的优化和抗体的最佳稀释度，需要经过多次预实验进行筛选。
2. 染色时避免出现非特异性染色。
3. 设立对照试验　为排除假阳性和假阴性，免疫细胞化学染色必须设立对照组细胞；对照组的选择多种多样，如：阳性对照、阴性对照、无细胞对照和抗体替代或置换试验等。

【思考题】

1. 亲和免疫细胞化学法常设的对照组有哪些？
2. 采取哪些措施可避免染色时出现非特异性着色？

实验三十一　流式细胞仪分析技术

【实验目的】

1. 了解流式细胞仪分析技术的原理及操作步骤。

2. 熟悉流式细胞仪分析技术的生物学应用。

【实验原理】

流式细胞仪（flow cytometry，FCM）是对细胞进行自动分析和分选的技术设备，可以快速测量、存贮、显示悬浮在液体中的分散细胞的一系列重要的生物物理、生物化学方面的特征参数，并可以根据预设参数标准把指定的细胞亚群分选出来。流式细胞仪的生物学应用包括：①定量分析细胞周期，分选不同细胞周期时相的细胞；②分析生物大分子，如 DNA、RNA、抗原、癌基因表达产物等物质与细胞增殖周期的关系；③进行染色体核型分析和 DNA 倍体含量测定；④细胞表面受体及抗原表达的检测，免疫活性细胞的分型与纯化，测定免疫复合物；⑤细胞凋亡检测；⑥淋巴细胞亚群的分析和收集；⑦细胞中酶含量的定性和定量分析等。以细胞周期检测为例：在细胞周期（G_0，G_1，S，G_2，M）的各阶段，DNA 含量呈现周期性的变化。化学物的毒性作用可以表现为抑制细胞增殖，使 DNA 的合成降低，使大多数细胞处于 G_1/G_0 期。细胞经固定后用 PI 标记 DNA，并由流式细胞仪进行分析，根据不同时期 DNA 含量的差异，可以了解细胞的周期分布并分析判断细胞的增殖活性。

【实验材料】

1. 实验器材　流式细胞仪、6 孔细胞培养板或培养皿。

2. 实验试剂　叠氮钠标准液［10g FA Bacto 溶液（Difco 2314-15-0），10ml 10%（质量分数）叠氮钠溶液，10ml 胎牛血清，980ml 水，pH 7.2，4℃避光保存，有效期 1 个月］；Vindelov'PI 染液［1.21g Tris base，584mg NaCl，10mg RNA 酶，50.1mg PI，1.0ml Igepal CA-630（Sigma），1L 水，pH 8.0，待试剂完全溶解后用 0.45μm 滤膜过滤，4℃避光保存，有效期 1 个月］。

【实验步骤】

1. 细胞在 6 孔培养板或培养皿中培养，贴壁后用受试毒物染毒细胞。

2. 在各个时间点，用胰酶消化细胞，离心（800r/min，5 分钟）收集细胞。

3. 用 1ml 叠氮钠标准液悬浮细胞，取少量计数细胞，其余通过离心收集。

4. 重新用叠氮钠标准液悬浮细胞，并调整细胞密度为 10^6 细胞 /ml。

5. 转移 1ml 细胞悬液至另一支离心管，加入 0.5ml Vindelov's PI 染液。

6. 冰浴上避光放置 5 分钟至 1 小时。

7. 用流式细胞仪进行分析（激发波长 488nm，发射波长 $>$620nm）。

【结果观察】

通常利用流式细胞仪配备的软件分析系统，可以直接得到细胞周期的分布结果。细胞周期第 1 个峰（G_1）是 DNA 含量为 2 倍的细胞峰，第 2 个峰是 DNA 含量为 4 倍的细胞峰，两峰之间代表 DNA 含量为 2～4 倍处于 DNA 合成期的细胞。通过比较实验组和对照组细胞 G_1/G_0 期、S 期、G_2/M 期的百分比，可以判断受试毒物对细胞增殖的影响作用。

【注意事项】

1. 为了减少误差，每次检测都必须使用标准样品来调试流式细胞仪，标准样品颗粒大小和荧光性均匀，易制成悬液，自身的 CV 值低于仪器的 CV 值。

2. PI 染料既可以结合双链 DNA，也可以结合 RNA，测试样品需经 RNA 酶的充分处理，以排除 RNA 干扰。

3. 细胞样品的浓度为 $\times 10^6$ 细胞 /ml，杂质、碎片、团块和重叠细胞应 $<$2%，必要时可用 400 目的筛网过滤 1 次。

【思考题】

流式细胞仪分析技术在法医毒理学研究的检测范围如何？

实验三十二　TUNEL 原位末端标记法检测细胞凋亡

【实验目的】

1. 了解细胞凋亡检测的常用方法。
2. 熟悉 TUNEL 原位末端标记法检测细胞凋亡在毒理学中的应用。
3. 掌握 TUNEL 原位末端标记法检测细胞凋亡的原理和方法。

【实验原理】

细胞凋亡的诱导因素有多种，如：细胞毒素和病毒感染、氧化应激与自由基、缺血与缺氧、放射线，以及某些对细胞具有毒性作用的物质（乙醇、氧化砷等）。细胞凋亡的检测方法根据其原理可分为：形态学、分子生物学、免疫化学和生物化学检测法等，如形态学观察，免疫组化和亲和细胞化学方法、琼脂糖凝胶电泳，ELISA 法、原位末端标记法，流式细胞仪等。

原位末端标记法是将外源性核苷酸，在酶[末端脱氧核糖核酸转移酶（terminal deoxynucleotide transferase，TdT）和 DNA 聚合酶 I 或 Klenow 大片段]的催化下与凋亡细胞的 DNA 断链结合，借助一定的显色系统（DAB，荧光素）显示。常用 2 种方法：①末端脱氧核糖核酸转移酶介导的 dUTP 缺口末端标记（terminal deoxynucleotide transferase-mediated dUTP nick end labeling，TUNEL）；② DNA 聚合酶 I 或 Klenow 大片段介导的原位缺口平移法（in situ nick translation，ISNT）。这 2 种方法均可以检测早期的凋亡细胞，而且特异性和敏感性较高，尤其是 TUNEL 方法的敏感性更高，应用更广泛。

凋亡细胞 DNA 断裂产生游离的 3’- 羟基末端，利用 TdT 介导将生物素或地高辛标记的外源性 dUTP 直接连接 DNA 断链的 3’- 羟基末端上，通过过氧化物酶标记的卵白素或抗地高辛抗体与之结合，经 DAB 显色，检测是否有外源性核苷酸掺入的 DNA 片段，从而显示凋亡细胞。由于 DNA 单股和双股断链均有游离的 3’- 羟基末端，所以 TUNEL 方法既可以检测凋亡细胞核中 DNA 单股断链又可以检测双股断链，其敏感性更高。常用于石蜡包埋组织切片、冷冻组织切片、培养的细胞和从组织中分离出来的细胞凋亡检测。

【实验材料】

3% H_2O_2、PBS 液、2 倍 SSC、蛋白酶 K、TdT 缓冲液：（pH 6.8，100mmol/L 二甲胂酸钠，0.1mmol/L 二巯基苏糖醇，5mmol/L CoCl）、TdT 反应液：（TdT 缓冲液中加入 TdT 酶 100U/ml，0.001mmol/L biotin-11-dNTP）、链卵白素标记的辣根过氧化物酶、0.04% 的 DAB 液、苏木素染液。

【实验步骤】

1. 切片（细胞涂片）常规脱蜡，水化，移入保湿盒中。
2. 3% 的 H_2O_2 阻断内源性辣根过氧化物酶 30 分钟，0.15mol/L 的 PBS 洗 2 次，每次 5 分钟。
3. 切片（细胞涂片）浸泡在 2 倍 SSC 中 80℃，20 分钟，0.15mol/L 的 PBS 洗 2 次，每次 5 分钟。
4. 蛋白酶 K 或胃蛋白酶消化 20 分钟，0.15mol/L 的 PBS 洗 2 次，每次 5 分钟。
5. TdT 缓冲液孵育 10 分钟。
6. TdT 反应液 37℃，孵育 1 小时。
7. 切片浸泡在 2 倍 SSC 中 10 分钟终止反应，0.15mol/L 的 PBS 洗 2 次，每次 5 分钟。
8. 卵白素标记的辣根过氧化物酶孵育 30 分钟，0.15mol/L 的 PPS 洗 2 次，每次 5 分钟。
9. 0.04% 的 DAB 显色 5～10 分钟，镜下控制染色进程和时间。
10. 苏木素复染细胞核 3～5 分钟，常规复水、透明和封片。

【结果观察】

凋亡细胞的核呈棕色或棕褐色，细胞核形态呈碎点状，不规则，大小不一致。而正常非凋亡细胞核被苏木素复染呈蓝色，核相对较大，形态大小较为一致。

【注意事项】

1. 不同反应体系中细胞染色质DNA断裂缺口数量不同，各种反应体系中细胞用量应具体分析。

2. 细胞凋亡过程中低分子量DNA片段可通过细胞膜渗出，将细胞固定后贮存于4℃条件下有利于维持细胞膜稳定性，在操作过程中也应避免DNA片段丢失。

3. 石蜡包埋组织切片必须先彻底脱蜡，蛋白酶的消化时间要适当，消化时间过长，非特异性染色增强，而消化时间太短，会影响凋亡细胞的染色效果。

【思考题】

TUNEL原位末端标记法检测细胞凋亡的特点和优、劣有哪些？

（闫　杰　李　凡）

第十四章　分子毒理学实验

毒理学这门古老的科学正面临着近三十年来生命科学高速发展所带来的重大机遇，通过借鉴分子生物学技术理论，阐明毒物对机体的损伤作用，从分子水平解释毒理学机制，是当今毒理学研究的重要方法，并分化出分子毒理学这门新的学科。分子毒理学（molecular toxicology）是从分子水平上研究外源化合物与生物机体相互作用的一门毒理学分支学科，该学科利用分子生物学理论与技术的不断革新，改变了传统毒理学的研究方法，实现了毒理学研究由整体器官组织水平到细胞分子水平的重要突破。如根据分子生物学研究，可初步判断某种毒物的作用涉及某个基因，尤其是遗传毒物，可确定其是否可引起基因突变或修饰改变；对于非遗传毒物，可观察其是否会引起基因表达的改变。基因表达改变可从 mRNA、DNA 和蛋白质水平进行多方面研究。目前分子毒理学研究的热点主要包括环境毒物对细胞信息传递过程的影响、氧化应激与细胞损伤及凋亡的关系、机体对环境应激的反应和毒物导致的钙稳态失调等。本节实验内容以 DNA 损伤检测、DNA 甲基化检测、miRNA 检测、蛋白质的提取及含量测定、蛋白质氧化产物的检测（蛋白印迹法）、差异蛋白质组分析等为例，介绍分子毒理学研究的常用方法。

实验三十三　8-OHdG 高效液相色谱 - 电化学法（HPLC-ECD）检测

【实验目的】

1. 了解 8-OHdG 高效液相色谱 - 电化学法的原理。
2. 熟悉 8-OHdG 高效液相色谱 - 电化学法进行 DNA 氧化产物的检测的操作及应用。

【实验原理】

机体内的活性氧（reactive oxygen species，ROS）可导致 DNA 中的鸟嘌呤氧化，生成 8- 羟基 -2′ 脱氧鸟嘌呤核苷（8-hydroxy-2′-deoxyguanosine，8-OHdG），可被机体特异性 DNA 酶剪切清除并随尿液排出。检测尿液中 8-OHdG 的含量可以反映机体 DNA 氧化损伤程度，是评价 DNA 氧化损伤的特异性生物标志的理想方法。在毒理学研究中，DNA 氧化产物的检测多用于评估体内的氧化损伤和修复程度、氧化应激与 DNA 损伤的相互关系。

利用除鸟嘌呤外的正常碱基不具有电化学活性的特点，通过反相高效液相色谱分离，梯度洗脱，应用电化学检测器定量检测样品中 8-OHdG。

【实验材料】

1. 实验器材　高效液相色谱仪、电化学检测器、自动进样器、固相萃取装置、C_{18} 固相萃取小柱（500mg）、ODS 反相色谱柱、低温高速离心机。

2. 实验试剂　8-OHdG、乙腈、甲醇、磷酸二氢钾、氯化钾、EDTA 等均为色谱纯；8-OHdG 标准储备液（将纯品 8-OHdG 溶于流动相 A 中，配成 1μg/ml 储备液，4℃，可保存 6 个月，使用前用流动相 A 稀释至所需浓度，4℃可保存 1 周）。

【实验步骤】

1. 固相萃取

（1）尿样前处理：2mmol/L HCl 调尿样 pH 至 4～5，4℃、10 000r/min 离心 5 分钟，取上清液备用。

（2）固相萃取小柱的活化：将固相萃取装置调为低真空度，依次用 10ml 甲醇、5ml 去离子水、10ml 0.1mol/L KH_2PO_4（pH＝6.0）、3ml 去离子水洗涤固相萃取小柱，真空干燥 10 分钟。

（3）萃取：取上清尿样 3ml 过 SPE 小柱，依次用 3ml 5% 甲醇，3ml 流动相 B，3ml 15% 甲醇，3ml 流动相 B 淋洗 SPE 小柱，收集淋洗液，真空干燥至 1ml，0.45m 滤膜过滤备用。

2. 色谱条件　固定相：ODS 反相色谱柱（Waters，250×4.6mm 5μm）；流动相 A：50mmol/L KH_2PO_4、2mmol/L KCl、0.1mmol/L EDTA、25% 乙腈、25% 甲醇；流动相 B：50mmol/L KH_2PO_4、2mmol/L KCl、0.1mmol/L EDTA、2.5% 乙腈、1% 甲醇。使用前流动相经 0.22μm 滤膜抽滤，脱气后使用。流速：0.8ml/min。柱温：30℃。电化学检测器（工作电极：玻碳电极；参比电极：Ag/AgCl 电极）检测电压：800mV。

3. 标准曲线制备　取 0.5ml 浓度分别为 50ng/ml，25ng/ml，12.5ng/ml，6.25ng/ml，3.125ng/ml，1.56ng/ml，0.78ng/ml，0.39ng/ml 的 8-OHdG 标准应用液，按照上述样品前处理方法进行处理，待 HPLC 基线平稳后，采用梯度洗脱：0～25 分钟流动相 A 100%，25～30 分钟流动相 A 从 100%～50%，30～35 分钟流动相 A 50%，35～40 分钟流动相 A 从 50%～0，45～50 分钟流动相 A 液平衡。50 分钟结束洗脱，Anastar 色谱工作站记录并分析，以色谱峰面积和 8-OHdG 浓度绘制标准曲线。

4. 样品检测　待 HPLC 基线平稳后，进样检测，色谱工作站记录并分析结果，峰面积标准曲线法定量。在另一样品检测前，充分冲洗并待基线再次平稳后进样。

【结果观察】

1. HPLC-ECD 法具有灵敏度高、检测下限低、需样品量少、快速且选择性好等优点。

2. 根据测定样品的峰面积，利用标准曲线计算样品中 8-OHdG 含量。尿 8-OHdG 含量用尿肌酐（creatinine，Cr）值进行校正。

【注意事项】

1. 尿中 8-OHdG 含量较低，杂质多，尿样需经前处理，除采用固相萃取（SPE）小柱预处理外，还可采用 2 步固相萃取、免疫亲和柱分离等方法。

2. 本法可用于组织细胞中 8-OHdG 的测定，应注意因组织细胞中 DNA 水解不全而引起的误差，采用库仑阵列电化学检测器可显著提高检测灵敏度。

【思考题】

8-OHdG 检测的意义及其与 DNA 损伤的关系如何？

实验三十四　DNA 甲基化重亚硫酸盐 - 焦磷酸测序

【实验目的】

1. 了解重亚硫酸盐 - 焦磷酸测序（bisulfite-pyrosequencing）的原理。

2. 熟悉重亚硫酸盐 - 焦磷酸测序检测 DNA 甲基化在毒理学中的应用。

【实验原理】

DNA 甲基化是基因表达调控的一种重要机制，在毒理学研究中，DNA 甲基化用于研究非遗传毒物致癌作用机制；DNA 甲基化可作为化学物暴露或生物学效应的生物学标志，DNA 甲基化检测有助于对毒作用机制的深入了解。

重亚硫酸盐使 DNA 中未发生甲基化的胞嘧啶变成尿嘧啶，而甲基化的胞嘧啶保持不变，经 PCR 扩增后，尿嘧啶全部转化为胸腺嘧啶，此甲基化位点就成为 1 个普通的 C/T 单碱基多态位点，等位基因 C 的频率即为基因甲基化的程度。

【实验材料】

1. 实验器材　高速离心机、电泳仪、恒温水浴箱、测序仪。

2. 实验试剂　基因组 DNA，Sss I 甲基酶，亚硫酸氢钠，NaOH，氢醌，2- 丁醇，乙醇，苯酚，醋酸铵，吐温 -20，HCl，醋酸，醋酸镁，DNA 纯化试剂盒，PCR 扩增引物，焦磷酸测序引物，生物素标记的 PCR 扩增引物。

【实验目的】

1. DNA 样品的制备　DNA 提取与纯化可按照试剂盒说明书进行操作或采用分子生物学实验室传统的酚 - 三氯甲烷提取法。

2. DNA 的亚硫酸氢钠修饰处理　①取 DNA 约 2μg 加入 1.5ml 离心管中，以无菌双蒸水稀释至 50μl。加 3mol/L NaOH 5.5μl，52℃水浴 20 分钟。②依次加入 30μl 10mmol/L 氢醌和 520μl 3.6mol/L $NaHSO_3$(pH 5.0)，混匀后加入 100μl 矿物油，避光，55℃水浴 16 小时。③弃去矿物油，将液体转至另一事先加有 lml DNA 纯化树脂的 1.5ml 离心管中，颠倒混匀。④将混合液转至一个连接有纯化柱的注射器内，套上活塞，缓慢将液体经纯化柱推出。⑤以 2ml 80% 异丙醇，按第④步方法洗涤。⑥去除注射器，将纯化柱套于 1.5ml 离心管上，6200r/min 离心 2 分钟。⑦弃去滤过液，将纯化柱套于另一个 1.5ml 无菌离心管上。向纯化柱内加入 50μl 预热（65～70℃）的无菌双蒸水，室温放置 1 分钟，6200r/min 离心 20 秒。⑧向装有纯化后的基因组 DNA 的离心管内加入 5.5μl 3M NaOH，37℃水浴 10 分钟加入 1/10 体积 10 mol/L NH_4AC、3 倍体积冰乙醇，1μl 糖原，混匀，-20℃过夜。⑨次日取出，7400r/min 离心 10 分钟（可见 DNA 沉淀），弃去上清，70% 乙醇洗涤 1～2 次，室温下干燥，加入 40μl（pH 8.0）溶解 DNA，-20℃保存备用。

3. 以亚硫酸氢钠修饰后的基因组 DNA 为模板，进行 PCR 扩增。PCR 引物的设计可以使用 Meth Primer、Bisearch 或 Meth Primer express 等软件，引物序列上避免含有 CpG 位点和回文结构，扩增产物中应包含尽可能多的 CpG 位点。

4. 焦磷酸测序　测序模板的制备至测序（可由专业的测序公司完成）。

【结果分析】

对某基因片段的甲基化状态进行重复测序实验，所获数据依据软件的等位基因频率分析功能，通过下式计算基因甲基化频率。

甲基化频率（%）= 甲基化的峰值高度 /（甲基化的峰值高度 + 非甲基化的峰值高度）× 100%

焦磷酸测序在 1 次反应中快速定量 1 个或多个甲基化位点，可以对甲基化程度进行精确定量，具有很好的可重复性和准确性，检测结果可明确区分 CpG 序列在不同个体中的甲基化程度以及每个 CpG 位点的甲基化程度，是理想的甲基化验证方法，并有可能为甲基化分析的金标准。

【注意事项】

1. 操作步骤多，流程长，易造成样品丢失和降解。

2. 特殊设计的引物系统。

【思考题】

1. DNA 甲基化重亚硫酸盐 - 焦磷酸测序的优点有哪些？

2. DNA 甲基化的毒理学意义如何？

实验三十五　定量 QRT-PCR 法测定 microRNA

【实验目的】

1. 了解定量 QRT-PCR 的原理及操作。

2. 熟悉定量 QRT-PCR 法测定 microRNA 在毒理学相关研究领域的应用。

【实验原理】

微小RNA（microRNA，miRNA）是一类长约18～24个核苷酸的小分子RNA。miRNA可能参与毒物的代谢转化，毒物诱导的细胞毒性、损伤修复以及致癌过程。也可作为环境污染物暴露后敏感的早期生物效应指标。利用PCR扩增原理的Stem-loop QRT-PCR法可特异性地只针对成熟miRNAs进行定量，不受其前体干扰，能检测只有1个碱基差别的不同miRNA的表达水平，操作简单，每次用量仅需10～100ng的RNA，已被广泛使用在毒理学及各相关研究领域的工作中。

Stem-loop QRT-PCR法的原理是先利用茎环结构的引物进行RNA反转录，这种具有茎环结构的引物是针对目的miRNA设计的，茎-环状反转录引物包括1段与miRNA互补的特异性序列和1段较长的通用序列，与待测miRNA退火反转录后，能得到1个较长的反转录扩增子（cDNA），而且通用序列还提供了1个PCR下游引物结合位点，同时，需按照以上原理反转录作为内参的核小RNA（snoRNA）包括U1～U6，其中较为常用的内参是U6。将上述反转录的产物作为RT-PCR的模板，使用与目的miRNA或内参miRNA序列特异结合的上游引物和与通用序列结合的下游引物进行PCR扩增，检测miRNA在不同样本中的表达量。QRT-PCR的定量方法包括相对和绝对定量，荧光染料主要包括SYBR Green和Taq Man水解型荧光探针。以Taq Man探针应用较多。

【实验材料】

1. 实验器材　冷冻离心机、常规PCR仪、分光光度计、电泳系统、实时荧光定量PCR仪。

2. 实验试剂　Trizol、RNA级三氯甲烷、冷冻异丙醇及冷冻的75%乙醇、DEPC灭菌水、miRNA反转录试剂盒（Taq Man^R MicroRNA Reverse Transcription Kit）、microRNA荧光定量PCR试剂盒Taq Man^R 2×Universal PCR Master Mix，NoAmpErase^R UNGb）、Taq Man^R MieroRNA Assay（20×）（包括miRNA RT反应引物1管和PCR反应引物探针1管）。

【实验步骤】

1. 总RNA的制备　RNA提取与纯化可按照试剂盒说明书进行操作或采用酸性酚-硫氰酸胍-三氯甲烷提取法。

2. 反转录反应（RT反应）　使用Taq Man^R MicroRNA反转录试剂盒对从细胞中抽提的总RNA进行反转录。①向冰浴的PCR薄壁管中加入下列反应混合物：dNTP Mix（100mmol/L total）0.15μl；Muhiscribe^{TM} RT enzyme（50U/μl）1.00μl；10×RT Buffer 1.5μl；RNase inhibitor（20U/μl）0.19μl；无RNA酶水4.16μl；总RNA样本（2～10ng/μl）5μl；5×miRNA RT Primer 3μl。②轻轻混匀，瞬时离心。③RT反应程序参数设置：16℃ 30分钟→42℃ 30分钟→85℃ 5分钟→4℃。

具体的操作是按照上述反转录的体系（除RNA模板）分别制作内参和待测miRNA的总混合液，再分装到每个PCR小管内。计算好需要的模板量，用无RNA酶的双蒸水（RNase free water）稀释后，加入PCR小管中，并将剩下的模板立即置于−80℃保存。将PCR小管置于常规PCR仪上进行反转录反应。

3. PCR扩增

（1）Real-time PCR反应体系：2×Universal PCR Master Mix 10μl；无RNA酶水7.67μl；20×Taq Man^R MieroRNA Assay（PCR上下游引物及荧光探针）1μl；cDNA（RT Product）1.33μl。由于RT-PCR检测灵敏度高，常需要每个样品做3个平行样。按照上述反转录的体系（除cDNA模板）计算需要的量分别制作内参和待测miRNA总的混合液，将混合液加入每个8连管的小管中，最后每管加入待测样本的cDNA。加完样品，盖好盖子，瞬时离心后放入荧光定量PCR仪中进行检测。

（2）PCR循环参数：95℃ 10分钟→95℃ 5秒，60℃ 40秒（40个循环）→4℃。

【结果分析】

相对定量法采用$2^{-\triangle\triangle Ct}$计算，即以各自样本中内参（U6）为标准，比较2样本中目的基因的相对丰度，计算公式如下：

$$F=2^{-[(\text{待测样品目的基因平均Ct值}-\text{待测样品看家基因平均Ct值})-(\text{对照组目的基因平均Ct值}-\text{对照组看家基因平均Ct值})]}$$

【注意事项】

1. 操作过程中应避免RNA酶的污染。

2. RT-PCR检测十分灵敏，要求RNA定量必须准确，一般RNA定量应重复2次。

3. 加入混合液前应注意混匀，以免放置时间过长浓度不均，造成平行样间差异过大。

4. 无论在反转录或RT-PCR加样时要求加入模板量一定要准确。

5. 操作荧光染料要注意避光。

【思考题】

1. 定量QRT-PCR法测定microRNA的优点有哪些？

2. microRNA测定的毒理学意义如何？

实验三十六　蛋白质的提取及含量测定

【实验目的】

1. 掌握溶剂提取细胞中蛋白质提取的原理及方法。

2. 熟悉Bradford法测定蛋白质浓度的方法。

【实验原理】

作为生物功能的执行者，蛋白质是毒物作用的最主要的靶分子之一。将蛋白质作为研究对象，探讨毒物的毒理作用及其作用机制，是分子毒理学研究的重要内容。

蛋白质提取：使用细胞裂解液使细胞肿胀破碎，离心以去除细胞碎片和亚细胞成分，获得细胞内蛋白质提取液，然后用低盐和高盐缓冲液释放胞核内的可溶性蛋白，可获得细胞核蛋白提取液。

Bradford法检测蛋白含量：又称考马斯亮蓝染色法，是一种常用的微量蛋白质快速测定方法。此法基于考马斯亮蓝有红、蓝两种不同颜色的形式，在一定浓度的乙醇及酸性条件下，可配成淡红色的溶液，最大光吸收在488nm波长。当与蛋白质结合后，蛋白质-色素结合物在595nm波长下有最大光吸收，其光吸收值与蛋白质含量成正比，反应迅速而稳定。因此可检测595nm的光吸收值的大小，计算蛋白的含量。该反应灵敏，测定蛋白质浓度范围为0～1000μg/ml。

【实验材料】

1. 实验材料　单层贴壁细胞。

2. 实验器材　离心机，超声破碎仪，分光光度计及酶标仪，试管，移液器。

3. 实验试剂　去离子水，细胞培养液，细胞裂解液(7mol/L尿素，2mol/L硫脲，4% CHAPS，100mmol/L二硫苏糖醇，0.5mmol/L苯甲基磺酰氟，1mmol/L蛋白酶抑制剂Cocktail，PBS，0.25%胰酶)，细胞培养液(含10%小牛血清的DMEM培养液)，标准蛋白溶液(牛血清白蛋白及0.15mol/L NaCl配制成100μg/ml蛋白溶液)，考马斯亮蓝试剂[考马斯亮蓝G250 100mg溶于50ml 95%乙醇，加入100ml 85% H_3PO_4，去离子水稀释至1000ml，滤纸过滤。终试剂中含0.01%(W/V)考马斯亮蓝G250，4.7%(W/V)乙醇，8.5%(W/V) H_3PO_4]。

【实验步骤】

1. 制备细胞悬液　取体外培养的单层贴壁细胞，弃去细胞培养液，加入0.25%的胰酶，在倒置相差显微镜下观察，待细胞大部分消化浮起后，倒弃胰酶，PBS洗涤细胞一次，离心800r/min×5min后收集细胞，加入3ml细胞培养液重悬细胞。

2. 提取蛋白　将细胞悬液用PBS缓冲液洗涤后，1000r/min离心10分钟，小心移去上清液，在其中加入1ml裂解液，冰上超声破碎细胞5次，每次5秒，每次间隔10秒，冰上放置40分钟。然后4℃离心15 000r/min×45min，取上清液为蛋白样品。将上述蛋白样品溶液分装，于−80℃保存备用。

3. Bradford法测定蛋白质的浓度

(1) 制作标准曲线：如表14-1所示，取试管6只，编号后，配制标准蛋白(标准蛋白含量为10μg/ml、

20μg/ml、30μg/ml、40μg/ml、50μg/ml、60μg/ml)，用氯化钠溶液稀释，加入考马斯亮蓝试剂 5ml，静置 10 分钟后，用酶标仪测得 595nm 波长的吸光度，检测 3 次，取平均值。

表 14-1　标准蛋白质溶液的配制

试管编号	0	1	2	3	4	5	6
100μg/ml 标准蛋白(ml)	0.0	0.1	0.2	0.3	0.4	0.5	0.6
0.15mol/L NaCl(ml)	1	0.9	0.8	0.7	0.6	0.5	0.4
考马斯亮蓝试剂(ml)	5	5	5	5	5	5	5
摇匀，1 小时内以 1 号管为空白对照，在 595nm 处比色							

(2) 检测蛋白提取液中蛋白质含量：取步骤 2 中蛋白提取液，加入考马斯亮蓝试剂 5ml，测出样品的 A595nm 并记录。

【结果观察】

1. 记录不同浓度标准蛋白液的 A595nm 的值，以标准蛋白含量为横坐标，以 A595nm 为纵坐标，绘制标准曲线，算出标准曲线方程或回归方程，$Y=aX+b$。

2. 记录蛋白提取液的 A595nm 值，每个样本检测 3 次，取平均值，利用绘制出的标准曲线或回归方程求出样品蛋白质含量。

【注意事项】

1. 此方法灵敏度较高，比色杯应冲洗干净，取样准确，避免误差。

2. 测定时，蛋白质与考马斯亮蓝的结合物不可放置过久，一般以 5～20 分钟为宜。

【思考题】

1. 蛋白提取的常用方法有哪些？

2. Bradford 法测定蛋白质浓度的优点有哪些？

实验三十七　蛋白质氧化产物的检测(Western 印迹法)

【实验目的】

1. 熟悉蛋白质氧化损伤及氧化产物检测的原理。

2. 掌握蛋白质印迹法检测蛋白质氧化产物的原理及操作流程。

【实验原理】

自由基和其他氧化剂攻击的主要目标之一就是蛋白质，蛋白质侧链氧化后可产生氢过氧化物、羟基衍生物和羰基衍生物等产物，羰基衍生物可客观反映机体内自由基导致蛋白质氧化损伤程度。蛋白质印迹法正是利用蛋白质羰基与 2，4- 二硝基苯肼(2，4-DNPH)的反应产物 2，4- 二硝基苯腙(2，4-DNP)具有半抗原性的特点，特异性结合 2，4-DNP 抗体，以对蛋白质羰基进行鉴定和定量。蛋白质印迹法是一种经典的蛋白质分析技术，具有蛋白质反应的均一性高、固相膜保存时间长、敏感性好及特异性高等优点。

【实验材料】

1. 实验器材　垂直电转移装置、高速离心机、硝酸纤维素膜、摇床。

2. 实验试剂

(1) 普通试剂：12% SDS、抗 2，4-DNP 抗体(一抗)、碱性磷酸酶 /AP 标记的第二抗体(二抗)。20mM 2，4-DNPH(含 10% 的三氟醋酸)、中和液(2mol/L Tris 碱，30% 甘油)。

(2) Western 印迹相关试剂：TBS 缓冲液：100mmol Tris-HCl(pH 7.5)、150mmol NaCl；TBST 缓冲液：含 0.05% 吐温 -20 的 TBS 缓冲液；适当浓度的 SDS-PAGE 分离胶和浓缩胶；电泳缓冲液(pH 8.3)：

0.25mmol 甘氨酸（pH 8.3）、25mmol Tris、0.1% SDS；转移缓冲液（pH 8.3）：192mmol 甘氨酸、25mmol Tris、20% 甲醇，4℃预冷；染液：0.2% 丽春红染液；封闭液：含 5% 脱脂奶粉的 TBST 缓冲液；底物液：60%（W/V）二氨基联苯胺盐酸盐（DAB）、0.01mmol Tris-HCl（pH 7.6），临用前加入 0.1% H_2O_2。

【实验步骤】

1. 选取待测样品，测定其蛋白质含量，选取浓度大于 10mg/ml 的样品（见第一节）。

2. 加入 1 倍体积的 12% SDS（加入三氟醋酸之前，SDS 的终浓度保持在 6% 以上）。将样品分为 2 份，测定管中加入 2 倍体积 10mmol/L 2，4-DNPH，对照管加入同体积 10% 的三氟醋酸。室温静置 10 分钟。

3. 加入 1.5 倍体积的中和液进行中和后，即可进行 SDS 凝胶电泳分离。

（1）清洗玻璃板：用洗衣粉轻轻擦洗玻璃板两面，用自来水冲洗，再用蒸馏水冲净后晾干。

（2）制胶与上样：①玻璃板对齐，垂直卡在架子上卡紧，准备灌胶；②配 10% 分离胶，加入 TEMED 后立即摇匀即可灌胶；③待胶充分凝固，倒去上层水，吸水纸吸干水分；④配 4% 的浓缩胶，加入 TEMED 后立即摇匀即可灌胶，将剩余空间灌满浓缩胶，并将梳子插入浓缩胶中，浓缩胶凝固后将梳子轻轻拔出；⑤测完蛋白含量后，计算含 50ng 蛋白的溶液体积即为上样量。取出上样样品至 0.5ml 离心管中，加入 5 倍 SDS 上样缓冲液至终浓度为 1 倍。上样前将样品于沸水中煮 5 分钟使蛋白变性。⑥准备上样前加足够的电泳液。用微量进样器贴壁吸取样品，将样品吸出，注意不要吸进气泡。将加样器针头插至加样孔中缓慢加入样品。加入下一个样品时，为避免交叉污染，需在外槽电泳缓冲液中将进样器洗涤 3 次。

（3）电泳：电泳时间为 4～5 小时，电压为 40V 或 60V。电泳至溴酚蓝到达凝胶底部即可终止电泳，取出凝胶进行转膜。

4. 转膜

（1）准备：1 张 7.3～8.6cm 的硝酸纤维素膜和 6 张 7.0～8.3cm 的滤纸。将切好的硝酸纤维素膜置于水上浸 2 小时。

（2）制备电泳“三明治”：从底层开始为转膜夹的黑色平面，一张海绵垫，三层滤纸，分离胶（取下步骤三电泳完毕的玻璃板，将浓缩胶轻轻刮去，轻柔剥下分离胶盖于滤纸上），硝酸纤维素膜，3 张滤纸，海绵垫，最后合上转膜夹。注意：制备三明治过程中，若产生气泡可用玻璃棒清除。整个操作在转移液中进行，膜两边的滤纸不能相互接触，接触后可导致短路。

（3）将制备好的“三明治”放入转移槽中，进行电转移。冷却条件下 100V 电转 30～60 分钟或者冷室中 14V 电转过夜。

（4）1 倍丽春红染液染膜 5 分钟（于脱色摇床上摇）。去离子水冲洗，观察转移至膜上蛋白质情况。

5. 免疫反应

（1）封闭：将膜移至含有封闭液的平皿中，室温下摇床上摇动封闭 1 小时。先用 TBST 快洗 2 次，再用 TBST 在摇床上摇动洗涤 1×15min，2×5min。

（2）免疫反应：弃去封闭液，加入用封闭液稀释至适当浓度的一抗，室温摇床上持续摇动 1 小时后，取出膜，放入另一平皿，先用 TBST 快洗 2 次，再用 TBST 在摇床上摇动洗涤 1×15min，2×5min，再用 TBS 洗一次，10 分钟。

（3）同上方法准备 HRP 标记的二抗稀释液并与膜接触，室温摇床上持续摇动 1 小时后，先用 TBST 快洗 2 次，再用 TBST 在摇床上摇动洗涤 1×15min，4×5min；再用 TBS 摇动洗涤洗 1×10min。

6. 显色　将蛋白棉朝下充分接触 ECL 化学发光试剂等底物液，避光显色 15～20 分钟，双蒸水洗膜，终止反应。

【结果观察】

将结果进行扫描或拍照，根据显色条带的位置及颜色的深浅，判定羰基化蛋白质的大小及蛋白质羰基的浓度。

【注意事项】

1. 电泳时加入已知的确定的羰基化蛋白质，作为阳性对照以区分羰基化阳性和阴性的蛋白质；

2. 长时间放置的样品应先离心，减少蛋白质条带的拖尾。

【思考题】

1. Western 印迹法的关键步骤有哪些？

2. Western 印迹法阳性对照样品有何要求？

实验三十八　差异蛋白质组分析

【实验目的】

1. 了解差异蛋白质组分析的原理。

2. 熟悉差异蛋白质组分析在毒理学中的应用。

【实验原理】

应用差异蛋白质组分析技术可以发现外源性物质引起的特定细胞、组织的蛋白质表达差异，为阐明其毒作用机制奠定基础，进而探寻毒物作用的蛋白质靶点，筛选特异性蛋白作为毒性预测和安全性评价的生物标志，为毒物作用机制研究、中毒预防及监测提供依据。在差异蛋白组学研究中，最核心的技术是用于分离蛋白质的双向凝胶电泳技术（two-dimensional gel electrophoresis，2-DE）和用于鉴定蛋白质的质谱技术（mass spectrometry，MS）。

双向凝胶电泳第一向为等电聚焦（isoelectric focusing，IEF），根据蛋白质的等电点不同进行分离；第二向为 SDS 电泳（sodium dodecylsulfate gel electrophoresis），按亚基分子量大小进行分离。经过电荷和分子量 2 次分离后，得到蛋白质分子的等电点和分子量等信息。

质谱技术通过电离源将蛋白质分子转化为气相离子，然后利用质谱分析仪的电场、磁场将具有特定质量与电荷比值（M/Z 值）的蛋白质离子分离开来，经过离子检测器收集分离的离子，确定离子的 M/Z 值，分析鉴定未知蛋白质。

【实验材料】

1. 实验器材　等电聚焦电泳试剂和仪器；SDS 电泳试剂和仪器；质谱分析仪。

2. 实验试剂　样品处理、蛋白质提取制剂和提取方法（见实验三十五）。

【实验步骤】

差异蛋白质组学分析的基本步骤为：样本处理→对所有蛋白质组分进行提取分离→准确区分差异蛋白质位点，建立差异蛋白谱→通过质谱和生物信息学技术鉴定差异蛋白质的结构与功能。

1. 蛋白质的分离与纯化是差异蛋白质组学分析的基础工作，获得高纯度并具有生物活性的目的蛋白是研究成功的前提。通常先用离心等方法分离蛋白质与非蛋白质成分，再用盐析、层析、电泳等方法将目的蛋白与其他蛋白质成分分离。

2. 样品制备　根据不同的样品、状态和实验目的和要求选择合适的样品处理方法。应使待分析的样品处于溶解状态，防止蛋白降解或聚集、沉淀，避免样品发生化学修饰引起假点（artifactual spot），去除样品中核酸以及无关蛋白等。

3. 第一向固相 pH 梯度（immobilized pH gradient，IPG）等电聚焦　第一向 IEF 电泳采用固相 pH 梯度干胶条（IPG strips）。试剂公司供应有不同长度、不同 pH 范围的固相 pH 梯度干胶条可供选择。凝胶条长度的选择取决于第二向电泳槽的宽度，pH 范围的选择取决于分辨率的要求和样品的特性。

（1）IPG 胶条的水化：固相 pH 梯度胶条使用前须用含有尿素、还原剂（如 DTT）、两相电解质（CHAPS 或 TritonX-100 等）和 IPG 缓冲液等进行水化。水化可在电场（30V，20℃）进行，为防止水化液蒸发和尿素结晶，可在 IPG 胶条上覆盖硅油。

（2）等电聚焦：在等电聚焦前或在水化液中加样，首先采用低电压有利于样品进入凝胶，并能减少蛋白的聚合和相互作用，逐步分级升高电压，直至达到预置电压并维持，电泳结束后立即进行平衡。暂不进行第二向电泳的IPG胶条可密封在塑料袋或试管中于−80℃保存。

(3) IPG胶条的平衡：胶条的平衡可以使被分离的蛋白质与SDS完整结合。平衡分2步进行，先用含尿素、甘油、SDS和DTT等的平衡缓冲液Ⅰ平衡IPG胶条10～15分钟，将蛋白解聚成多肽链，并包裹负链；再用含碘乙酰胺的平衡缓冲液Ⅱ平衡10～15分钟，碘乙酰胺的烷基化作用可保护SH基团，防止蛋白氧化，减少"纹理(streaking)"现象发生，得到清晰的图谱。

4. 第二向SDS电泳　将平衡过的IPG胶条浸入电泳缓冲液数秒钟后，胶面向下放置于SDS胶面上，并轻压使IPG胶条与SDS胶面充分结合(如为垂直电泳，要用琼脂糖将凝胶条密封在浓缩胶上)。将胶盒插入电泳槽中，开始电泳。当溴酚蓝染料迁移至胶底部边缘时结束电泳，将胶转移至染色盒内固定，以备染色。目前较常用的是银染法和考马斯亮蓝染色法。

5. 2-DE胶蛋白质点的检测和凝胶图像分析　考马斯亮蓝染色法、银染法、荧光染色法和放射自显影法等均可用于2-DE胶蛋白质点的检测。凝胶图像分析的流程为：凝胶图像的扫描与加工→斑点检测与定量→凝胶配比→数据分析、呈递与解释→数据库的建立。目前计算机辅助凝胶分析系统供采用。

6. 蛋白质点的后续分析　将凝胶上的蛋白质点用人工或自动化仪器提取，用酶解方法(如凝胶内酶解、电洗脱后酶解、电转移后膜上酶解或印迹过程中酶解等)将蛋白质解离成多肽混合物后进行质谱测定。

7. 质谱测定　质谱用于肽和蛋白质的序列测定，主要采用3种方法：①蛋白图谱法，即用特异性酶解或化学水解将蛋白质切成小片段，然后用质谱检测各产物肽分子量，将得到的肽谱数据输入数据库，检索与之相对应的已知蛋白，从而获取待测蛋白序列；②用化学探针或酶解使蛋白质或肽从N端或C端逐一降解下氨基酸残基，形成相互间差一个氨基酸残基的系列肽，经质谱检测，由相邻峰的质量差知道相应的氨基酸残基；③利用待测分子在电离及飞行过程中产生的亚稳离子，通过分析相邻同组类型峰的质量差，识别相应的氨基酸残基。

【结果观察】

1. 计算机辅助蛋白质点的检测和凝胶图像分析。

2. 质谱仪进行肽和蛋白质的序列测定。

【注意事项】

1. IPG胶条的平衡时间过长会丢失蛋白。

2. 2-DE技术的不足是无法检测强酸、强碱性蛋白质，不能较好地显示低丰度蛋白质，不同样品间难以进行定量比较，费时，重复性较差等。

3. 质谱分析需要对样品进行必要的纯化，难以实现高通量的蛋白质分析。

【思考题】

1. 蛋白质2-DE技术的关键步骤和优点有哪些？

2. 蛋白质质谱分析的优点有哪些？

(闫　杰　李　凡)

第十五章　法医毒理学论文写作

法医毒理学论文指的是研究和讨论法医毒理学的学术问题，表明作者的学术观点，以探索法医毒理学中客观事物的本质规律的文章。法医毒理学论文的发表对传播、交流法医毒理学重要发明、进展等科技信息具有重要作用。

法医毒理学论文的特点基本同医学论文，按写作目的可分为原著论文和编著论文，按论文的体裁可分为论著、文献综述、技术方法革新、经验交流，经验交流又包括法医毒理学案例报告、科研方法等。在书写论文之前，应拟定撰写提纲，对所进行的研究工作，包括提出的科学假说及文章的组织构架思路进行梳理，以要点的形式体现在提纲中。

第一节　法医毒理学论著写作要点

法医毒理学论著主要是基于对毒理学实验研究数据的分析和整理，其核心部分有：标题、署名、摘要、关键词、前言、材料与方法、实验结果、讨论、参考文献等。

一、标题或篇名

标题即是论文的题目，应简明、确切、特点鲜明地反映论文的特定内容，是对文章的高度概括与综合，达到见题即见文的效果。

（一）要点

1. 对文章中心思想的高度概括。

2. 简洁含蓄地表达拟提出的科学问题。

（二）要求

1. 准确　论文题目应实事求是地反映研究内容的深度和范围，使用准确、规范的语言表达全文的特定内容，揭示论文的本质。“切题”和“得体”是拟定标题的关键，避免小题大做，也不能题目范围过大，过分夸张，其内涵和外延要恰当。例如“乙醇对中枢神经系统的毒性作用研究”，具体是研究哪种动物的神经细胞，是神经元还是胶质细胞，是急性、亚急性还是慢性毒性研究，是中毒动物的形态学观察还是具体分子机制的探讨等均不确切，因此该标题外延过大。

2. 简明　标题应简短而精悍，切忌烦琐庞杂。一般来说，中文标题不超过 20 字，最多不超过 30 个字，英文标题控制在 10 个实词以内，一般不设副标题。标题不用标点符号，尽量避免使用非公众熟知的缩略语、字母缩写、代号等。

3. 鲜明　标题应能够鲜明而确切地反映全文的主要特征，突出论文的新观点及新见解，使读者阅后就明了文章的目的及意义，避免笼统与抽象。

二、作者署名

发表论文必须署作者的姓名，这是对作者辛勤劳动的承认和尊重，也包括作者对论文的全部内容，包括观点、数据、社会效益等担负的学术责任。署名作者具有著作权、发表权、维护作品完整权和修改权等。除了标注真实姓名外，还须写明作者的工作单位、通讯地址、联系邮箱等。

1. 论文署名者应具有以下条件　①在实验前期的选题和研究方案制订中做出主要贡献的人员；②科研课题的主要承担者，参与具体研究工作和数据处理；③论文的执笔者，参加论文的撰写、讨论或定稿；④作者了解论文全部内容，具有答辩能力，且同意论文发表；⑤对于参加了某些局部工作如测试、检验分析的人员及参与结果讨论人员、审稿及校对人员均不应作为作者署名，但可在致谢栏内作为参加人员说明其责任和贡献。

2. 署名的方法　集体完成的研究成果，应该共同署名，个人完成的研究成果，应个人署名。第一作者通常是科研工作的主要全程参与者及论文的执笔起草者，对论文负有全部责任，其他作者应按在撰写论文工作中的贡献大小依次排列。

三、摘要或内容提要

摘要是对论文的高度浓缩，通过准确、简洁的文字介绍论文的主要内容和观点，让读者以最少的时间了解全文的概况。

1. 摘要内容　根据联合国教科文组织（UNESCO）的要求，结构式摘要分为：①目的：研究本课题的目的和缘由，与其他学者研究的不同点；②方法：课题的基本设计、使用材料、手段和方法；③结果：取得的主要结果和数据；④结论：研究成果的理论与实用价值。

2. 写作要求　①摘要应高度概括、简明扼要，表达论文的中心内容，阐明关键问题，每一句都应提供全文的必要信息，便于检索；②摘要中不应出现图表、数字公式和方程式代号，可以采用标准科学命名、惯用符号、名词、术语等；③中文摘要一般不超过300个字，英文一般不超过250个实词。英文摘要放在中文摘要后面，内容应与中文摘要相对应，语态一般用被动态，动词时态一般用现在时，不可使用第一及第二人称。

四、关键词

关键词是从论文内容中提取出来的，最能反映文稿内容及重要意义的词组或短语，其作用主要是存入情报信息检索系统，以供计算机检索的需要。

一般每篇文章标注3～8个关键词，在能够反映主要内容的情况下尽量精简。英文摘要中的关键词须和中文摘要相对应。英文关键词的选用可以在《Medical Subject Headings MeSH》里选择，中文关键词按《汉语主题词表》中的主题词选择使用，还有一些随着科技发展而派生的新词，在选用时应尽量参考各种正式出版的专业词表、词典。

五、前言或序言

前言主要回答为什么研究的问题。前言部分应简明扼要地介绍相关研究课题的背景资料和现实意义，介绍相关领域的研究概况，客观地评价前人已取得的科研成果，集中反映相关研究学科的最新进展和前沿动态等。前言通常为400个字左右。应注意在提出“国内首创染毒动物模型”“毒性机制未见报道”等类似词汇时应在有确切的文献证据后才可写出。

六、材料与方法

主要是解决“用什么做和怎样做研究”的问题。材料与方法是毒理学科研的基础，内容大多数为原始实验数据资料。

1. 基本内容

(1) 研究对象：研究对象的选择、分组或所用动物来源、名称、种系、数量、性别、年龄、身长体重、健康状况、实验操作及观察方法。

（2）实验方法：实验分组、对照设计、实验操作步骤、测量或测定方法（如细胞培养、染毒、染色、观察等）。

（3）其他：温湿度条件以及统计分析方法等。

2. 写作要求　材料与方法既是毒理学实验研究手段，又是科技论文的基础，写作时叙述应具体而真实，以便于理解及供他人学习、重复验证。研究过程的叙述应采用研究的逻辑顺序展开，所采用的方法如果是研究者所熟知的，写明其方法名称即可；属创新性的技术手段等，须对创新部分的细节着重描述。统计学方法应介绍统计软件及具体方法。

七、实验结果

实验结果是论文的主体及核心，是得出文章结论、引发讨论的基础，实验结果包括真实可靠的观察和研究成果、实验数据等。在以表格、图片、照片等形式结合文字表述实验结果时，可以根据观察指标和内容的不同进行分段描述，以便在解释科研假说的关键问题上具备逻辑性和层次性。结果内容必须客观、具体、准确地叙述，可不必对结果进行综合说明，仅用研究结果的事实提供线索并为讨论部分打好基础。

1. 表格　医学和毒理学论文统计表常用三线表，在毒理学研究中获得的大量数据采用表格进行处理可使数据系列化，容易进行分析比较，清楚地表达研究结果，反映科学规律。

2. 图片与照片　通常分为统计图和照片图。统计图可以形象、直观、简明地表达结果与变量之间的关系，以及某一变量的发展趋势；通常横轴表示时间，纵轴表示相关指标。照片图可以鲜明地显示事物的变化规律，便于直观对比和分析。期刊论文对图表的格式和标注均有相应的规定。

八、讨论

讨论内容是整个论文的精华，是从理论水平上对实验结果进行分析、比较、阐述及推论，为论文的结论提供依据。

1. 讨论部分的内容　讨论是对课题研究采用的方法或得出的结果进行必要的理论阐述和说明。讨论的内容包括：①国内外对此研究内容的研究进展，尚未解决的问题；②将自己的实验资料及数据同前人研究结果进行比较，分析异同并阐释原因；③运用国内外已有的理论、学说及见解分析解释实验结果，尤其实验中出现的新现象的分析解释；④本研究在该研究领域的理论意义及对实践指导的应用价值；⑤研究中尚未解决的问题及对未来的展望。

2. 写作要求

（1）应从论文的中心问题出发，突出重点，紧扣题目，围绕文献的核心进行讨论。

（2）可以依据时间、因果、复杂性、重要性等方面拟定小标题，使内容条理化。

（3）讨论内容应从结果出发，讨论的线索和依据应从结果中来源。

（4）文献引用仅摘录主要观点和结论，一般不成段成句地引用，参考文献须标注。

（5）讨论部分不使用图、表。

九、参考文献

参考文献位于文章之后，表明了论文的科学依据和历史背景，并且提示作者在前人研究基础上的发展、提高与创新。

1. 引用参考文献应注意以下几点　①应该是作者亲自阅读全文的文献，对本文的研究工作有启示意义或较大帮助的，不应只根据摘要就加以引用；②应尽可能引用最新和最主要的，以近1～2年以内的参考文献为佳；③发表论文和学位论文对引用参考文献的数量和标注方式均有相应的规定。

2. 参考文献标注格式　格式示例：[序号]主要作者. 文献题名[文献类型标识]. 刊名，年，卷(期)：起止页码. 如：[1] 余爽，陈玲，蔡兴慧，等. 针刺对甲基苯丙胺染毒大鼠海马区多巴胺 mRNA、乙酰胆碱酯酶 mRNA 表达的影响 [J]. 针刺研究，2014(5)：362-366.

第二节 法医毒理学综述写作要点

法医毒理学综述和其他研究领域的综述基本相同，都具备综合性、评述性及先进性 3 个基本特性。通过收集和阅读大量原始文献，对毒理学某个领域或某个专题（研究方法）进行对比、评论、归纳整理而成的综合评述。综述主要包括：前言、正文、总结、参考文献 4 部分。

一、前言

一般 200～300 字，包括选择某一专题的目的、意义和作用，综述问题的历史、资料来源、现状和发展动态，应用价值和实践意义，对争论性问题，要说明争议的焦点所在。

二、正文

法医毒理学综述正文部分主要有：论据和论证。通过提出问题、分析问题和解决问题，比较各种观点的异同点及其理论依据，体现作者的见解，以 3000～6000 字为宜。包括：历史发展、现状分析和趋向预测几个方面的内容，可采用纵式写法、横式写法、纵横结合式写法等。为了把问题说得透彻，可分为若干个小标题分述。

三、总结

简要概括正文部分的内容、价值、意义、存在问题和发展趋势，提出展望性意见，以 100～200 字为宜。

四、参考文献

综述应有足够的参考文献，一般为 30 条左右，排列顺序与研究性论文相同。

第三节 法医学毒理学案例报道写作要点

案例报道又称个案报告，是对法医毒理学中比较典型、罕见或具有代表性，或值得提醒的案例进行报道、总结，从而发现某种特点和意义。案例报道可分为个案报道和数案综合报道（案例分析）。案例报告格式与研究型论文结构相似，一般分为：前言、案例报告、讨论、小结、参考文献等 5 部分，期刊发表的案例报告一般分为：案例报告和讨论 2 个主体部分，省略其他部分。

一、前言

简要说明有无类似案例报道，案例在中毒途径、毒理作用、临床表现、检验鉴定等方面有何特殊性。也可以省略前言开门见山直接进行案例报告。

二、案例报告

详细说明案例资料的基本情况、分组、观察指标、统计方法等内容。对于单个或较少的案例，案例报告内容一般应包括：①一般资料和案情资料；②中毒或抢救治疗病史；③某种毒物中毒特殊的临床表现（症状、体征）；④毒理作用机制及代谢过程；⑤结果、转归及中毒后遗症，检验鉴定方法等。对于较多或案例分析，则应将案例资料总结归纳后，以图表的形式呈现。

三、讨论

可以说明案例的特殊性，复习相关文献，或者提出自己对某种毒物中毒机制的见解，分析总结检验鉴定方面的经验与教训等。

四、小结

对案例报道的目的及内容做总结，多数案例报道省略小结，将其并入讨论部分。

五、参考文献

由于案例报道多为罕见或新发现的案例，参考文献相对较少，甚至没有报道，一般期刊对案例报道不要求附参考文献。

（闫　杰　李　凡）

第十六章　复杂、疑难中毒案例分析

【案例 1】

（一）案情摘要

死者汪某，男，1950 年出生。某年 8 月 19 日下午，因患骨髓炎（民间称为黄鳝洞），经他人介绍，请土郎中上门医治，在大腿根部皮肤溃烂处用了外用药“白降丹”后，出现腹痛、上吐下泻等情况。次日晚上，又喝了土郎中开出的中药并为其煎好的药汤，再次出现腹痛、上吐下泻，当晚在家中死亡。

（二）法医学检查

1. 尸表检查

一般情况：冰冻缓解男尸，尸长约 164cm，体型偏瘦，发育正常，营养一般。

尸体现象：尸斑淡红色，分布于颈项部及背部未受压处，指压后均不褪色。全身皮肤未见明显腐败静脉网，右下腹见尸绿形成。

头面部：发长 2.2cm，双眼睑紧闭，左、右眼睑结膜及球结膜苍白，未见明显出血点，双侧角膜高度混浊，瞳孔不能窥见；鼻腔见少许黏液。口腔黏膜苍白，未见溃疡，唇、舌未见损伤；上、下颌牙部分牙齿自牙冠部缺失，部分牙齿全部缺失；耳外观、双侧外耳道内无异物。

颈项部：未见异常肿块、损伤或压痕，气管居中。

躯干部：胸部皮肤未见出血，胸廓对称，腹部平坦，未见损伤；臀部未见明显的注射针孔。左、右腹股沟触及少许肿大的淋巴结，以右侧为著。

四肢：右膝关节见屈曲畸形，未见骨折。左小腿距膝关节 10cm 处皮肤见一大小为 9cm×6cm 表皮剥脱，未见明显的生活反应。右腹股沟至右臀部在皮肤面积约 29cm×22cm 区域内见多发性散在分布 20 余处窦道，其中 8 处窦道口可见灰白色粉末物（图 16-1），该处皮肤明显红肿伴溃烂，分层切开见，患处皮肤、皮下组织、肌肉、骨膜等均有坏死、化脓，并可见死骨，大多数窦道盲端均深至股骨上段内的骨髓，窦道内见灰白色粉末物，探查见部分已经进入骨髓腔内。

外生殖器和肛门：成人男性外阴，阴囊皮革样化，未见破裂、出血等；肛周未见异物。

2. 解剖检查

头颅部：头皮未见出血、破损，颅骨未见骨折。打开头部，硬脑膜外、下均未见出血、血肿，全脑及脑垂体形态、大小正常，外观无出血及挫伤，全脑重 1256g，大脑前、中、后动脉及基底动脉环未见畸形、动脉瘤，基底动脉未见粥样硬化，切开大脑、小脑及脑干检查，各个切面未见出血、挫伤。

咽喉及颈部：分层解剖颈部，舌骨未见骨折；甲状腺位置、大小、形态正常；喉头轻度水肿，气管中段见一大小 0.6cm×0.3cm 出血斑，气管壁表面见少许黏液附着；两侧扁桃体未见肿大；气管腔内未见异物阻塞。

胸腹部：分层解剖胸腹部皮肤及肌肉，未见出血，肋骨未见骨折；胸、腹腔各器官位置正常。胸腔内见少许积液，双侧肺膜与胸壁呈粘连状，肺膜表面见较多的黑色物质沉积，有的区域见散在出血点，双肺切面暗红色，支气管腔见少许黏液，肺组织未见实变或肿块等，挤压后见较多泡沫状液体流出。心包膜光滑，未见粘连，心包腔内见少许积液；心脏重 340g，心外膜光滑，未见明显出血点；剪开各心腔检查，心脏各瓣膜周径：二尖瓣 9.3cm，三尖瓣 11.2cm，肺动脉瓣 6.9cm，主动脉瓣 7.1cm，各瓣膜均未见狭窄及关闭不全，左心室壁厚 1.5cm，右心室室壁厚 0.4cm，室间隔厚 1.4cm，主动脉、肺动脉管腔内未见阻塞物，左、右冠状动脉开口位置正常，分段切开左、右冠状动脉主干及各主要分支检查，各冠状动脉管腔未见明显狭窄及粥样硬化，管腔内未见血栓形成；窦房结、房室结区未见出血、挫伤。腹腔见少许积液，未见积血，腹腔各脏器表面未见粘连。肝脏表面光滑，切面未见破裂、出血、脓肿、肿块等。胆囊及胆道内均未见结石，胆囊部分充盈，胆囊壁光滑。脾脏重 226g，大小 14.5cm × 9cm × 3.5cm，表面光滑，未见破裂、出血等。胃浆膜面光滑，未见穿孔，胃大弯长 34cm，胃小弯长 26cm，剪开胃壁，胃内可见褐色液态食糜，约 100ml，有明显的中药气味（图 16-2），未闻有机磷农药、酒精气味，胃黏膜光滑，胃底黏膜见散在出血点，未见溃疡、穿孔。小肠、结肠、阑尾等位置、大小、形态未见异常，未见梗阻、出血、溃疡等。双肾形态正常，大小分别为 10cm × 5.8cm × 3cm、9.8cm × 5.5cm × 3cm，包膜光滑，易剥离，切面皮、髓质分界清楚。双侧肾上腺的位置、大小、形态正常，切面未见出血。胰重 54g，大小 13cm × 4.2cm × 2.2cm，未见出血、坏死。膀胱内见 20ml 的清亮尿液，黏膜光滑，未见出血、溃疡等，泌尿系各部均未见结石、损伤等。睾丸及附睾大小、形态未见异常。取心血、胃内容物、右侧腹股沟至右臀部患处皮肤及肌肉组织做毒化检验及备用。

3. 组织病理学检查

脑：大脑蛛网膜下腔见灶性淋巴细胞聚集，大脑皮质神经元胞体固缩，细胞周围间隙增宽，部分神经元尼氏小体消失，未见变性、坏死，大脑白质疏松、水肿，小血管扩张、淤血，周围水肿。小脑颗粒细胞层疏松，浦肯野细胞胞体固缩，数目减少。脑干神经元细胞胞体固缩，未见变性、坏死，未见嗜神经细胞现象。

心：心外膜小血管扩张、淤血，未见明显炎症细胞浸润；心肌间质内小血管扩张、淤血，灶性纤维化，点灶性出血，小灶性区域见淋巴细胞浸润，部分心肌纤维断裂；窦房结、房室结区未见出血、炎症、肿瘤等病变；冠状动脉内膜下见少量泡沫细胞，管腔未见明显狭窄，管腔内未见血栓形成。

颈部器官及肺：甲状腺滤泡结构可见，间质血管淤血；肺门部见矽结节形成；气管黏膜层、黏膜下层均见稍多的淋巴细胞浸润，部分区域见大量的红细胞；支气管及细支气管黏膜上皮细胞见脱落，偶见细支气管腔内痰栓阻塞；肺间质纤维组织增生，血管扩张、淤血，见较多炭末样黑色素分布，并见较多的巨噬细胞，部分区域肺泡隔断裂，肺组织灶性气肿，部分肺泡腔见较多水肿液及红细胞；肺膜稍增厚，偶见少许淋巴细胞浸润。

肝：肝小叶结构正常，肝细胞弥漫性水变性，灶性肝细胞溶解坏死，部分肝细胞脂肪变性，肝窦淤血，尤其汇管区见较多淋巴细胞浸润。

脾：红髓、白髓、脾小梁结构正常，脾窦淤血，脾包膜未见增厚，脾细、小动脉未见玻璃样变性。

肾：部分肾小球纤维化及玻璃样变；有的肾小管内见钙盐沉着，近曲小管上皮细胞广泛性水变性，有的坏死，部分远曲小管肾小管内见蛋白管型；肾间质水肿。

肾上腺：皮质细胞类脂质见缺失，髓质小血管淤血，未见炎症细胞浸润。

胰：腺细胞弥漫性自溶，间质血管淤血，未见明显的炎症细胞浸润。

胃：黏膜及腺体自溶，黏膜下层小血管扩张、淤血，有的小血管周围见漏出性出血，间质水肿，部分区域见较多淋巴细胞浸润，部分平滑肌纤维收缩呈波浪状改变。

肠：黏膜及腺体自溶，黏膜下层小血管扩张、淤血，间质水肿，部分区域见较多淋巴细胞浸润，部分平滑肌纤维呈波浪状改变。

阑尾：黏膜及腺体自溶，黏膜下层小血管扩张、淤血，部分区域见较多淋巴细胞分布。

右腹股沟至右臀部患处皮肤及肌肉：窦道处表皮、皮下组织、肌肉组织及骨髓见大量的异物（图 16-3）、坏死物质、脓细胞、中性粒细胞、淋巴细胞、浆细胞、单核细胞和均质红染渗出液。窦道邻近组织见大量中性粒细胞、淋巴细胞及浆细胞浸润，部分区域间肉芽组织及瘢痕组织形成。

4. 毒物化验检查　死者汪某血液中砷和汞元素质量浓度分别为 1.6μg/ml 和 0.1μg/ml，肌肉组织中砷和汞元素质量分数分别为 2.8mg/g 和 107.8mg/g。

（三）分析讨论题

1. 请给出本例的法医病理学诊断。
2. 对本例死因进行分析说明。

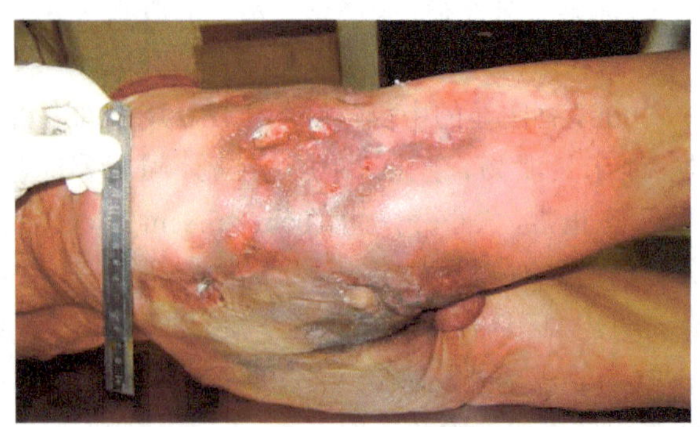

图 16-1　右腹股沟至右臀部皮肤见散在分布 20 余处窦道，其中 8 处窦道口可见灰白色粉末物，皮肤明显红肿伴溃烂

图 16-2　胃内见褐色液态食糜，约 100ml，有明显的中药气味

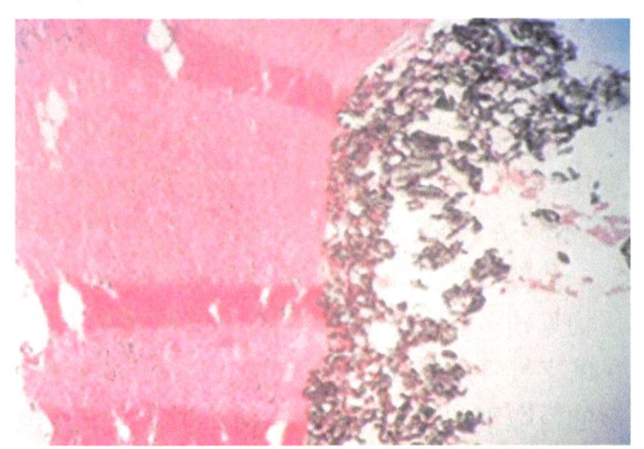

图 16-3　皮肤窦道内异物填充

（本案例由叶光华提供）

（喻林升）

【案例 2】

（一）案情摘要

某男，25 岁。某日早晨被发现死于其所工作的石材加工厂职工宿舍内，死亡原因不明。现场发现有塑料壶装黑褐色石料染液。尸体存放在殡仪馆冰柜内 16 个月后进行尸体解剖检验。

（二）法医学检查

1. 尸表检查　青年男性尸体，尸长 171.0cm，发育正常，营养良好。颜面、口腔及全身体表皮肤呈褐色，局部干燥，尸斑显著，分布于背、腰部，呈暗褐色。左胸及右乳头内侧可见有 9.0cm × 9.0cm 电除颤印痕。左侧腰背部皮肤可见散在出血点。

2. 解剖检查　右侧颞肌可见直径 0.3cm 的暗红色斑点。头皮、颞肌、颅骨、硬脑膜外和硬脑膜下未见出血或异常，脑组织腐败呈糊泥状，实质内未检见出血灶。颈部皮肤、肌肉、血管、舌骨等未见损伤或出血。胸腔内无积液，心包和心脏外观正常。气管、支气管腔内无异物，左、右肺膨胀、淤血，切面淤血、水肿，呈暗褐色。心肌结构无异常，各瓣膜周径均在正常范围内，冠状动脉开口及大小正常，左、右冠状动脉无粥样硬化及狭窄。腹腔肝、脾、肾、胰各器官位置、形态正常。胰腺自溶。食管中、下段和胃内可见黑褐色苦杏仁味冰碴样内容物约500ml，胃黏膜被染成黑褐色，胃壁内血管淤血（图16-4a、b）。

3．组织病理学检查 心脏：心肌水肿、变性自溶，肌纤维断裂，间质血管扩张；肺：肺淤血、水肿，间质及肺泡内可见褐色异物颗粒，组织自溶；肝：肝细胞变性、自溶；脾淤血、自溶；肾组织自溶，髓质血管淤血；胃、肠、气管、喉头黏膜上皮自溶，黏膜下血管扩张、淤血（图16-5a、b）。

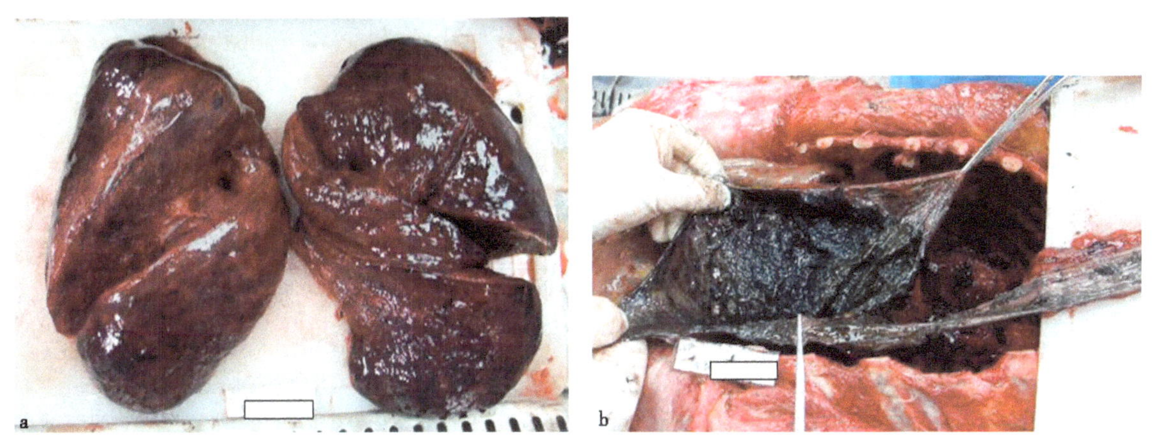

图16-4 a肺淤血、水肿；b胃内容物呈黑褐色，胃壁变薄，血管扩张

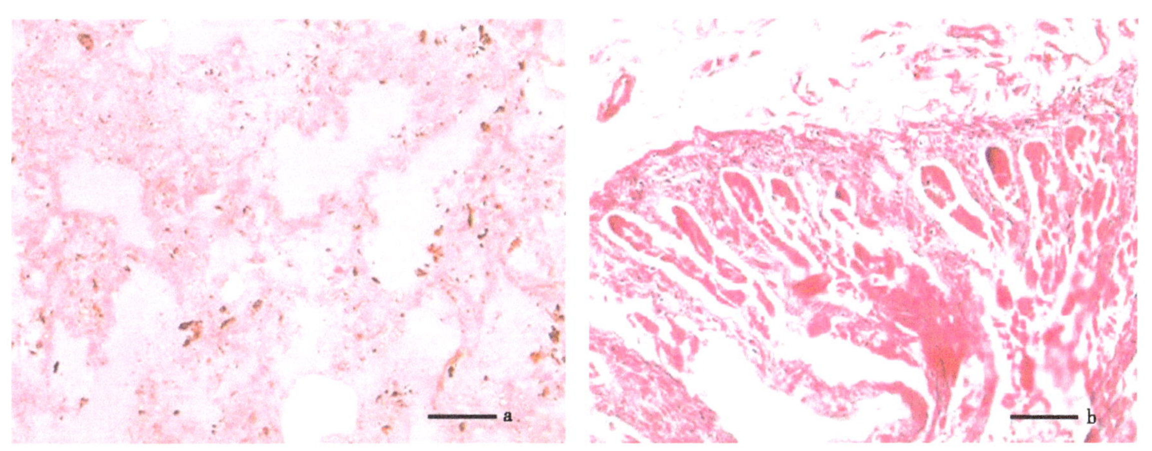

图16-5 a肺淤血、水肿；b胃黏膜自溶，黏膜下血管扩张

4．毒物分析 提取死者胃内容物、心血、尿液，采用固相微萃取法（平衡70℃，20分钟，解析15分钟）分离提纯，气相色谱-质谱联用仪（GC-MS）分析，色谱质谱条件：HP-5MS（30m×0.25mm×0.25μm）弹性石英毛细管柱，柱温：初温100℃，以10℃/min升温至220℃，再升温至280℃；进样口温度：230℃；GC-MS接口温度：230℃；溶剂延迟6.8分钟。检验结果：①胃内容物酸度为pH 5，检出苯胺、硝基苯、二苯胺3种成分；②心血中检出苯胺、硝基苯；③尿液酸度为pH 6，检出苯胺、硝基苯；④上述3种检材中均未检出毒鼠强、常见有机磷农药、镇静催眠药物成分。⑤对照样品为黑褐色乳油状液体，具有苦杏仁味，经分离提纯，GC-MS分析，检出苯胺、硝基苯、二苯胺3种成分（图16-6，图16-7）。

（三）分析讨论题

1．根据检验所见，分析本案法医病理学诊断、死亡原因和死亡性质。

2．查阅相关文献，分析苯胺、硝基苯、二苯胺的毒理作用，主要有哪些？中毒量和致死量是多少？

3．本案的特殊性和启示有哪些？

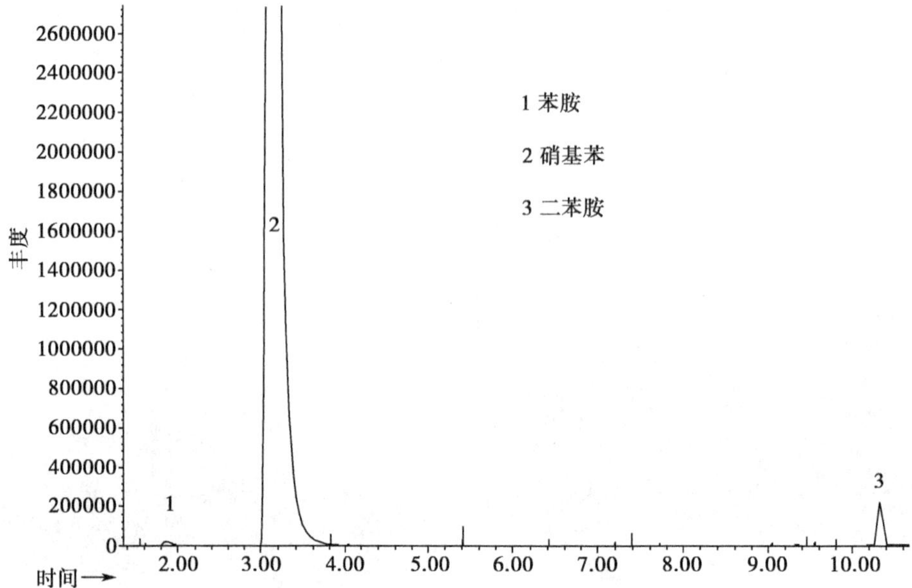

图 16-6 胃内容物中苯胺、硝基苯、二苯胺 GC-MS 图谱

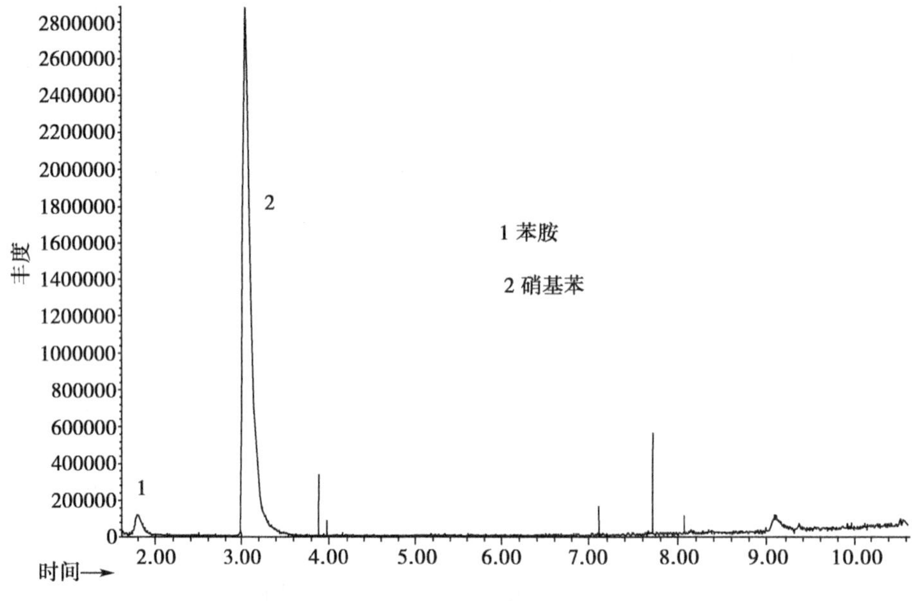

图 16-7 血液中苯胺、硝基苯 GC-MS 图谱

（李 凡）

【案例 3】

（一）案情摘要

某日，同居一室的姐妹 2 人（分别为 17 岁和 21 岁）早晨均出现“恶心、干呕、胸闷等症状”，村卫生室医师诊断为“胃肠炎”并给予输液治疗，后症状未缓解转入乡卫生院和县级医院治疗，按“食物中毒；低血压休克；中毒性休克”经抢救治疗无效于 24 小时内先后死亡，次日对 17 岁死者进行尸体解剖检验。

（二）法医学检查

1．尸表检查 青年女性尸体，身长 156cm，发育正常，营养一般。尸斑呈浅红色，位于项、背部、四肢背侧等未受压处，指压不褪色。尸僵已缓解。黑发，长 35cm。头皮未见肿胀、出血。眼睑闭合，角膜中度混浊，双侧瞳孔等大，直径为 0.5cm。双侧睑、球结膜苍白，左睑缘轻度充血。双侧外耳道内无异物。口唇黏膜苍白，牙列完整，牙龈、颊黏膜未见损伤出血。气管居中，颈部淋巴结未触及肿大。胸腹部平坦，胸骨、肋骨未触及骨擦感，左上胸可见4处圆形电除颤印痕和4处穿刺针孔。左、右腹股沟部各有1处穿刺针孔。右肘窝，左、右腕部，左、右手背可见注射针孔。会阴部清洁，处女膜完整，无出血。

2. 解剖检查 头皮、颞肌未见出血，颅盖骨未见骨折。硬脑膜外、硬脑膜下无出血，脑表面水肿，大脑、小脑和脑干表面及切面未见损伤或出血。颅底未见骨折。颈部皮肤和肌肉未见出血，舌骨未见骨折，喉头黏膜可见片状出血，气管、支气管腔内可见少量泡沫和红色液体。胸部肌肉未见损伤或出血，胸骨、肋骨未见骨折。左、右胸腔分别有淡红色液体550ml和500ml。双肺水肿，表面和叶间可见出血点，肺切面见淤血、出血（图16-8）。心脏重230g，表面及切面未见损伤出血，心脏各瓣膜周径：三尖瓣9.0cm，肺动脉瓣6.5cm，二尖瓣8.5cm，主动脉瓣5.5cm，心室壁厚度：左1.1cm，右0.3cm。冠状动脉开口及左、右各支无异常。大网膜位置、形态正常，腹腔内可见淡红色液体约300ml。胃内见褐色液体约150ml，黏膜未见出血。胰腺自溶。肝、脾、肾包膜光滑、完整，未见损伤，切面见水肿。大、小肠及阑尾盲肠，形态正常，膀胱呈空虚状。子宫体大小正常，子宫黏膜无出血，卵巢未见异常。

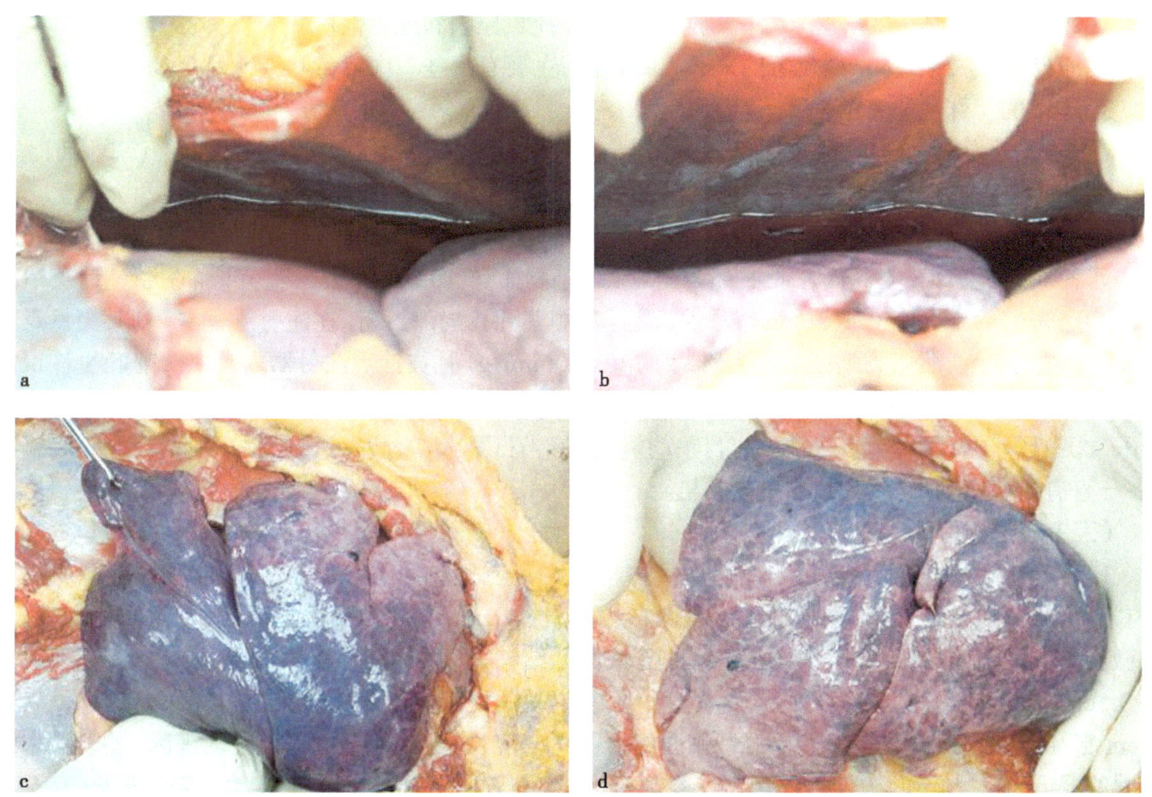

图16-8 左右胸腔积液及双侧肺淤血、水肿

3. 组织病理学检查 心肌间质水肿，肌纤维呈波浪样变，部分心肌纤维断裂；肺泡壁毛细血管扩张、淤血，有的肺泡上皮细胞脱落，肺灶性水肿；肝细胞水变性，弥漫性脂肪变性（图16-9），汇管区淋巴细胞稍多（图16-9）；脾、肾、胰、肠组织淤血；脾、肾、胰、肠自溶，喉头、气管黏膜下小血管扩张淤血，部分区域伴灶性出血；脑及脑膜血管淤血，神经细胞和毛细血管周隙增宽，神经细胞和神经纤维水肿等。

4. 毒物分析 提取死者心血10ml，肝脏200g，经分离提取，进行GC-MS分析，检验结果：①血液和肝组织中均检出磷化氢成分；②血液和肝组织中均未检出敌敌畏、甲拌磷、对硫磷、氧化乐果、地西泮、阿普唑仑、艾司唑仑、氯氮平、氯丙嗪、苯巴比妥及毒鼠强。

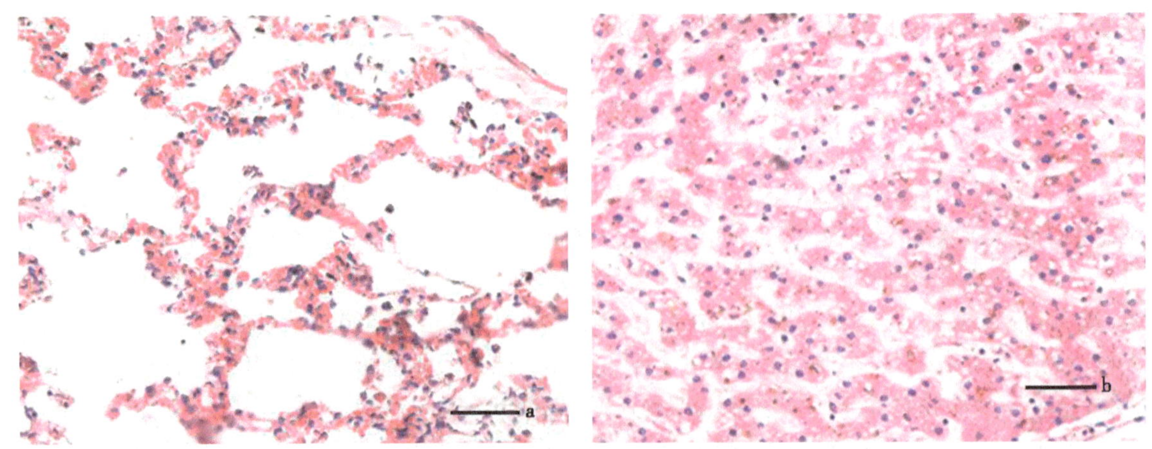

图 16-9　肺淤血，肝细胞弥漫性脂肪变性

（三）分析讨论题

1. 根据检验所见，分析本案的法医病理学诊断、死亡原因和死亡性质。

2. 查阅相关文献，分析磷化氢的来源、毒理作用主要有哪些？中毒量和致死量是多少？

3. 本案的特殊性和启示有哪些？

（李　凡）

【案例 4】

（一）案情摘要

死者刘某，女，18 岁。因左侧面部歪斜半月，某日上午 10 时许，去医院就诊，在经过针灸治疗后，用 0.5% 普鲁卡因 1ml 加 20mg 泼尼龙，进行左侧茎乳孔局部封闭，在注射过程中，刘某突然意识丧失、深昏迷、全身肌张力增高，血压增高为 240/160mmHg，且拔针后注射器内有血。呕吐少许胃内容。抢救 17 小时后突然出现呼吸停止，继而心率、脉搏、血压消失，抢救无效死亡。死亡诊断：①高血压；②中风？据调查，死者生前没有自杀动机，就诊当日早上 9 时许，进食约 3 两面条，到医院就诊时，一直有亲属陪同，也没有口服毒物的机会。

（二）法医学检查

1. 首次尸检　于死后当天进行首次尸体检验。见左侧胸腔有 350ml 暗红色液体。膈肌高度左右侧均平第五肋间，左侧膈肌腹腔面呈灰白色，有一 7cm × 2cm 的穿孔，穿孔周围组织变薄变软。显微镜下，部分膈肌肌纤维变性、坏死，呈嗜碱性无结构团块，无明显炎性细胞反应。食管下段见一 3.5cm 长的破裂口，边缘呈灰褐色，食管中段黏膜脱落使其肉眼观为灰白色。胃大弯近脾侧有约 14cm 穿孔，破裂口周围呈灰褐色，残留浆膜组织。胃内容物呈糊状，均流入腹腔的脾区，测 pH 为 5。邻近的肝、脾、左肺下叶表面出现灰白色腐蚀痕，左侧胸腔壁层有灰白色腐蚀痕。显微镜下：穿孔周围大部分胃黏膜脱落，残留黏膜结构模糊，黏膜下层、肌层及外膜着色变浅，结构模糊，有灶性出血，穿孔边缘有轻度炎性细胞反应。

死者胃内容物及心血，经法医毒化及临床化验，结果为：胃内容未检出可识别的腐蚀性毒物。胃内容物经动物（大、小鼠）实验（2～18 小时），毒性反应阴性。死者胃内容物胃蛋白酶含量 150IU（正常值 40～60IU）。

2. 再次尸检　于死后第 23 天再次进行尸体检查，见左耳垂下 1.5cm，后 2cm 处有一注射针痕；切开在相当于第一颈椎横突下左椎动脉行走部位处，见一范围 1cm × 1.2cm × 1.4cm 的肌肉出血，出血区中央有左椎动脉血管，该处血管外膜见凝血块成分。组织病理学检查：大脑重 1100g，肉眼外观脑回变平，脑沟变浅，双侧小脑扁桃体疝形成，显微镜下见各部脑组织显著淤血水肿。左侧小脑蛛网膜、软脑膜较多中性白细胞为主的局灶性炎性浸润，附近小脑实质亦见中性白细胞浸润，显著水肿。小脑蒲氏细胞变性、坏死，数目显著减少，分子层及颗粒细胞层多发性散在出血灶；大脑、脑桥、小脑及脑干等部位的细小血管内膜增厚。脾、肾、心、脑、肝等多器官细小动脉管壁增厚、玻璃样变。

（三）分析讨论题

1. 请给出本例法医病理学诊断。

2. 对本例死因进行分析讨论。

（刘　茜）

【案例 5】

（一）案情摘要

某男，21 岁。到某美容店清洗一年前文刺的文身图案。美容师用“除痣灵”药水清洗文身图案。二十天后，其再次到上述美容店文刺并清洗，采用的是相同的“除痣灵药水”。在文刺清洗过程中感到“文刺部位有疼感”，3 小时后文刺完毕。其在走出美容店数分钟后倒地抽搐，意识丧失，经“120”抢救无效死亡。当事双方委托死因鉴定时，提交“除痣灵”药水一瓶及说明书一份。

（二）法医学检查

1. 尸表检验　上身未着装，下身外穿的黑色休闲裤，后侧有少量白灰样成分附着。尸斑暗紫红色，指压稍褪色。体表检见“龙形”文身图案，主要分布于前胸部及右肩部。文身处检见新旧程度不一、厚薄不均的痂皮形成伴局部组织出血，局部皮肤呈暗黄色凝固性坏死。新鲜文刺部位组织肿胀伴出血，文刺范围约占全身体表面积的 14%。指（趾）甲床见发绀。

2. 解剖检验　喉头无水肿，气管及支气管腔内检见多量泡沫状液体。双肺有多处散在分布的出血斑形成，肺组织淤血、水肿明显；肝、肾、脾等器官呈广泛性淤血改变。余未见异常。

3. 组织病理学检验　文刺处皮肤肿胀明显，表皮层、真皮层、皮下组织层及深部的肌肉组织呈广泛性腐蚀改变，主要表现为广泛性凝固坏死，组织呈大片状均质红染，可见血管扩张及局灶性出血，并可见多量单核细胞、浆细胞及淋巴细胞等炎性细胞浸润；皮肤组织中中性粒细胞相对较少，未检见脓肿形成；器官组织未见嗜酸性粒白细胞聚集，未检见致死性疾病及脏器发育畸形等形态学改变；各器官组织呈淤血性改变。

4. 毒物分析　①经常规毒（药）物检验，未检出吗啡类、安眠镇静类、有机磷类农药及鼠药类等常规毒物。②提取心血及肝脏组织进行苯酚定性分析，检出苯酚成分。

（三）动物毒理学实验

1. 实验方法　选取 5 只健康雄性 SD 大鼠进行苯酚毒性实验。先将实验动物剃去背毛，再参照本例“除痣灵”药水使用方法，用“除痣灵”药水进行剃毛部位的皮肤文刺实验。

2. 实验结果　5 只实验大鼠均在涂药 2 分钟内出现程度不等的下列急性中毒症状，即呼吸急促（平均 138 次 / 分）、甩头（平均 30 次 / 分）、站立不稳、肉眼血尿、肢体不自主运动（平均 32 次 / 分）和剧烈抽搐，其中 3 只分别在实验 52 分钟、59 分钟和 107 分钟死亡，另 2 只实验动物在饲养 24 小时后处死。

3. 动物组织学检验　5 只实验动物均不同程度地出现表皮深染及剥脱、真皮组织凝固性坏死及皮下组织出血改变；肺脏被膜及实质出血，肺淤血、水肿改变；心肌间质灶性出血；肝、肾、脾等组织呈现淤血性改变。

（四）分析讨论题

给出本例的法医病理学诊断并对死亡原因及本案特点进行分析（图 16-10 至图 16-14）。

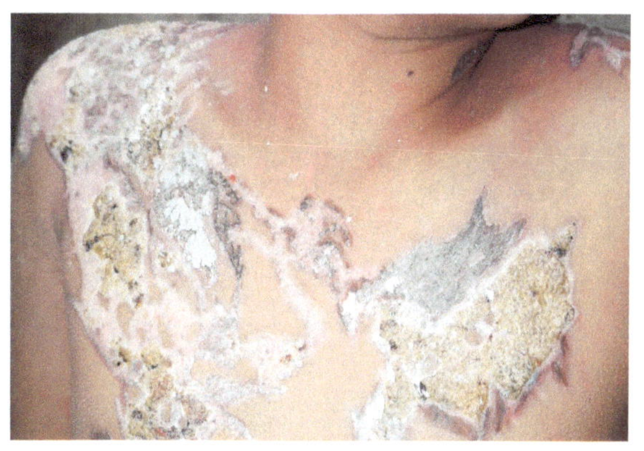

图 16-10　苯酚中毒皮肤改变

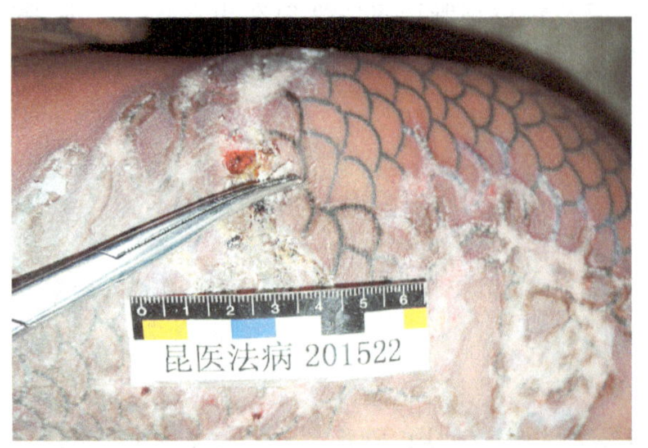

图 16-11　苯酚中毒皮肤组织坏死出血

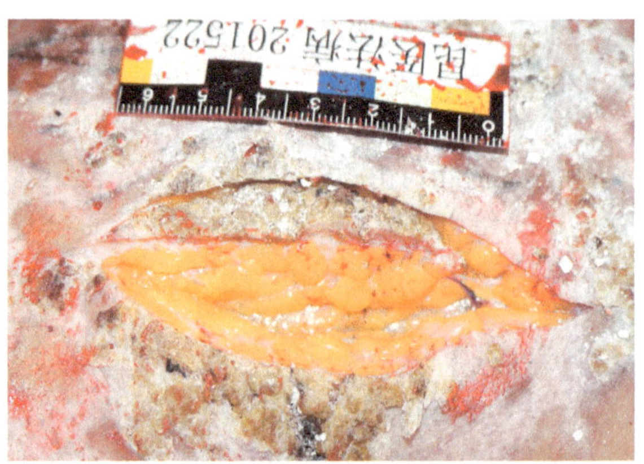

图 16-12　苯酚中毒组织腐蚀坏死

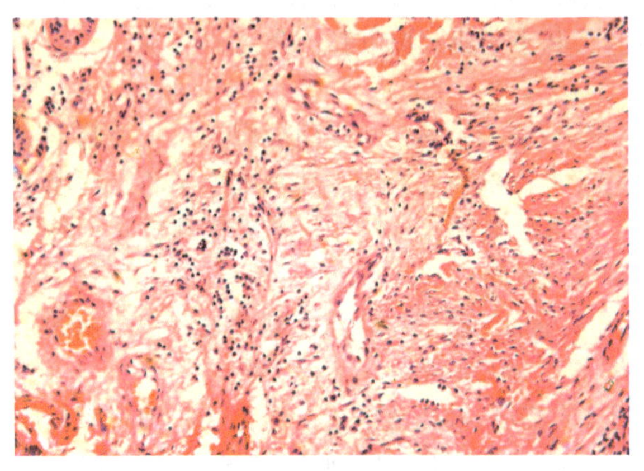

图 16-13　苯酚中毒组织凝固性坏死改变

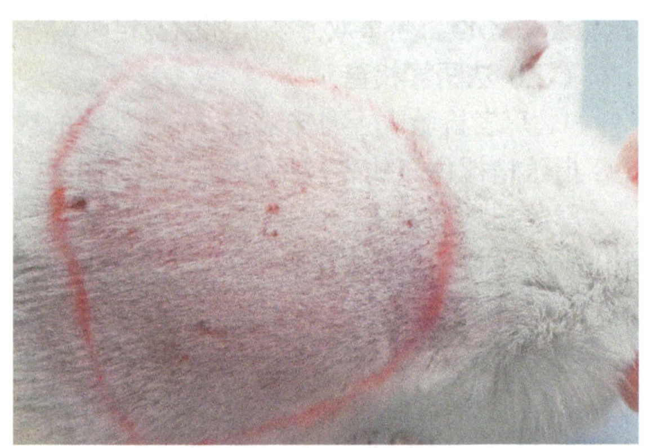

图 16-14　苯酚中毒动物实验

（李　桢）

【案例 6】

（一）案情摘要

张某，男，37 岁。某日被发现在某宾馆内死亡，宾馆人员遂报警。

（二）现场勘验

中心现场位于某宾馆客房内，门锁完好。客房南墙中间距地 120cm 处有一铝合金推拉窗，窗户窗帘呈拉合状，完好无损。尸体位于房间东墙处的木床上，头南脚北呈仰卧位；尸体上盖有一床白色被子，被子盖到死者下颏处，左侧被子整齐地压在身下（图 16-15）。在床头西侧有一床头柜，床头柜上有一个“金银花露”饮料瓶和一个吃了半截的烤红薯。

图 16-15　死者被子有从外向内塞的情况

（三）法医学检查

1．尸表检验　上身外穿一件白色短袖衬衣，腰系一条黑色皮带。下身外穿一条黑色长裤，内穿一条黑色内裤，双脚赤足。衣着检验未见异常。尸长164cm，发育正常，营养中等，尸斑呈暗红色，分布于尸体背侧未受压处，指压稍褪色。尸僵存在于全身各大关节。双眼闭合，双侧瞳孔等大等圆，直径为0.5cm。角膜透明，双睑、球结膜见点状出血。口腔内可见淡红色泡沫性黏液，翻转尸体有血性液体从口鼻腔溢出。指（趾）甲床发绀。余未见异常。

2．解剖检验　头皮及颞肌未见出血，颅骨未见骨折，脑组织未见损伤。舌骨、甲状软骨及环状软骨未见骨折。气管及支气管内见淡红色泡沫性黏液，双肺水肿伴出血（图16-16）。胃内容物中见红薯约50g（图16-17），腹腔脏器未见损伤及其他异常。

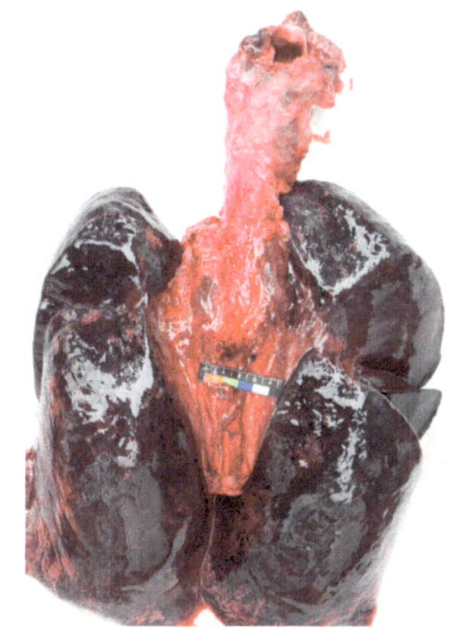

图16-16　毒鼠强中毒双肺水肿伴出血

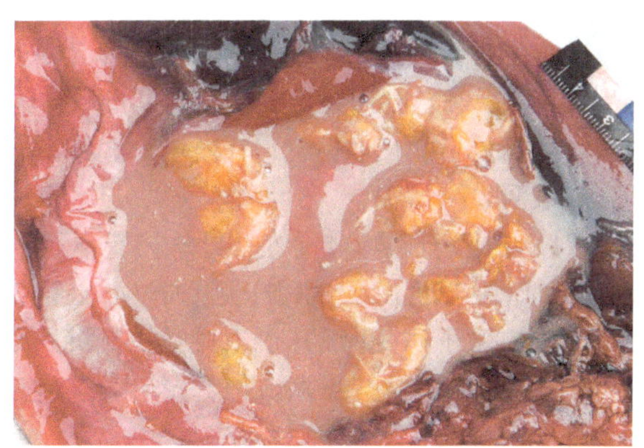

图16-17　胃内容物见红薯块

3．毒物检验　死者胃及胃内容物、肝脏、床头柜上吃剩的红薯中均检出毒鼠强成分；“金银花露”饮料瓶中未检出毒鼠强成分。

（四）分析讨论题

分析本例的死亡原因及案件性质。

（李　桢）

附录　案例分析参考答案

第二章

【案例1】

（1）考虑腐蚀性碱类中毒，氢氧化钠。

（2）自杀。因死者口鼻周围及面颊部皮肤呈污黄褐色，口周、额部及颈部两侧见流注状腐蚀痕，曾考虑他人泼溅的可能，但经过案情调查后排除。考虑为口服时溅出所致。

（3）毒物分析应取搪瓷口杯内剩余液体、胃内容物等。

【案例2】

（1）法医病理学诊断：左枕叶蛛网膜下腔出血（大小6cm×3.5cm）；双侧小脑扁桃体疝及海马沟回疝形成；脑重度淤血、水肿；冠心病（心脏重390g，冠状动脉左主干、左旋支粥样硬化病变Ⅲ级，左前降支、右主干病变Ⅱ级）；肝内血吸虫卵沉积，肝细胞灶性水变性及脂肪变性；肾淤血，肾小管腔内见红细胞及蛋白管型；肺淤血，部分细小支气管周围灶性炎性细胞浸润；脾淤血，脾细、小动脉粥样硬化症；全身广泛Ⅲ度烧伤（达40%）。

（2）分析说明：根据对死者张某的尸体检验及法医病理学检查结果，其左枕叶检见大小6cm×3.5cm蛛网膜下腔出血，脑组织重度水肿，双侧小脑扁桃体疝及海马沟疝形成，联系尸检在左颞顶部检见大小12cm×9cm×4cm硬膜下血肿及死亡经过，综合分析，认为死者张某头部外伤致硬脑膜下血肿、蛛网膜下腔出血及脑疝形成在其死亡发生中起主要作用。根据对死者张某的尸体检验结果，其颜面部、左颞部、颈部、项部、肩部、颈背部、胸部、腹部、腰部检见Ⅲ度烧伤，总面积达40%，结合法医病理学检查见肾小管腔内有较多红细胞及蛋白管型等，认为其生前化学烧伤在其死亡发生中起次要作用。鉴定结论：根据对死者张某的尸体检验及法医病理学检查结果，结合案情资料及死亡经过综合分析，认为死者张某头部外伤致硬脑膜下血肿、蛛网膜下腔出血及脑疝形成为主要死因，其生前化学烧伤在其死亡发生中起次要作用。

（3）案件的启示：涉及腐蚀性毒物中毒或损伤的案件，仍应进行系统、全面的尸检，以明确死亡原因。腐蚀性毒物烧伤后迅速死亡的案件，应考虑有无其他死因。

【案例3】

（1）法医病理诊断：全身广泛Ⅲ度烧伤（达40%）；支气管肺炎，肺透明膜形成，肺淤血、水肿、片灶状出血；急性肾小管坏死，肾淤血、自溶；肝淤血，多发性灶性肝坏死，肝细胞轻度脂肪变性；心肌间质淤血，左乳头肌间质灶性中性粒细胞浸润；脑淤血、水肿；脾淤血，细小动脉轻度硬化；急性喉炎，喉淤血，灶性出血；甲状腺炎，甲状腺轻度淤血，灶性出血；胰轻度自溶。

（2）死因及死亡机制分析：根据对死者蔡某的尸体检验及法医病理学检查结果，见其体表有严重的烧伤病变，并检见其存在支气管肺炎，伴肺透明膜形成，急性肾小管坏死，多发性灶性肝坏死，左乳头肌灶性中性粒细胞浸润，急性喉炎，甲状腺炎，各器官均有不同程度的淤血、水肿和出血病变；说明其病变严重而较广泛，结合案情资料介绍蔡某生前有硫酸烧伤病史，临床资料显示其为40%Ⅲ度的严重烧伤，伤后神志模糊，伴呼吸困难，声音嘶哑、心慌和肝肾衰竭等症状体征；综合分析认为，死者蔡某符合因严重硫酸烧伤并发全身感染致多器官功能衰竭而死亡。鉴定意见：根据对死者蔡某的尸体检验及法医病理学检查结果，结合案情资料、临床病史及死亡经过等综合分析，认为死者蔡某符合因严重硫酸烧伤并发全身感染致多器官功能衰竭而死亡。

（3）与案例 2 的异同：死者都有硫酸烧伤史，体表烧伤面积及程度相近。两者死亡经过不同，案例 2 中死亡过程较迅速，而本例中伤后 9 天死亡。死亡原因及死亡机制不同，案例 2 中颅脑损伤为主要死因，硫酸烧伤为辅助死因；而本例中硫酸烧伤为根本死因，死亡机制为多器官功能衰竭。

第三章

（1）法医病理学诊断：急性砒霜中毒：①食管、胃中白色、黄白色颗粒；②急性出血性胃炎；③胃内检出金属砷；④肝中检出金属砷（浓度 3.22mg/g）；心脏改变：①心肌层及心外膜淤血，灶性出血；②冠状动脉粥样硬化性心脏病（心脏重 350g，冠状动脉左前降支粥样硬化病变Ⅱ级）；左心室壁心肌细胞肥大，间质纤维增生；肺淤血、水肿，多灶性出血；脑淤血、水肿；肾上腺皮质细胞类脂质脱失，包膜小灶性出血；胰腺小灶性出血；肾脏间质淤血；肝细胞脂肪变性，肝窦淤血；唇绀，唇黏膜充血；肢端甲床发绀；右上腹剑突下短线状划痕；双小腿胫前区小点、片状表皮剥脱；左前臂、左肘部针孔痕，右肘部、右手背、左腹股沟区针孔痕；左小指中节近段以远陈旧性缺失。

（2）分析说明：据案情介绍，某年 2 月 15 日张某服“砒霜”中毒，经某市人民医院抢救无效于次日凌晨死亡。张某遗体法医病理检验发现唇黏膜充血、急性出血性胃炎，同时在食管、胃中发现呈白色、黄白色颗粒（胃中检出砷），在其肝中检出金属砷（浓度 3.22mg/g），提示有生前摄入含砷化合物，同委托单位提供的口服“砒霜”案情相符。

张某遗体检验发现心脏、肺脏间质淤血、灶性出血，脑淤血、水肿，胰腺小灶性出血，肾上腺皮质束状带细胞脱脂等改变，同急性砷中毒表现相符。遗体检验未发现致死性机械性损伤、机械性窒息征象，未发现致死性器质性疾病急性发作征象。综上，张某死亡原因为急性砷中毒。

第五章

【案例 1】

本例为静脉注射海洛因猝死。海洛因是属阿片受体激动剂，进入人体后水解为吗啡与 6- 单乙酰吗啡，并与血浆蛋白结合，很快分布到组织器官内，然后在葡萄糖醛酸苷酶作用下，转化为葡萄糖醛酸苷而失活，经肾脏排出体外。因此体内单乙酰吗啡的检出可作为确认滥用海洛因等阿片类药品的证据。吗啡和海洛因等阿片类药物具有极强的麻醉作用，对中枢神经系统以抑制作用占优势。在使用治疗剂量时，吗啡等阿片类药物即可产生抑制呼吸效应，使呼吸频率减慢。当达到中毒量时，呼吸次数可减少至 3～4 次 / 分，出现不规则的周期性呼吸，导致机体严重缺氧。急性吗啡中毒直接死因是呼吸中枢麻痹，其机制是直接抑制延脑呼吸中枢神经元的放电活动，降低呼吸中枢对血液 CO_2 张力的敏感性。因此，海洛因过量急性中毒死亡者常见肺显著淤血、水肿，被称为“海洛因性肺水肿”。此外，长期吸食海洛因死亡者，在脑内可见多灶性神经细胞坏死，灶性软化；因长期滥用，还可出现缺血性心脏病、间质性心肌炎。

在进行法医学鉴定时，毒物分析是认定死者是否吸毒死亡的重要手段，体内检出吗啡及吗啡代谢物即可认定吸毒，但鉴定结论不能单纯依赖毒物分析的结果。本案死亡地点为人迹少至的农村田边，尸体无暴力型损伤的痕迹，只见窒息的一般征象：发绀、呼吸道泡沫样黏液、脑水肿、肺淤血水肿、尿潴留等；组织学检查表现为缺氧的改变；各主要器官无致死性病理改变；死者心血吗啡含量 4mg/L，远远超过致死浓度 2mg/L；结合现场有注射器，肘窝有针眼，可以断定死者是因静脉注射海洛因致急性中毒死亡。死亡机制为呼吸中枢麻痹导致呼吸衰竭。

【案例2】

本例为氯胺酮慢性中毒死亡。氯胺酮是苯环己哌啶的衍生物，属N-甲基-D-天门冬氨酸受体拮抗剂，可产生类精神分裂症样症状，因其物理形状呈白色粉末，故俗称K粉。临床上用作手术麻醉剂或麻醉诱导剂，属于静脉全麻药品，具有一定精神依赖性，其半数致死量成年小鼠为(224±4)mg/kg、大鼠为(229±5)mg/kg。动物实验表明，氯胺酮可介导冠状动脉血管收缩伴广泛的心肌低灌注和氧自由基损害，同时对神经细胞具有广泛的损害作用，给鼠投以氯胺酮后可使鼠脑神经细胞产生渐进性坏死。氯胺酮还可增加脑血流和颅内压以及眼压。因此，心功能不全、有心血管疾病、严重高血压或伴脑出血、青光眼患者服用氯胺酮十分危险。氯胺酮滥用已有近30年的历史，可注射、鼻吸或掺入饮料中食用，如果滥用至70mg会引致中毒，200mg会产生幻觉，500mg将出现濒死状态，900mg足以致死。

根据案情调查，本例死者生前曾先后多次服用氯胺酮，其毒理作用于近期造成神经及心血管系统功能障碍症状(包括头晕、失眠、心跳和呼吸突然停止等)的出现，尸体解剖中亦见心衰特征性改变(如肺淤血水肿、胸腔积液等)，因此，氯胺酮慢性中毒致死的最终死亡原因应为心力衰竭。然而，这种心力衰竭应是慢性心衰，心肌的广泛纤维化和肺泡间隔中发现心衰细胞都可证明这一点。动物实验证明，30天内3次应用麻醉剂量的氯胺酮麻醉后，家兔的心血管系统发生病理改变，包括心肌坏死、纤维化和心肌间小血管的玻璃样变性。本例心肌纤维化多出现在心肌间小血管周围，而且与心肌坏死并存，这应与氯胺酮介导的冠状动脉血管收缩伴广泛的心肌低灌注和氧自由基损害有关，因此，氯胺酮慢性中毒是引起心肌纤维化并最终造成心力衰竭的直接原因。

氯胺酮慢性中毒引起的心血管病变的法医学鉴定，有以下几个方面的特点：心脏重量在正常范围，冠状动脉的病理变化尚不足以作为冠心病猝死的确诊依据；心肌纤维化以心肌间小血管为中心；脑、肾等其他脏器的小血管存在一定程度的病变。法医病理学对此类案例的鉴定，除检查到心血管系统的慢性心肌缺血性病变以外，尚需进一步查明造成这些病变的真正原因，做必要的法医毒化检验，以免遗漏造成个体死亡的真正原因，造成案件定性的错误。

【案例3】

本例为甲基苯丙胺中毒死亡。甲基苯丙胺属于苯丙胺类药物。苯丙胺类药物属拟交感胺类中枢兴奋剂，可以选择性地作用于脑干以上的中枢神经系统部位，提高大脑皮质兴奋性，增强中枢神经系统活性。甲基苯丙胺急性中毒可表现为兴奋、不安、精神与体力均显活跃、饥饿感减轻、动作快而不准、焦虑、紧张、性欲亢进、不眠、眩晕、意识紊乱；重度中毒时可出现心律失常、血压下降、意识丧失、抽搐痉挛以及心、脑、肝等多器官功能衰竭和代谢紊乱的表现如高热、昏迷、肝坏死、循环呼吸衰竭等，最终可因呼吸循环衰竭或合并多器官功能衰竭而死亡。使用甲基苯丙胺10mg即可出现轻度中毒症状。滥用者一般每次使用30～50mg，也有注射量高达100～300mg者。其致死血浓度约4mg/L。根据调查，本例中死者既往有吸毒史。经系统尸体解剖和毒物化验，未检见机械性损伤，也未检见致死性疾病。死者心血、胃内容物及尿液均检出甲基苯丙胺成分，心血中甲基苯内胺含量为6.43mg/L，超过致死血浓度。脑、肺、肝等多脏器淤血水肿符合甲基苯丙胺急性中毒所致缺氧引起的一般病理学改变。死者体型消瘦、营养不良、心肌间质炎症等符合长期滥用表现，因此可以推断死者系甲基苯丙胺急性中毒死亡。

第六章

【案例1】

(1) 法医病理学诊断：呼吸道热作用综合征；面部、颈项部Ⅰ～Ⅱ度烫伤，约占体表总面积9%；脑、心、肺、肝、脾、肾等内脏器官呈轻、中度樱桃红色；尸斑呈轻、中度樱桃红色；左侧颈部肌肉出血，膝关节附近见多处擦挫伤，左胫前皮肤见小片状擦挫伤。

(2) 本例经过系统尸体检验及组织病理学结果发现死者面部、颈项部Ⅰ～Ⅱ度烫伤，约占体表总面积 9%，头发及面部、颈项部皮肤烟灰附着；口腔、会厌、喉头、气管、支气管、细支气管黏膜表面烟灰黏附；有明确的呼吸道热作用综合征（会厌、喉头、气管、支气管黏膜水肿、充血；气管、支气管、细支气管部分的黏膜上皮细胞核浓缩，栅栏状改变）。因此，死者为生前热作用吸入引起的窒息死亡。尸体检查及内脏器官检查发现死者脑、心、肺、肝、脾、肾等内脏器官呈樱桃红色，尸斑呈轻、中度樱桃红色，符合一氧化碳中毒的表现，结合血液中碳氧血红蛋白浓度为 18%，因此，火场产生的有毒气体（如一氧化碳等）引起的中毒也是促进其死亡发生的原因。左侧锁骨上的颈部皮下及肌肉见片状出血，面积 9.0cm × 8.0cm，处于安全带位置，符合安全带损伤特点。

根据案情、尸体解剖所见、法医组织病理学检查和毒物分析结果综合分析，认为胡某呼吸道热作用引起窒息以及吸入有毒气体（如一氧化碳等）引起中毒而死亡。

【案例 2】

（1）根据 1#、2#、3#、4#、5#、6#、7#、8# 尸体检验所见，尸体全身多处严重烧伤，部分炭化，呼吸道有黑色颗粒状物质附着；结合毒物分析结果及组织病理学检查所见，分析认为 1#、2#、3#、4#、5#、6#、7#、8# 尸体符合生前烧死。

（2）本例法医学鉴定主要通过案情调查、现场勘查、全面系统尸体检验、组织病理学检查及毒物化验，迅速查明死亡原因、中毒原因，确定毒物来源，并进一步查清死亡的性质、中毒的性质。本例的群体性烧死要注意鉴别生前烧死和与死后焚尸，也可为群体性中毒死亡事件所引起的诉讼和赔偿问题提供证据。

第七章

【案例 1】

（1）法医病理学诊断：肺淤血、水肿，灶性出血；脾细、小动脉硬化症，肾小球灶性纤维化；脑膜血管扩张、淤血，脑组织水肿；肠黏膜层自溶，黏膜下小血管扩张、淤血；心、肺、肝、脾、肾、胰、肠组织自溶。

（2）死因分析：经尸体解剖检查，死者未检见机械性损伤和机械性窒息致死的征象。组织病理学检查见肺淤血、水肿，灶性出血，脾细、小动脉硬化，肾小球灶性纤维化，脑膜血管扩张、淤血，脑组织水肿，肠黏膜上皮细胞自溶，全身各主要脏器未检见致死性病理形态学改变。结合毒物分析在死者胃内容物中和血液中均检出敌敌畏，综合分析认为该死者符合因敌敌畏中毒致急性呼吸功能衰竭死亡。死者颅前窝左眶部有骨折，但骨折部硬膜下无出血，骨折断端未见明显出血，考虑为尸体冷冻过程中脑组织体积变大，压迫左眶部所致，为死后物理现象，与死亡原因无关。

【案例 2】

（1）法医病理学诊断：肺部病变：①肺泡间隔广泛性纤维化；②肺弥漫性水肿，灶性肺出血及透明膜形成；③灶性肺萎陷及肺气肿；④肺泡腔内纤维素渗出、巨噬细胞及淋巴细胞浸润；⑤左下肺及右上肺局部中性粒细胞为主炎细胞浸润；⑥左上肺肺结核。脑淤血、水肿；肝淤血、肝细胞灶性坏死；肾近曲小管水变性，远曲小管腔内透明管型形成；心肌纤维灶性波浪状变；肾上腺皮质类脂质脱失；心、肺、脾、肾、甲状腺、胆囊、胃等器官淤血。

（2）死因分析：根据送检案情资料，死者口服百草枯后于第 4 日凌晨死亡。因“服用百草枯后 3 天，气紧 3 天”入院急诊治疗。CT 检查见双肺多发间质炎性改变，左肺上叶前段结节，双侧胸膜增厚、粘连，医院诊断为百草枯中毒。法医病理解剖检验见其肺泡间隔广泛纤维化，肺水肿，肺透明膜形成，灶性肺出血，肺局灶性萎陷、肺气肿，肺泡腔内纤维素渗出、巨噬细胞及淋巴细胞浸润，左下肺及右上肺有中性粒细胞为主炎细胞浸润；脑组织水肿，肝细胞灶性坏死，肾近曲小管上皮细胞水变性，肾曲小管腔内检见透明管型，心肌纤维波浪状变，肾上腺皮质类脂质脱失，多器官淤血等改变。法医病理学检查未发现致死性疾病、致死性机械性损伤和机械性窒息改变。结合毒物分析结果死者心血、尿液、肺组织中均检出百草枯。死者死亡原因符合百草枯中毒死亡。

第八章

【案例1】

(1) 最大可能的死亡原因是因毒鼠强中毒死亡。怀疑毒物中毒应提取剩余米饭、呕吐物、胃及胃内容物、血液、肝组织等做毒物检验。

(2) 死者一家三口从地里劳作回家在吃晚饭时先后倒地，口吐白沫、全身抽搐，随后迅速昏迷，急送医院发现已经死亡，死亡迅速。邻居前来查看时见桌上米饭有粉末状物，地上有两处呕吐物。尸检见手部、腓肠肌及足部呈痉挛状。三具尸体肺表面均有点状出血，胃黏膜广泛充血及点状出血。提取三人的胃内容物及心血、家中剩余米饭及呕吐物检验，均检出毒鼠强成分。因此，本例根据死亡经过、尸检所见及毒物检验结果等综合分析，死因应为毒鼠强中毒死亡。因死者一家三口是在从地里劳作回家做晚饭，在吃饭时才发生的毒物中毒症状，因此本例考虑因食物被毒物污染引起意外中毒死亡的可能大。

(3) 鉴别诊断：应注意与氟乙酰胺、士的宁及异烟肼等毒物的鉴别。

【案例2】

(1) 本例毒物检验结果检出了磷化锌成分，本例尸体检验检出腹腔右侧积血 1950ml 并检见大量血凝块，提示本例死者生前可能有失血过多导致失血性休克的情况。综合分析，本例的死亡原因为磷化锌中毒导致肝坏死、肝破裂引发腹腔大量出血导致失血性休克死亡。

(2) 本例病理切片检查见肝细胞广泛性脂肪变性，肝小叶周边区肝细胞呈带状坏死，坏死区内有大量红细胞和轻度中性粒细胞浸润。本例肝破裂最可能的原因，是因磷化锌中毒引起肝细胞变性坏死导致的肝破裂。磷化锌中毒主要是磷化氢的毒性作用，磷化氢进入肝细胞内可抑制细胞色素氧化酶，影响细胞代谢过程，造成细胞内窒息，从而使细胞代谢发生障碍，引起肝细胞变性坏死，进而引起肝破裂。

(3) 本例应属于自杀。吴某的爱人在外地工作，夫妻关系好。吴某死亡前并未与他人发生冲突，除有“胃病”史外身体尚健康。吴某虽然工作表现和群众关系均好，但平时少言寡语，最近有时出现背着人哭泣的情况，总是怀疑有人在迫害他，出现多疑、有被害想法的表现。根据上述情况综合分析，本例考虑为自杀。

【案例3】

(1) 死亡原因：尸检见死者全身仅右颞顶部腱膜有 1cm × 1cm 出血、项部有 7.1cm × 2.7cm 表皮剥脱，此两处损伤轻微，不足以致死；根据毒物化验结果，死者胃及胃内容物、肝组织、心血中均检出杀鼠剂毒鼠强成分，因此可确定死者系毒鼠强中毒死亡。

(2) 致伤工具：尸检中见死者右颞顶部腱膜有 1 × 1cm 出血，损伤轻微出血较少，为钝性外力作用形成；项部条片状表皮剥脱，生活反应明显，提示死者生前项部受到外力作用，有软物衬垫的外力擦碰可以形成。

案件侦破：经案件调查及相关勘察，投毒人为一个女性，婚后多年未能生育，遭家人、亲属及村民歧视。每当看见亲属家小孩便有不快，遂产生加害亲属小孩的想法。她用注射针头蘸取家中的毒鼠强粉末后自酸奶塑料瓶底部刺入瓶内，再用牙签挑取 502 胶将瓶底粘住，放冰箱随孩子取用。她已经用类似的方法投毒导致 7 名小孩死亡。

【案例4】

(1) 最大可能的死因为毒鼠强中毒死亡。提取胃组织及胃内容物供毒物分析。

(2) 死者王某生前头部外伤致左顶部帽状腱膜下出血，经清创缝合及支持治疗后，创口已愈合，故外伤不是致死的原因；尸检发现其肾、脑、肺淤血、水肿；肝细胞变性、坏死；胃组织及胃内容物、肝脏组织中检出毒鼠强，综合分析认为王某应为毒鼠强中毒致死。

(3) 死者王某“被他人用扁担打伤头部伴伤口流血”急住医院治疗，至病情明显好转出院。出院后王某每天到当地医院门诊换药，日常生活及家居活动未见异常。五天后王某被家属发现“趴在地上，已经死亡”。考虑王某为意外中毒致死。

（4）本例鉴别诊断应与氟乙酰胺、士的宁、异烟肼等毒物中毒鉴别。

第九章

日常生活中，蜈蚣、蝎子中毒一般多见于意外咬伤；但在中医药典籍中常有将蝎子、蜈蚣等作为药用口服的记载。口服蝎毒后，因用药不当或过量时，可出现严重的过敏反应，临床表现全身剥脱性皮炎、大疱性表皮坏死松解和剧烈腹痛等，同时全蝎亦会对心血管、泌尿系统产生损害，表现为心悸、心慌、心动过缓、血压升高以及尿少、蛋白尿等，可表现为慢性肾衰竭或单纯性肾小管功能障碍。对于连续用药者，需加强监护，防止体内蓄积中毒。

本例李某因身体不适而长期服用含有蜈蚣、蝎子等炮制的药酒，至发案前大量误服该药酒，经抢救无效死亡。病理检查发现李某肾脏淤血，肾曲小管腔内大量蛋白管型，间质见灶性及片状纤维组织增生，肾小管萎缩，符合慢性肾间质纤维化的病理形态学特征，提示死者生前肾功能存在异常。另见部分肾小管上皮细胞空泡变性，脱落的上皮细胞细胞核固缩，符合急性肾小管坏死的病理学特征。结合本案案情分析其慢性肾脏间质纤维化符合长期使用蜈蚣、蝎子等有毒药酒后慢性肾损害的表现；其急性肾小管坏死符合大量服用药酒后所致急性中毒之表现。本例为长期服用含有蜈蚣、蝎子等炮制的药酒，最终发生以肾衰竭为主的多器官功能衰竭死亡。

第十章

【案例 1】

（1）法医病理学诊断：冠心病（心脏重 377g，冠状动脉左前降支粥样硬化病变Ⅱ级），左心室及乳头肌纤维肥大，乳头肌纤维断裂；脑淤血、水肿，脑神经呈缺氧性改变，脑组织自溶；肺淤血、水肿，灶性气肿及出血；肝硬化，肝自溶；脾淤血，脾细、小动脉硬化；肾小球灶性纤维化，肾曲小管上皮细胞自溶；胰腺自溶；胃肠自溶。

（2）死因分析：根据案情、死亡经过、病理组织学检查及毒物化验结果综合分析，死者符合因乌头碱中毒致呼吸循环功能衰竭而死亡。

【案例 2】

（1）死因为中毒死亡。由于药材使用不当而导致中毒死亡。

（2）根据死者生前表现及检查人员生药检查，应该为乌头中毒。

（3）应该收集死者的呕吐物及胃内容物。由于乌头碱因组织腐败及碱性作用易被破坏，因此检材应迅速冷藏或加入酒精以防止腐败破坏，送检时应将所用酒精一起送检以资对照。

（4）化验结果为阴性，可能是由于乌头碱因腐败或在碱性溶液中提取导致，因此不可盲目排除乌头中毒。乌头碱中毒的典型症状是口舌、四肢持续性发麻，结合本案例的生药检查（持续时间较久的舌部发麻）及死者生前表现（牙齿根及四肢发麻），鉴定结论应该为乌头使用方法不当导致的死亡。

第十一章

【案例 1】

根据尸体解剖、组织病理学检查及毒化检验结果，结合案情调查及现场勘验分析，本例系群体性事件，发生两人死亡、一人中毒，符合群体性中毒事件特征。本例尸体检验未见明显外伤，各脏器未见致死性器质性病变，可以排除因机械性损伤、机械性窒息、自身疾病等引起的死亡；病理组织学检查发现有急性肺出血、水肿明显，急性脑水肿、中毒性心肌炎、中毒性肝炎、肾小球肾炎等病理性形态学改变。说明具有多脏器急性损害表现，符合中毒性损害特征。

毒物检验检出磷化氢（心血含量分别为 1.6μg/ml 和 6.5μg/ml）。死者上述病理改变与磷化氢中毒致死的病理形态学特征一致。磷化氢是一种剧毒气体，室内空气中的浓度达到 0.01mg/L 时，使人发生严重中毒，人所处场所的空气中磷化氢的浓度不得 > 0.3ppm，极限浓度为 10ppm，如浓度达到 500ppm 时，即立即出现意识丧失、呼吸困难。磷化氢气体多经过呼吸道途径吸入方式进入人体，引起中毒，轻微中毒时感觉恶心、呕吐、腹痛、腹泻；中度到重度中毒时，继早期症状之后，可以出现干咳、气哽发作、强烈口渴；严重中毒时瞳孔扩大和急性昏迷。其中毒机制为磷化氢作用于中枢神经系统、心血管系统和肝脏、肾脏等实质性脏器所致，磷化氢进入细胞内，亲电子的磷可以和细胞内酶某些共价键结合，破坏细胞内酶的活性，使得酶的功能下降和丧失，导致细胞代谢发生障碍，引起细胞的变性和坏死。

检验发现呼吸道损伤严重、消化道损伤不明显，结合磷化氢的理化性质可以判断：磷化氢气体是通过呼吸道吸入侵入机体，表现为呼吸道损害较重，气体刺激呼吸道可引起支气管收缩、黏膜脱落，肺水肿、肺出血。

在案情上，邻居同期有使用磷化铝熏蒸药物情况，认为死者的死亡方式为磷化氢中毒死亡，案件性质为突发性、群体性意外中毒事件，引起中毒的事件为利用磷化铝熏药杀虫所致。

本例鉴定结论为死者系吸入磷化氢中毒死亡，属于群体性中毒，死亡性质为意外事故。

磷化铝通常应用于粮种储存消毒、杀虫，生药材防虫、杀菌，粮仓熏蒸杀鼠，有时也应用于矿产开采等，由于使用者凭经验使用往往超量，致空气中浓度达中毒及中毒致死浓度，近年来引起意外中毒案件时常发生，早期鉴定存在困难。法医学实践中应注意结合案情，尽早提取开放现场空气样本，以备检测。

【案例 2】

经检验证实五位死者均在同一火灾现场中烧伤，颈部、躯体皮下软组织及浅深层肌肉检查未发现机械性损伤；内部脏器大体检查及组织病理学观察可排除自身疾病致死；毒物检测未检出其他常见毒物，可排除其他毒物中毒致死。毒物检验检出 HbCO 异常升高，其中三例达到一氧化碳重度中毒以上浓度，一例达到一氧化碳轻度中毒浓度；尸检见尸表毁损，气管内有炭尘异物，呼吸道有热作用损伤，脏器、血液呈樱桃红色，脏层胸膜下、心外膜下点状出血等。本案表现为群体性事件，且属于群体性中毒和烧伤事件，该群体中死亡原因应分三种情形：三例为急性一氧化碳中毒死亡；一例因呼吸道热作用综合征死亡，一氧化碳中毒在其死亡中起次要作用；一例系全身大面积烧伤造成致死性休克而死亡。

【案例 3】

六名死者尸体检验均可见体表呈蓝褐色青紫：颜面部皮肤、口唇黏膜、双手掌皮肤、双手指甲、双足背皮肤及双足趾甲呈紫色；黏膜被膜下出血：双眼球结膜充血，睑结膜见点状出血，心被膜下点状出血，双肺脏层胸膜下及双肺叶间大量点状出血、渗出等窒息现象。毒物化验在肺组织、血液和尿液中均检出 H_2S；开放性现场空气检材检出 H_2S 气体的含量为 600mg/m^3。案情调查显示：一挑水者先倒地，后五人先后自发营救。根据上述案情，组织病理学检查及毒物化验结果，认为六名死者均系硫化氢中毒死亡。属于突发性、群体性中毒事故，案件性质为意外事故。

第十六章

【案例 1】

(1) 法医病理学诊断：①右股骨上段慢性化脓性骨髓炎并死骨及广泛窦道形成，其中八个窦道内异物填充；右腹股沟至右臀部皮肤及肌肉大面积蜂窝织炎继发变性、坏死。②胃底黏膜点状出血；胃肠平滑肌波浪状改变。③大脑蛛网膜下腔、心肌间质小灶性淋巴细胞浸润。④肝细胞变性、坏死，间质淋巴细胞浸润。⑤肾小球纤维化、玻璃样变；部分肾小管变性、坏死伴钙盐沉着。⑥脑、心、肺、肝、脾、肾等多脏器淤血。

(2) 死者汪某心血、右侧腹股沟至右臀部患处皮肤及肌肉组织经毒化检验，心血液中砷和汞元素质量浓度分别为 1.6μg/ml 和 0.1μg/ml，肌肉组织中砷和汞元素质量分数分别为 2.8mg/g 和 107.8mg/g，提示为急性砷化物、汞及化合物中毒。根据案情，8 月 19 日下午死者右大腿根部皮肤溃烂处用了外用药“白降丹”后，出现腹痛、上吐下泻的情况，符合急性砷化物、汞及化合物中毒的临床表现。法医学解剖检查见死者右侧腹股沟至右臀部有窦道盲端深至股骨上段内的骨髓，窦道内见灰白色粉末物，部分已经进入骨髓腔内，毒物经骨髓入血，发生血道扩散，从而引起了急性中毒。死者的肝、肾组织病理学检查见肝细胞有变性、坏死，间质淋巴细胞浸润，部分肾小球纤维化、玻璃样变；部分肾小管变性、坏死伴钙盐沉着，符合急性砷化物、汞及化合物中毒的病理改变。因此本案死于金属毒物（砷、汞）经骨髓入血引起的急性中毒。

【案例 2】

（1）本例死者尸体冷藏 16 个月，各器官组织腐败自溶，除见皮肤干燥呈褐色，皮肤尸斑内可见散在出血点，法医病理学诊断主要有：①肺淤血、水肿；②脾、肾、胃、肠等血管扩张淤血。尸检未检见死者有致死性病变和致命性机械性损伤，结合案情、毒物分析结果综合分析认为，死者符合因口服含有苯胺、硝基苯、二苯胺的苯的氨基和硝基化合物成分中毒，引起血液系统、呼吸系统损害致缺氧窒息而死亡的征象；死亡性质为自杀。

（2）根据文献资料，苯胺、硝基苯、二苯胺同属苯的氨基及硝基化合物，广泛应用于染料、制药、印染、橡胶、香料等化学工业。中毒多见职业性接触急性或慢性中毒，自杀、他杀中毒较少见。苯的氨基及硝基化合物均为脂溶性，可通过皮肤黏膜、呼吸道、消化道吸收进入体内，苯胺、二苯胺以形成高铁血红蛋白、溶血作用为主，硝基苯以神经系统损害明显，三硝基苯可以引起肝严重损害。由于苯的氨基及硝基化合物对血红蛋白中二价铁离子具有强氧化作用，形成三价高铁血红蛋白，使血红蛋白失去携氧能力，而造成组织细胞缺氧形成内窒息。限于尸体腐败、检材条件不佳和技术因素，未对死者血中高铁血红蛋白含量进行测定，评估其缺氧窒息程度。苯胺、硝基苯、二苯胺的中毒量和致死量尚未见报道，有学者根据动物实验推算人致死量，苯胺为 10g，硝基氯苯 1g，并可能具有致畸作用。

（3）①苯胺、硝基苯、二苯胺属于苯的氨基和硝基化合物，应用广泛，但中毒死亡案例较少见。②本例尸体冻存 16 个月后取材，在死者胃内容物内仍检出苯胺、硝基苯、二苯胺，心血及尿液中检出苯胺、硝基苯，说明在冻存条件下体内苯的氨基及硝基化合物性质较稳定，检出率受死亡时间、尸体腐败自溶等因素影响较小，16 个月后仍可以检出。在死者心血和尿液中未检出二苯胺，可能是二苯胺在体内分解代谢或者腐败分解。③由于本例为苯胺、硝基苯、二苯胺 3 种成分混合和毒物代谢等原因，对生物检材中苯胺、硝基苯、二苯胺的定量测定报道较少，进行定量测定更有意义。

【案例 3】

（1）根据案情、现场勘验，法医学尸体解剖和组织病理学检验结果，该女青年的法医病理学诊断：①双侧胸腔积液肺淤血、出血，喉头黏膜出血；②心肌水肿，肌纤维断裂；③脑及脑膜血管淤血，脑水肿；④腹腔少量积液，肝脂肪变性，脾、肾、胰、肠组织淤血，脾、肾、胰、肠自溶等。尸表及尸体解剖检验未检见严重颅脑损伤、内脏器官损伤或破裂等机械性损伤致死征象和扼、勒颈部等机械性窒息致死征象，也未检见严重致死性病变。案情调查和现场勘验，该女青年姐妹 2 人同居一室，床头附近粮食屯内放有多粒磷化铝药丸，毒物分析结果血液和肝组织均检出磷化氢成分，综合分析认为，该女青年符合因吸入磷化氢气体中毒致死。死亡性质为意外中毒死亡。

（2）磷化铝为常用的熏蒸杀鼠、杀虫剂，干燥状态下稳定，不易挥发，吸潮分解产生磷化氢（PH_3），潮湿空气中加速潮解，释放磷化氢气体。空气中磷化氢浓度高时，现场可闻及大蒜及腐烂鱼味。据报道，小鼠口服磷化铝急性中毒 LD_{50} 为 2mg/kg。磷化氢中毒临床表现主要恶心、呕吐、腹泻、胸闷、呼吸困难，低血压及休克等，病理改变主要为肺淤血、出血、水肿，肝细胞脂肪变性和肝细胞坏死、器官组织水肿等。

（3）①磷化氢中毒案件的鉴定主要依据案情、现场勘验、尸体检验和毒物分析等；②现场勘验中应注意现场进行空气采样，进行气体分析；③由于磷化氢（PH_3）特殊性状，目前吸入磷化氢中毒的中毒量和致死量，以及血浓度报道较少，有条件应进行定量测定。

【案例4】

(1) 法医病理学诊断：①左耳后生前注射，伴第一颈椎处左椎动脉外膜及周围肌肉生前出血；②高血压病（脾、肾、心、脑、肝等多器官细小动脉硬化症）；③左侧小脑局灶性脑膜及实质炎症；④脑显著淤血、水肿；⑤胃、食管下段及膈肌自家消化性穿孔。

(2) 胃自家消化常见，但程度不一。一般见于低下部位的胃黏膜，表现为黏膜膨胀、松软、呈污秽土色，皱襞消失，胃底部见褐色血管网。有时胃壁及食管下段因自家消化而破裂，但无炎症反应，据此可与生前破裂相鉴别。胃自家消化明显时，在胃底、胃体的背侧面受坠积的胃液消化作用下，可发生穿孔。由于同时有血液坠积，透过变薄的胃黏膜，使淤血更为明显，血红蛋白因受胃酸作用变为褐色，有时可见褐色血管网或见死后出血点。上述情况易误作生前病变。本例初次尸检发现死者胃、食管及膈肌有严重程度的穿孔，邻近的肝、脾、左肺下叶表面出现灰白色腐蚀痕，考虑可能为中毒等原因引起的穿孔而致死亡，而忽视了左耳后的注射针痕区的检验。因此，在随后的毒物化验中进行了大量的工作，但却没有检出腐蚀性毒物。结合调查情况：死者生前无异常反应，没有自杀动机，就诊当日早餐进食约3两面条，就诊过程一直有亲属陪同，也没有口服毒物的机会。可以排除常见腐蚀性毒物中毒所致。根据其胃内容物中胃蛋白酶的活性较高，穿孔部位大多无显著生活反应，分析认为胃、食管及膈肌穿孔是因自家消化作用所致。

经毒物化验排除后，幸亏尸体尚未火化，可再次进行尸检。经过再次进行尸检，在左侧注射部位下，第一颈椎横突下的椎动脉外膜及周围肌肉有生前出血。根据法医病理学检查结果，结合其在注射过程中迅即发生神志丧失，拔出注射器时内有血液，结合阴性的毒物化验结果，分析刘某是在生前患有高血压病的基础上，临床注射使局麻药在短时间内较多进入血液而促发高血压迅速恶化，而死于高血压脑病。尸检所见小脑左侧局灶性炎症与面神经出颅部位邻近，有可能是其左侧面瘫的病理基础。后经调查证实，死者10岁时因下肢发育畸形到某医院手术，术后有高血压危象的病史。

案例评注：本例胃、食管及膈肌因自家消化而致穿孔实属罕见，尸检时容易造成先入为主的错误判断，极易鉴定错误。因此尸检时一定要注意对尸体现象，尤其是一些罕见的尸体现象的正确认识，并全面系统尸检，结合毒物化验结果及案情经过，进行全面的分析鉴定。

【案例5】

法医病理学诊断：①"除痣灵"药水文刺处皮肤广泛性凝固坏死伴炎性改变，组织水肿、出血改变；②急性肺淤血、肺水肿并肺组织局灶性出血；③多器官淤血性改变。

死因分析：根据尸检、组织病理学检查、毒物分析检验及动物实验结果，同时结合本例人体及实验动物所产生的急性中毒症状分析，认为本例系因使用含有苯酚的"除痣灵"药水文刺皮肤导致急性苯酚中毒死亡。本例尸检结果提示，死者文身处皮肤组织有水肿，并见陈旧程度不一、厚薄不均的痂皮形成伴局部组织出血，皮肤呈暗黄色凝固性坏死，内脏器官未检见致死性疾病及发育畸形的形态学改变；组织病理学检验检见皮肤组织中的中性粒细胞相对较少，未检见脓肿形成；内脏器官未见嗜酸性粒细胞聚集，亦未检见致死性疾病及脏器发育畸形的形态学改变。上述组织学改变符合腐蚀性毒物皮肤文刺所致的皮肤损伤改变。结合本例皮肤文刺经过，考虑上述皮肤软组织的形态学改变与皮肤文身的文刺清洗过程有关。

本例使用"除痣灵"药水的主要成分有视黄酸、石炭酸和晶状酚等。法医毒理学文献资料提示，石炭酸即苯酚，是一种腐蚀性毒物，可因皮肤接触或经消化道、呼吸道接触致意外中毒，甚至死亡。苯酚属高毒类毒物，为细胞原浆毒，苯酚对接触部位皮肤或黏膜有强烈的刺激和腐蚀作用。苯酚可以通过完整的皮肤吸收，被吸收后的苯酚迅速进入血液而分布到全身各组织器官并穿透进入组织细胞，引起全身中毒。苯酚低浓度时使蛋白质变性，高浓度时使蛋白凝固，故对组织细胞有直接损伤作用。由于苯酚与蛋白质结合后又易从已经破坏的蛋白质中分离出来，故苯酚无论从皮肤还是黏膜、消化道、呼吸道进入人体，均可进一步侵入和分布到机体其他组织器官，引起全身中毒症状。苯酚往往抑制中枢神经系统，对血管舒缩中枢和呼吸中枢作用而导致血压下降和呼吸异常；苯酚还直接损害心肌使心肌细胞功能受损，最终导致急性循环功能衰竭。因此，苯酚急性中毒者数小时内即可死于休克。

本例使用与死者所用的“除痣灵”药水进行动物实验，实验大鼠均在涂药 2 分钟内出现前述程度不等的中毒症状。动物解剖及镜下检查，实验动物均有不同程度的病理形态学改变，即皮肤表皮剥脱、真皮组织凝固性坏死、皮下组织出血改变；肺组织被膜点状出血、肺实质出血、肺淤血水肿改变；心肌间质灶性出血及间质淤血，部分动物出现灶性心肌细胞坏死；肝、肾、脾组织等组织呈现淤血改变。上述结果与死者的组织病理学检验所见相吻合。

【案例 6】

本例为利用毒鼠强杀人伪装自杀的案例。侦查人员通过本例毒鼠强中毒尸体改变与现场情况不符，从而推测为伪造自杀现场。本案例值得注意的是，现场整齐，门窗完好，尸体姿态自然，尸体检验无伤，似乎不像刑事案件。依据理化检验结果，最终判定本例死者为毒鼠强中毒死亡。毒鼠强对中枢神经系统尤其是脑干有兴奋作用，临床表现为机体痉挛、四肢抽搐僵直等。反观现场情况，本例死者身盖的被子整齐，盖至颏处，尸体左侧从肩部到脚部均有被子从外往内掩塞的情况，与毒鼠强中毒自杀现场不吻合，据此推测系有他人伪装过现场。经破案后证实，死者之妻及姘夫用毒鼠强毒死张某伪装现场后逃离。

伪装案件常常是犯罪分子杀人后，为了掩盖真相并逃避法律制裁而对现场进行伪装，有的伪造自杀，有的谎报病死或意外死亡。法医在勘验此类案件现场时，如分析判定不到位即可放纵犯罪，危害极大。一般情况下，杀人后进行伪装的案件都存在着许多与嫌疑人所报案情不相符合的地方。由于真实痕迹物证与伪装痕迹物证并存，使现场各种自身现象相互矛盾，尸检所见与现场所见也存在矛盾。因此，对于疑为伪装的案件一定要尽可能多地获取可供分析判定的客观依据，细致甄别，千万不能先入为主。

在勘验毒鼠强中毒死亡案件现场时，往往需要考虑毒鼠强中毒突发性强直、阵发性抽搐等典型中毒症状，再根据尸体检验情况并结合法医病理学及法医毒理学专业知识，对现场中存在的各种现象进行分析，逐一排查，透过现象看本质，使尸体检验结果与现场勘查相互印证，最终才能得出正确的法医学鉴定结论。因此，在处理检验此类案件时一定要考虑到毒药物中毒的临床表现，不能疏忽大意。只有使尸体检验结果与现场勘查相互印证，才能得出正确的鉴定意见。本例正是考虑到了中毒症状与现场情况的不符，最终使利用毒鼠强杀人伪装自杀的刑事案件成功告破。

参 考 文 献

1. 黄光照，麻永昌．中国刑事科学技术大全•法医病理学．北京：中国人民公安大学出版社，2002.
2. 刘良．法医毒理学．第4版．北京：人民卫生出版社，2009.
3. 黄光照．法医毒理学．第3版．北京：人民卫生出版社，2004.
4. 徐勤惠，黄凯，高莉莎，等．河豚毒素对小鼠和家兔的毒性研究．卫生研究，2003，32（4）：371-374.
5. 闫祖康，祝家镇．银环蛇中毒死亡鉴定方法的实验研究．法医学杂志，1995，11（2）：49-51.
6. 周志俊．基础毒理学．上海：复旦大学出版社，2008.
7. 严卫星，丁晓雯．食品毒理学．北京：中国农业大学出版社，2009.
8. 王心如，孙志伟，陈雯．毒理学基础．第6版．北京：人民卫生出版社，2012.
9. 袁伯俊，廖明阳，李波．药物毒理学实验方法与技术．北京：化学工业出版社，2007.
10. 王心如，孙志伟，陈雯．毒理学基础．第6版．北京：人民卫生出版社，2012.
11. 唐焕文，靳曙光．毒理学基础实验指导．北京：科学出版社，2014.
12. 王心如，孙志伟，陈雯．毒理学实验方法与技术．第3版．北京：人民卫生出版社，2014 .
13. 孙晗笑，李秀英．药物分子毒理学．广州：暨南大学出版社，2012.
14. [美]E•霍奇森，等．现代毒理学．江桂斌，等译．第3版．北京：科学出版社，2011.
15. 王福彦．医学科研方法．北京：人民军医出版社，2009.
16. 孟庆仁．实用医学论文写作．第3版．北京：人民军医出版社，2014.
17. 李文学，朱伟．miRNA在毒理学领域的研究进展．热带医学杂志，2011，11（10）：1210-1214.
18. 刘艳，梁曼，刘茜，等．乌头碱对新生大鼠心肌细胞DNA损伤的影响．中国法医学杂志，2009，24（4）：239-241.
19. 韩刚，董延生，王和枚，等．流式细胞术在毒理学安全性评价中的应用．毒理学杂志，2013，28（4）：326-331.
20. 颜贤中，孙博，杜祥博．代谢组学技术在毒理学研究中的应用进展．国际药学研究杂志，2014，41（4）：379-392.
21. Uddin MM，Harun-Ar-Rashid AKM，Hossain SM，et al. Slow arsenic poisoning of the contaminated groundwater users. International Journal of Environmental Science & Technology，2006，3（4）：447-453.
22. Pinto B，Goyal P，Flora SJ，et al. Chronic Arsenic Poisoning Following Ayurvedic Medication. J. Med. Toxicol，2014，10（4）：395-398.
23. Dakeishi M，Murata K，Grandjean P. Long-term consequences of arsenic poisoning during infancy due to contaminated milk powder. Environmental Health，2006，5：31.
24. Rusyniak DE，Arroyo A，Acciani J，et al. Heavy metal poisoning：management of intoxication and antidotes. EXS，2010：365-396.

中英文名词对照索引